John Muckle

Frederick Watson

Writat

Diese Ausgabe erschien im Jahr 2024

ISBN: 9789359949284

Herausgegeben von
Writat
E-Mail: info@writat.com

Inhalt

KAPITEL I WIE PRINZ CHARLIE NACH INVERNESS KAM - 3 -

KAPITEL II DAS KOMMEN VON MUCKLE JOHN ....- 11 -

KAPITEL III DAS ENDE DER JAKOBITEN-SACHE ....- 24 -

KAPITEL IV FRANZÖSISCHES GOLD ....- 35 -

KAPITEL V LOCH ARKAIG ....- 49 -

KAPITEL VI DIE WÄCHTER BEI NACHT ....- 54 -

KAPITEL VII VERGRABENER SCHATZ ....- 59 -

KAPITEL VIII FLUG ....- 65 -

KAPITEL IX DIE WENDE DER WAAGE ....- 76 -

KAPITEL X DAS LETZTE FLICKEN ....- 82 -

KAPITEL XI Eine knappe Flucht ....- 87 -

KAPITEL XII IN DEN HÄNDEN DES HERZOGS ....- 94 -

KAPITEL XIII MISS MACPHERSON KOMMT NACH FORT AUGUSTUS ....- 102 -

KAPITEL XIV MUCKLE JOHN ZEIGT SEINE HAND ....- 109 -

KAPITEL XV „EIN GEFANGENER MUIRVOGEL" ....- 118 -

KAPITEL XVI DIE HÖHLE IN GLENMORISTON ....- 126 -

KAPITEL XVII DER BESITZ DES PASSES ....- 132 -

KAPITEL XVIII DER PFIFF DER BANSHEE ....- 142 -

KAPITEL XIX DER TANZ DER MACKENZIES ....- 153 -

KAPITEL XX EIN UNFREIBER KOMPLIZENZ ....- 163 -

KAPITEL XXI DIE GEFANGENNAHME VON LORD LOVAT ....- 168 -

KAPITEL XXII MISS MACPHERSON UND DER HERZOG   - 172 -

VORWORT

Die ganze Welt kennt die Geschichte vom Aufstand von 1745. Es ist eine Geschichte, die jede Generation mit unverminderter Zuneigung schätzt. Manche nannten es den letzten Ausbruch der Ritterlichkeit in der modernen Geschichte, und zweifellos wird der Feldzug von Prinz Charlie aus diesem Grund seine Faszination und seinen Glamour beibehalten, auch wenn andere, wichtigere Aspekte vergessen werden.

In einer besonders alltäglichen und schmutzigen Zeit trug es den Geist der Romantik fast bis zum Thron selbst; In einer Zeit, in der es fast an Loyalität und Patriotismus mangelte, verherrlichte es die rücksichtslose Tapferkeit und Selbstaufopferung der Hingabe.

Dass Charles Edward Stuart mit nur sieben Anhängern landen und alle vor sich ins Herz Englands tragen konnte, ist wunderbar genug. Aber dass in den Tagen seines Unglücks und seiner Flucht niemand gefunden wurde, der die Belohnung für sein Leben einfordern konnte, ist noch schöner. Dass arme, unbewaffnete und ungebildete Männer zu Hunderten bereit waren zu sterben, ist ein Zeugnis, das man nicht so leicht vergisst.

Über jene großen Tage, als die jakobitische Armee nach Süden marschierte, ist viel geschrieben worden, und die Fakten sind jedem bekannt. Aber über die grauen Tage nach Culloden Moor ist weniger bekannt, und im letzten Aufschwung der jakobitischen Sache gibt es vieles, was den Gelegenheitsleser zwangsläufig verblüffen und verwirren muss.

Die Meinungen der Highlands waren größtenteils geteilt. Es gab jakobitische Clans und hannoversche Clans, und zwischen beiden gab es Männer wie Major Fraser aus unserer Geschichte, die darauf bedacht waren, sich von beiden fernzuhalten. Es gab ergebene Häuptlinge wie Lochiel, intrigante Häuptlinge wie Lovat, Häuptlinge, die wie Macleod wankelmütig und tändelten oder wie Glengarry und Barisdale regelrechte Verräter waren, und es gab Tragikomödien wie den armen Murray von Broughton, der mehr gehasst wurde, als er verdiente.

Schließlich gab es, wie Mohnblumen im Korn, die Abenteurer, Männer, die nichts zu verlieren und etwas zu gewinnen hatten (wie Muckle John selbst), die keinem Häuptling oder Clan dienten, Plünderer, die eher Jakobiten als Hannoveraner waren, wie Raubvögel, die auf der Jagd waren. Mit dieser Seite des Jahres 1945 habe ich hauptsächlich zu tun gehabt.

Auch hier dürfen die Eifersüchteleien der Clans nicht vergessen werden, und der allgemeine Hass der Campbells spielte wie immer eine erbärmliche Rolle. Diejenigen, die Cumberland und seine Truppen verurteilen, dürfen nicht vergessen, dass bei der Verfolgung nach Culloden die Jagd auf die Flüchtlinge von der Highland-Miliz und den Männern aus Argyllshire eifrig betrieben wurde.

Die Geschichte einer Kampagne ist nur ein Blitz in der Geschichte einer Nation. Lange danach verstummt der Donner. Der Aufstand der 45er Jahre war nur die Zündschnur, die das jahrhundertealte Clansystem mit einem Schlag zerstörte. Von Culloden an verlief der Übergang vom Alten zum Neuen schnell und tragisch.

Frederick Watson

KAPITEL I

WIE PRINZ CHARLIE NACH INVERNESS KAM

Oft ist es der dümmste Junge, der auf eine hilflose Art am sympathischsten ist. Nicht, dass Rob Fraser ein Trottel gewesen wäre, aber in seinen schattenlosen blauen Augen lag eine vertrauensvolle Unschuld, die nur ein Schurke zu seinem eigenen Vorteil hätte nutzen können.

Rob galt in der Schule nicht als vielversprechend, und beim Lernen von Fächern wie Latein und Griechisch schienen seine Gedanken ständig auf die nächste Grafschaft gerichtet zu sein. Auch bei Spielen galt er nicht als zuverlässig, denn seine Bewegungen waren im Einklang mit seinen Gedanken, die sich häufiger mit der Forelle im Teich als mit dem Ball in seiner Hand beschäftigten.

Es war diese Abstraktion, die ihn von den anderen Jungen seines Alters unterschied, nicht weil er unbeliebt war, nicht weil es ihm an Mut mangelte, sondern einfach weil er tagelang schwieg und keine Vertraulichkeiten äußerte. Es war ein Geisteszustand, der seine Tante, die gute Frau, zu einer Art arktischer Wut trieb. Jahrelang versuchte sie, es aus ihm herauszuprügeln, aber es hatte keinen Zweck, außer ihn tagelang auf die Hügel zu schicken.

Irgendwann kommt die Zeit, in der du einen Jungen, der größer ist als du selbst, nicht besiegen kannst. Nicht, dass Rob sich beschwert oder sich geweigert hätte, sich zu unterwerfen. Solche Dinge waren ihm gleichgültig. Er hatte zwar viel Temperament, einen verbissenen und aufrührerischen Charakter, aber das lag nicht daran. Wenn es seine Tante tröstete, ihn zu schlagen, dann ließe sie das auf jeden Fall tun. Soweit er wusste, könnte es sich um den altehrwürdigen Brauch jungfräulicher Tanten handeln.

Miss Macpherson war vor allem eine praktische Frau, und es war Robs verträumte Gleichgültigkeit gegenüber den Tatsachen, die sie ärgerte. Stundenlang dasitzen und den Sumpfhühnern zuschauen, war mehr, als ein vernünftiger Mensch ertragen konnte. Und das war Rob durch und durch. Er wusste, wo die zwei Pfund schwere Forelle in dem Bach oben in den Bergen lag. Er konnte in völliger Aufregung einen Brachvogel aus dem nächsten Tal herbeischaffen, um herauszufinden, was los war. Er verbrachte Nächte damit, den Fuchsjungen beim Spielen im Mondschein zuzusehen. Aber die Schule und ihre Aufgaben konnte er nicht ertragen.

An jenem Frühlingstag lag er am Ufer eines Baches, als alles geschah. Er hörte weder die Schritte noch sah er den Schatten auf dem Wasser, aber plötzlich stand neben ihm ein sehr großer und angenehmer Herr, in Reitkleidung gekleidet und mit einem schönen Claymore an seiner Seite.

„Kuscheln?" sagte er sehr freundlich. „Der Tag, an dem ich die hübschen Exemplare in Reihen am Ufer ablegen konnte, stört mich."

Rob starrte ihn mit seinen naiven Augen an.

„Es ist schön, jung zu sein", fuhr der seltsame Herr fort, „aber es gab keine Tage wie die alten."

"Warum sagst du das?" fragte Rob.

Der Fremde unterdrückte vor lauter Neugier ein Lächeln.

„Das sagen sie", antwortete er, „seit Robert the Bruce es von seinem Großvater gehört hat."

„Aber waren die alten Zeiten so schön?"

„Gut genug", antwortete er abwesend; „gut genug und doch ist auch keines so gut – es gibt eine Melodie, die mir einfällt ..." und er holte ein seltsames kleines Instrument aus Rohrblatt aus seiner Tasche, geformt wie eine Piccoloflöte.

Dann saß er auf einem Felsen und spielte ein zärtliches kleines Stück, wobei er ein Auge auf Rob gerichtet hatte, um zu sehen, wie er es aufnahm, und seinen Kopf sehr drollig zur Seite neigte.

„Da sind die ‚Brogues of Fortune' für euch", sagte er.

„Ist es eine sehr alte Melodie?" fragte Rob, sehr angetan von dem Herrn.

„So alt wie die Hügel, mein Junge, und das ist unzählbar – so alt wie der Brand und die Schatten auf dem Brae, denn es ist ein wesentlicher Bestandteil von allem, nur von mir aneinandergereiht."

"Du hast es geschafft?"

„Hech! Es gibt nichts, worüber man herumschwirren könnte. Ich mache sie den ganzen Tag. Ich kann mein Abendessen nicht essen, aber meine Füße tanzen zu einer Melodie, die keinen Namen hat und warten muss, bis ich eine freie Minute habe. Machen Sie sie tatsächlich!" "

"Was machst du sonst noch?" fragte Rob auf seine unschuldige, unverblümte Art.

Der Fremde lachte.

„Ich kann die Eule in der Nacht über den Brae fliegen hören, ich kann den Hirsch sehen, der sich zwischen den Felsen versteckt, ich kann den Otter bei seinem Spiel beobachten."

„Kannst du das Wiesel aus seinem Loch rufen?" fragte Rob.

„Vielleicht kann ich", antwortete der andere, „aber versuchen Sie es zuerst."

Dabei wurde Rob ziemlich rot im Gesicht und stieß ein dünnes Quieken aus, wie es ein verwundetes Kaninchen ausgibt, wie das Quieken einer Ratte, wenn es schriller wird. Immer wieder schaffte er es, aber an der kaputten Stelle unter der Bank bewegte sich nichts.

„Nichts Schlimmes", sagte der Fremde, spreizte die Lippen und stieß einen solchen Schrei aus, dass Rob das Blut gefrieren ließ. Darin lag der Schrecken der Jagd – die Angst vor dem, was folgte, und das Blutvergießen.

Und vor ihren Augen, keine vier Fuß entfernt, sprang beim ersten Ton die geschmeidige Gestalt eines Wiesels zitternd auf das Heidekraut.

„Das erfordert viel Übung", sagte der fremde Herr, aus Angst, er könnte zu stolz wirken.

Aber Rob war völlig am Boden zerstört.

Das Wiesel tauchte zurück in sein Versteck, und während er sich hinlegte, erzählte der Fremde Rob von den Gepflogenheiten der wilden Tiere, bis es dunkel wurde. Dann knöpfte er seinen Mantel zu, ohne auch nur einen guten Tag zu sagen, sondern nur zu nicken, und überquerte den Bach, um den Hügel hinaufzugehen. Rob sah ihn nicht mehr, zumindest nicht für zwei volle Jahre und mehr, tatsächlich nicht, bis die Jakobiten im Jahr 1846 nach Inverness kamen.

Es war etwa neun Uhr morgens am 18. Februar 1746, als zwei Reiter in die Stadt Inverness ritten.

Das mag nicht weiter merkwürdig erscheinen, aber die Art und Weise, wie sie kamen, war ein rasender Galopp. Rob Fraser, der zur Grammar School eilte, hatte kaum Zeit, zur Seite zu springen, als sie mit schweißnassen Tieren die Church Street hinaufrasten. Rob warf ihnen einen schnellen Blick zu, als sie vorbeidonnerten, und bemerkte, dass einer seinen Hut und der andere seine Steigbügel verloren hatte; dass beide Pferde frische, grasgefütterte Tiere waren, die gerade von der Weide gekommen waren, und dann raste er auf schnellen, leichten Füßen hinter ihnen her.

Die Grammar School sah Rob nur selten, wenn Neuigkeiten zu erwarten waren. Denn man muss sagen, dass Inverness im Jahr 1746 in einem seltenen Aufruhr war und niemand wusste, was die Zukunft bringen würde.

Im August des Vorjahres war Prinz Charles Edward Stuart in Schottland gelandet, hatte die Clans für sein Banner gewonnen, die Regierungstruppen bei Prestonpans besiegt und war in England einmarschiert. Da er im Süden keine Unterstützung erhielt, kehrte er mit seiner tapferen kleinen Armee nach

Norden zurück. Dann folgte der zweite Sieg bei Falkirk und der Rückzug nach Inverness, gefolgt vom Herzog von Cumberland.

Es war zu einer solchen Zeit, dass zwei Reiter, die rücksichtslos durch die Straßen von Inverness galoppierten, zwangsläufig für Aufregung sorgten. Niemand konnte sagen, was in den nächsten Wochen passieren würde. Inverness war instinktiv Jakobit; Aber das Wort „Rebell" hatte keinen angenehmen Beigeschmack. In Wahrheit wussten die guten Leute der Stadt nicht mehr, wie sie weinen sollten.

Aber nicht so bei Rob Fraser. Trotz der Ansichten seines Vaters, trotz der säuerlichen Worte des Schulmeisters Ephraim Macaulay und trotz des mürrischen Gesichtsausdrucks des Pfarrers war Rob Fraser ein Jakobit, an den man sich nicht mehr erinnern konnte.

Für einen sechzehnjährigen Jungen war er zwar schlank, aber geschmeidig und drahtig wie ein Bergfuchs. Sein Haar war länger als heute üblich und von einer breiten blauen Haube bedeckt. Seine Gesichtszüge waren regelmäßig und klar, die Augen dunkel und düster, seine Wangen und sein Hals gebräunt von Wind und wildem Wetter. In seiner groben Jacke und dem verblassten Kilt, mit seinen zerrissenen und geflickten Strümpfen und seinen durchnässten Brogues bot er ein ziemlich seltsames Spektakel – man würde nicht sagen, dass es das Idealbild eines Liebeshelden wäre. Er trug keinen Sporran, solch ein Luxus war nichts für ihn, und sein Kilt war nur eine Rolle Schottenkaro, die er sich um die Mitte geschnallt hatte, aber er benahm sich mit der ganzen Würde seiner Rasse. Er war ein Schuljunge, aber nach der Schule war er ein Fraser, und waren die Frasers nicht mit dem Meister von Lovat auf dem Feld? Damals hatten die Schüler nur wenig Zeit für den Unterricht. Erst in der Nacht zuvor war Lauchlain Macintosh den Wächtern entkommen und hatte ihn vor dem Plan gewarnt, Prinz Charlie in Moy Hall gefangen zu nehmen. Monatelang gab es im Gymnasium kein Gespräch mit Lauchlain. Tatsächlich waren die Dinge zu kritisch für Summen und Tags der Grammatik. Der Prinz bedrohte Inverness bereits. Jeden Moment könnte es vor den Toren der Stadt zu einer Schlacht kommen, und wer könnte sagen, was dann passieren würde?

Inzwischen hatten die beiden Reiter ihre dampfenden Tiere auf den Marktplatz gezogen, und derjenige, der seinen Hut verloren hatte, richtete sich in seinen Steigbügeln auf und schrie um Stille. Rob, der sich durch die Menschen schlängelte, kam gerade rechtzeitig, um seine Eröffnungsworte zu hören.

„Wir sind auf Hochtouren geritten", rief der Mann auf Gälisch, „denn die Armee des Prätendenten marschiert gerade jetzt auf Ihre Stadt zu."

Daraufhin ertönte plötzlich Stimmengewirr, einiges Jubeln und nicht wenig Gejohle, denn der Name „Pretender" war in jakobitischen Ohren nicht angenehm.

Aber Inverness war in hannoverscher Hand, und so verstummte der Lärm, und alle Augen richteten sich wieder auf den Mann auf dem Pferd. Er war ein großer, rotgesichtiger Kerl, sehr pompös und selbstgenügsam, und wenn sein Haar durch den Verlust seines Hutes nicht so lächerlich ausgesehen hätte, hätte er seine Zuhörer vielleicht enorm beeindruckt.

Die Neuigkeiten, die er mitgebracht hatte, lösten in der Stadt eine seltsame Aufregung aus. Die Leute begannen in kleinen Gruppen auf der Straße zu plaudern, die Tavernen füllten sich rasch mit Klatschtanten, Fensterläden begannen zu klappern und besorgte Gesichter spähten um die Ecken der Fenster.

Plötzlich hörte man auf der Straße Schritte und zwanzig aufgeregte Blicke richteten sich in der Hoffnung, die Highland-Armee in die Stadt marschieren zu sehen. Aber nein – es war die etwa zweitausend Mann starke hannoversche Garnison unter dem Kommando von Lord Loudon, die im Begriff war, zu evakuieren. Daraufhin wurde die Verwirrung immer größer und leidenschaftliche Jakobiten konnten es kaum unterlassen, die weiße Kokarde anzulegen, während weniger leidenschaftliche Hannoveraner nicht wussten, ob sie jubeln oder die Flucht ergreifen sollten, und ehrliche Händler machten lange Gesichter, während sie an ihre Waren dachten, denn wer konnte sie vor wilden Highland-Kränern schützen, die vom langen Marsch hungrig waren?

Rob schlenderte von Gruppe zu Gruppe, lauschte hier und da einem Wort und empfand in seinem Herzen eine bittere Verachtung für diese Menschen auf der Straße und in den Geschäften.

Die hannoverschen Soldaten hatten Inverness gegen Mittag verlassen und zogen sich über den Moray Firth nach Rossshire zurück, und immer noch war das Stimmengewirr zu hören, und hier und da ging eine Gruppe Männer mit schussbereiten Claymores an der Seite durch die Straßen für die Ankunft des Prinzen. Schließlich wandte sich Rob Fraser, dem das Müßiggang überdrüssig geworden war, in Richtung der Schule, und als er sich in den Türrahmen schlich, stellte er zu seinem Erstaunen fest, dass es dort sehr still und leer war und kein Zeichen eines Jungen oder Meisters zu sehen war.

Über diesen Meister, dessen Name der seltsame von Ephraim Macaulay war, muss etwas gesagt werden.

Er war drei Monate zuvor bei der Vorstellung von Lord Präsident Forbes in Inverness angekommen, und sein Vorgänger war aufgefordert worden, in den Ruhestand zu gehen. Die ganze Angelegenheit war sehr mysteriös.

Einige sagten, der alte Schulmeister (der ein überzeugter Jakobit war) würde zurückkehren, andere sagten, er sei bei der Regierung in Ungnade gefallen und galt als Verschwörer der Stuarts. Jedenfalls erschien Mr. Macaulay, und von dem Moment an, als er den Ort betreten hatte, hatte Rob ihn von ganzem Herzen gehasst.

Mr. Macaulay war ein außerordentlich großer, dünner Mann, sehr gerade und ohne Lächeln, mit einem langen, scharfkantigen Gesicht. Er war anständig in schwarze Kleidung gekleidet und trug silberne Schnallen an den Schuhen, aber sein Benehmen und seine Heimlichtuerei hatten etwas Seltsames an sich, und es gab Gerüchte, dass er sich zu oft mit Lord Loudon traf. Sein Aussehen hatte eine starke Ähnlichkeit mit einem Falken, da er die Angewohnheit hatte, unverwandt in die Ferne zu starren. Minutenlang stand er so da, und dann plötzlich fuhr er auf und starrte mit seinen düsteren schwarzen Augen scharf um sich und erwachte sozusagen zu seinen Pflichten, die er anscheinend äußerst lästig und deprimierend fand.

Rob ging auf Zehenspitzen in das Zimmer, wo er gewöhnlich (etwas geistesabwesend) den Worten von Ephraim Macaulay lauschte, überquerte den Raum und spähte in den schattigen Gang, der zum Arbeitszimmer des Schulmeisters führte.

Die Tür war angelehnt, und aus dem Raum dahinter drangen Stimmen, ein leises Murren mit tiefen Untertönen, als ob zwei Männer in einer intensiven Unterhaltung wären – und zwar sehr intensiv. Er hörte, wie ein Stuhl umfiel, als wäre ein Mann aufgesprungen, und während er zögerte, rief Mr. Macaulay überrascht und aufgeregt „Muckle John". „In Inverness", antwortete eine andere Stimme, die Rob fremd war.

Rob drehte sich um, um davonzustehlen, aber noch während er das tat, verstummte das Stimmengemurmel, und bevor er gehen konnte, wurde die Tür zum Arbeitszimmer aufgerissen, und der lange Arm des Schulmeisters schoss hervor und umklammerte seine Schulter. Es geschah so schnell, dass er sich nicht einmal aus Sicherheitsgründen ducken konnte, und bevor er sich befreien konnte, hatte der Begleiter des Meisters ihm den Rückzug abgeschnitten und ihn an den Armen gepackt. Er war beim Abhören erwischt worden.

Mr. Macaulay blickte Rob mit unverkennbarer Bosheit an, dann sprang er auf und legte die Hände auf seinen Stock.

„Was hast du gehört?", fragte er scharf, doch die Angst war ihm deutlich im Gesicht zu erkennen.

„Nichts", sagte Rob energisch. „Ich wusste nicht, dass da jemand ist."

„Komm, Rob", sagte der Meister mit starkem Lowland-Akzent, „ich werde dir schon fürs Lauschen eine Tracht Prügel verabreichen, wenn auch nur aus anderen Gründen", und er begann langsam näher zu kommen, wobei seine Finger an seinen Seiten zuckten und er seine Lippen mit der Zungenspitze befeuchtete.

„Bist du bereit, Rob?", sagte er und ging mit nach vorn gestrecktem Kopf und einem grimmigen Lächeln im Gesicht um den Tisch herum.

Der Junge trat einen Schritt zurück, so dass ein Stuhl zwischen ihnen stand, und warf einen Blick umher, um einen Fluchtweg zu finden. Hinter ihm lag der Kamin und rechts von ihm das offene Fenster, aber hoch oben und so klein, dass nur eine Katze es hätte erreichen und hindurchfliegen können.

„Sie haben Ihr neues Handwerk schnell gelernt", sagte der Fremde mit einem Kichern. Rob, so verzweifelt er auch war, kam es seltsam vor, so etwas zu sagen.

Inzwischen hatte der Schulmeister begonnen, langsam seinen Mantel aufzuknöpfen und seine Hemdsärmel umzuschlagen. Sein Begleiter hatte sich neben die Tür gesetzt, um genügend Raum für das Kommende zu lassen. Die Sekunden vergingen wie im Flug, und Rob stand immer noch da, seine Augen huschten hin und her, bis sie plötzlich an der Wand über dem Kamin ruhten. Ein Vorfahre des ehemaligen Lehrers war ein Mann von ziemlicher Tapferkeit gewesen, und es war sein Claymore, der über dem Kaminsims hing und Robs Augen so faszinierte. Der Korbgriff hing bis auf einen Meter an seinem Arm herab. Konnte er das nur erreichen!

Langsam faltete Mr. Macaulay seinen Mantel zusammen und legte ihn hin. Er genoss diese Verlängerung der Qual. Es war nie seine Art, mit einer Sache fertig zu werden. Er wedelte sogar ein wenig mit dem Stock, um das Gleichgewicht besser zu finden. Und dann war Rob mit einem schnellen Sprung auf den Hocker gesprungen und hatte das Schwert an der Wand festgehalten.

Mit einem Wutschrei stieß der Schulmeister seinen Stock pfeifend nach unten, aber er reichte nicht aus, und mit einem gewaltigen Ruck riss Rob den Schlagstock los und ließ ihn im Kreis um sich herumwirbeln.

Und in diesem Moment drang aus weiter Ferne, auf und ab, das prasselnde Geräusch der Dudelsäcke durch das offene Fenster herein. Für einen Moment standen sie alle da wie Menschen auf einem Tableau.

„Der Prätendent!" keuchte der Fremde und sprang auf.

Der Schulmeister ließ den Stock von seinen Fingern auf den Boden gleiten.

„Hmpf!", sagte er und beäugte Rob, „es ist, als würden wir deine Prügel verschieben, mein Junge." Er verfinsterte sich ein wenig und runzelte die Stirn, dann schloss er langsam die Tür auf und trat zur Seite, damit er vorbeigehen konnte. Doch als er sah, dass Rob immer noch das Schwert hielt, zögerte er und legte eine Hand auf den Arm des Jungen.

„Was soll das bedeuten?", fragte er.

„Es bedeutet", erwiderte Rob mit erhobenem Kopf, „dass ich nicht Ihr Schüler bin, Mr. Macaulay – sondern ein Soldat, wenn der Prinz mich haben will."

"Oh, er wird es dir schon recht machen", höhnte der Meister. "Er ist nicht so viele und Seile sind billig. Auf Wiedersehen, mein hübscher Rekrut. Wir sehen uns bestimmt wieder."

Ohne auf seine Worte zu achten, eilte Rob zur Tür und hinaus auf die Straße.

Der Klang der Dudelsäcke erfüllte die engen Straßen und der Jubel der Stadtbewohner schwoll an und ab, als die Truppen des Prinzen vorbeimarschierten.

Plötzlich wurde der Lärm ohrenbetäubend und überall flogen Hüte in die Luft. Einen Moment lang erhaschte er einen flüchtigen Blick auf einen jungen Mann, der auf einem braunen Pferd ritt, lächelte und mit dem Kopf nickte und dabei seine Haube in der Hand hielt.

Und in dieser flüchtigen Vision erkannte Rob, dass es sich dabei um Prinz Charlie handelte, für den er bereit war, sein Leben zu riskieren.

KAPITEL II

DIE ANKUNFT VON MUCKLE JOHN

Das gedämpfte Trampeln von Füßen hallte die Straße entlang. Dass eine solche Armee den englischen Thron in solche Panik versetzte und London in einen Zustand wilden Terrors versetzte, war erstaunlich und muss es auch bleiben. Schlecht gekleidet, schlecht bewaffnet, zerlumpt, hager, undiszipliniert bot sie eher einen Anblick wie eine Ansammlung ausgehungerter Landstreicher als wie siegreiche Soldaten.

Viele waren sehr alte Männer, viele waren verkümmerte, kränkliche Wesen, die fürchterlich husteten, während sie hinkten. Jungen, viele ohne Schuhe oder Strümpfe, einige nicht älter als sechzehn, machten einen Großteil dieser verzweifelten Truppe aus. Viele von denen, die Schwerter besaßen, hatten sie mit Strohseilen um die Hüften gebunden. Vielleicht ein Drittel der gesamten Truppe war gut ausgerüstet mit Targe, Claymore und Dolch, während einige Gewehre über den Rücken geschlungen hatten.

Sie waren vielleicht staubig, zerlumpt und hatten wunde Füße, aber für Rob waren sie Helden der Romantik. Er schaute über ihre ausgemergelten Gesichter, ihre blutenden Füße und ihre schäbigen Kleider hinaus. Sie waren eine Veteranenarmee, die noch ungeschlagen war. Sie trugen die Zuversicht des Sieges und nahmen den Jubel von Inverness mit der Miene von Männern entgegen, denen das gebührt, was ihnen zusteht.

Durch eine Art Nebel sah Rob die Tartans schwanken, blickte in unbekannte bärtige Gesichter und fing das Glitzern des Sonnenlichts auf dem kalten Weiß des Stahls auf. Die Menge um ihn herum wurde dünner; Die letzten Truppen waren vorbeigezogen. Auf der Straße herrschte bereits ein schwankendes, aufgeregtes Tumult der Menschen.

Jetzt stand hinter Rob eine Taverne, die Major Fraser von Castleleathers gehörte, einem ehemaligen Freund von Lord Lovat, der jedoch in Not geraten war. Er war ein großer, rubinroter Mann im Alter von etwa sechsundsechzig Jahren und hatte kein besonderes Interesse an Jakobiten oder Whigs. Rob kannte ihn gut. Viele schöne Abende hatte er damit verbracht, seinen Geschichten aus den großen Tagen vor langer Zeit zu lauschen.

Major Fraser dachte, die Dinge hätten sich gut entwickelt, als englische Truppen gute Leute auf dem Land jagten. Rob hörte ihn das von der Tavernentür aus sagen. Er stand auf der obersten Stufe und starrte mit halb geschlossenen Augen den verschwindenden Highlanders nach. Über seiner breiten roten Stirn flatterten seine weißen Haare im eigenwilligen Februarwind.

„Dass du, Rob", schrie er, „komm her, Junge", und er zitterte und stampfte innerlich, Rob auf seinen Fersen.

Im Schankraum befand sich ein einzelner Bewohner. Offensichtlich hatte er sich wegen des Tumults draußen nie gerührt, denn seine Beine lagen auf dem Kaminsims und sein Kopf war auf die Brust gesunken. Alles, was Rob sehen konnte, war ein sehr breiter Rücken und ein toller roter Hals. Er hielt ihn für einen überaus mächtigen Menschen, der eher an den Sattel oder die Hügel als an Tavernen gewöhnt war.

„Haben sie bestanden?" knurrte der Mann am Feuer mit tiefer, verächtlicher Stimme.

„Das haben sie", antwortete Castleleathers und schloss die Tür, „und Frasers unter ihnen."

„Genau genug, und der Meister ist nur ein Junge, James, frisch vom College. Sein Vater muss sich für einiges verantworten."

„Mir geht es gut, aber wer weiß, wie das enden wird? Ich würde mir nicht das Herz brechen, wenn dem alten Sim der Hals umgeworfen würde …"

Der Mann am Feuer ließ mit einem Knall seine Füße fallen und schwankte auf seinem Stuhl. Für Rob war etwas seltsam Vertrautes an ihm.

„Überlassen Sie mir Ihre uneinbringlichen Schulden", sagte er, „ich habe mit Lovat noch ein Hühnchen zu rupfen, und..." Als er Rob sah, verengten sich seine Augen und er verfiel in eine plötzliche Stille.

"Whist!" sagte Castleleathers, „es ist nur Rob."

Aber der andere sagte nichts weiter, blickte sie beide nur stirnrunzelnd an und stieß dann plötzlich einen leisen Pfiff aus und blickte ihnen über die Schulter.

Jetzt befand sich das Fenster etwa einen Meter über dem Boden – eine einzige Scheibe –, und Ephraim Macaulay, der Schulleiter, spähte hindurch. Für einen kurzen Moment sah Rob ihn, dann war der Fremde mit einem Satz an der Tür. Er stand einen Moment da und blickte die Straße auf und ab, dann kehrte er zurück.

„James", sagte er, „ich wusste, dass ich recht hatte, und wenn ich dein Gesicht sehe, wittere ich genauso sicher, dass sich Ärger zusammenbraut, als wenn die Corbies über den Brae segeln."

„Es ist der Schulmeister", sagte Rob.

Aber keiner beachtete ihn, und ohne ein Wort zu sagen, packte ihn der Major bei den Schultern, stieß ihn auf die Straße und schloss die Tür sicher hinter sich ab. Mit der Fremdartigkeit von allem umklammerte Rob seine Claymore und machte sich auf den Heimweg. Er fragte sich, wo er den großen Mann in Frasers Taverne schon einmal gesehen hatte oder ob er von ihm geträumt hatte. Die Erinnerung an ihn war zwar verblüffend, aber auf ihre Weise seltsam lebendig.

Rob wohnte bei seiner Tante, der Schwester seiner Mutter, und schämte sich nicht zuzugeben, dass er große Angst vor Miss Margaret Macpherson hatte. Was würde sie zu seinen Plänen sagen? Was eigentlich?

Miss Macpherson war sehr groß und äußerst hager. Ihr Gesicht war so düster wie ein windgepeitschter Berghang, und in ihren grauen Augen lag ein steinerner Blick, der die Atmosphäre in Frost zu verwandeln schien. Ihre Figur bestand nur aus Spitzen und Winkeln – sie ragte dort hervor, wo ihre Schultern sich zum Hals erhoben, und schien sich endlos in ihre Arme auszudehnen. Rob kannte diese langen, sehnigen Arme mit ihren dünnen, knorrigen Händen, die immer bereit waren, herabzustoßen. Miss Macphersons Haltung war normalerweise die eines großen Raubvogels, mit mächtigem Schnabel und Klauen, der schnell zu Boden stürzte und sich wieder erhob, um auf einem Felsen zu sitzen und zu wachen.

Sie saß vor dem Feuer, als er eintrat, und als sie das Schwert in seiner Hand sah, veränderte sich ihr grimmiger Gesichtsausdruck rasch – er verhärtete sich rasch, als hätte sie einen Schock erlitten, wolle es sich aber nicht eingestehen.

„Tante Margaret", sagte Rob und beeilte sich, es hinter sich zu bringen, „ich marschiere morgen mit den Männern von Prinz Charlie."

Sie machte Anstalten, aufzustehen, dann setzte sie sich, wo sie war, nur ihre Hände zitterten, als sie sie ans Feuer hielt.

„Die Schule ist also vorbei", sagte sie leise, „und jetzt ziehen wir in den Krieg, nicht wahr? Ein schönes Spektakel, das für den Sohn deines Vaters sein wird. Es ist jetzt der Galgen, nicht wahr, zusammen mit einem Lumpen Und ein hübscher Prinz? Ihr wollt dieses Schwert aufpolieren, denke ich, und ein paar Bannocks für eure Reisen. Oh, ich werde euch Bannocks kochen – feine, heiße Bannocks.

Sie beobachtete ihn die ganze Zeit aufmerksam und wollte ihn erschrecken, und als sie feststellte, dass er unerschütterlich blieb, zuckte sie mit den Schultern und machte sich daran, den Tisch zu decken, wobei sie mit ihren langen, dünnen Armen das Geschirr umklammerte. Rob bemerkte mit niedergeschlagenen Augen, dass sie die Dinge für einen bereitstellte.

„Wie alt bist du?“ fragte sie schließlich, ihr Rücken immer noch zugewandt.

„Sechzehn nach“, antwortete er langsam.

„Ja“, sagte sie, „das nehme ich an.“

Dann starrte sie ihn mit einem seltsamen Gesichtsausdruck an – als hätte sie ihn geschlagen, wenn sie dazu in der Lage gewesen wäre. Dann stellte sie eine weitere Platte auf den Tisch und wies ihn mit einer Kopfbewegung an, sich neben sie zu setzen.

„Rob“, sagte sie nach langem Schweigen, „für mich warst du in all deinen Jahren immer unterwächst. Es kommt mir vor, als wäre es erst gestern gewesen, seit du gekommen bist.“

„Das war vor acht Jahren“, antwortete er immer noch auf der Hut.

"So lange?" sagte sie und nahm ihr Messer, aß aber nichts.

Das Essen verlief in völliger Stille. Rob hätte alles darum gegeben, weg zu sein. Was in den Gedanken seiner Tante vorging, wusste er nicht, er konnte es nicht erraten. Ihr Gesicht drückte nichts aus, nur ihre Augen starrten ihn unverwandt an, wie die unergründlichen Augen eines Adlers.

„Rob“, sagte sie schließlich, „wann bekommst du deine Marschbefehle?“

„Morgen, Tante Margaret“, antwortete er. „Du darfst nicht betrübt sein, dass ich gehe; ich kann nicht hier bleiben, wenn meine Leute weg sind. Natürlich dürfen wir Inverness für eine Weile nicht verlassen.“

„Der alte Fuchs dort, Lovat, ist sicher zu Hause“, erwiderte sie. „Wenn der Häuptling da ist, ist es für die Clansmänner nicht gut, sich zu rühren.“

„Aber der Meister ist draußen“, fügte er schnell hinzu und meinte damit Lord Lovats Sohn, der das Kommando über den Clan Fraser hatte.

„Es ist das schlaue Kätzchen, das oben auf der Mauer sitzt. Also gut“, schloss sie, „was geschehen ist, ist geschehen, also ab ins Bett mit dir und schlaf dich aus.“

Rob verbarg seine Freude über die offensichtliche Selbstgefälligkeit seiner Tante, stand auf, wünschte ihr eine gute Nacht – wofür sie ihm grimmig dankte –, begab sich ins Nebenzimmer, warf sich auf sein Bett und war bald fest eingeschlafen.

Es war stockfinster, als er etwa zwei Stunden später aufwachte, und zwar so plötzlich, dass er im Bett aufsprang und angestrengt lauschte. Sicherlich hatte jemand im Zimmer gesprochen! Aber es war kein Laut zu hören, nur das Heulen des Nachtwinds draußen auf der Straße. Und dann drang ein gedämpftes Stimmengemurmel aus der Küche an seine Ohren und ein leises

Geräusch wie das Fallen von Schuhen auf dem Steinboden. Er schlich durch das Zimmer, kniete vor der Tür nieder und lauschte mit plötzlicher Furcht im Herzen.

Einen Moment lang hörte er überhaupt nichts, dann hörte er zu seinem Entsetzen das Flüstern einer Stimme, die er nur zu gut kannte – den schrillen, nasalen Akzent von Mr. Macaulay, dem Schulmeister, der sich intensiv mit seiner Tante unterhielt.

Sie waren beide so nah an der Tür, dass er jedes Wort hören konnte, das sie sagten.

„Ich sage Ihnen, ich habe ihn gesehen", sagte der Schulmeister.

„Aber was ist damit? Jeder weiß, dass der alte Castleleathers so sicher ist wie Mr. Hossack selbst."

„Wen interessieren schon zwei Anstecknadeln für Castleleathers – ich will die andere …"

„Du meinst den großen Mann…"

„Das tue ich. Wenn ich ihn in die Finger bekommen kann, werde ich ein Netz über mehr Rebellen werfen, als wenn wir Lovat selbst hätten."

„Aber Rob weiß nichts davon. Er ist nur ein Junge, der verrückt nach Soldaten ist. Morgen früh wird er alles vergessen haben."

„Er nicht – aber wenn er mir sagen kann, wo jemand zu finden ist, dessen Namen ich weder Ihnen noch sonst jemandem verraten werde, werde ich dafür sorgen, dass sein Hals in Sicherheit ist."

„Dann weiter mit euch", flüsterte Miss Macpherson, „denn ich bezweifle, dass wir Rob retten müssen, wenn wir können. Ihr habt das Seil."

„Das habe ich", erwiderte der Meister.

Dann folgte völlige Stille und eine Sekunde später das leise Knarren der Tür, hinter der er kauerte. Rob sprang auf und hielt unschlüssig inne. Er war unbewaffnet und hilflos.

Ganz langsam begann sich die Tür zu öffnen. Er erkannte es am Luftzug auf seinem Gesicht. In der völligen Dunkelheit lehnte er sich dicht an die Wand und wartete darauf, dass sie an ihm vorbei zum Bett gingen.

Doch in diesem Augenblick ertönte ein ganz schwaches Geräusch wie das Seufzen des Windes, das ferne Klingen einer Melodie, eine kleine, verdrehte Melodieschleife, wie sie die Feen beim Tanzen spielen.

„Halt!", flüsterte Macaulay mit leiser, angespannter Stimme.

„Das ist nur die Pfeife eines Jungen“, fauchte Miss Macpherson, „beeilt euch.“

Aber er schien vor irgendetwas Angst zu haben.

„Das ist keine Jungenpfeife“, antwortete er mürrisch, „sondern die Pfeife von Muckle John.“

Dann hätte Rob vor Freude schreien können, denn er wusste sofort, wer der große Mann in Frasers Taverne gewesen war, wer es sonst war, als der Fremde auf dem Moor, der das Wiesel aus seinem Versteck gelockt hatte. Das Plätschern der Musik kam näher, und dann ertönte ein kräftiges Klopfen an der Haustür und eine Männerstimme, die nach Einlass rief.

„Whist!“, sagte seine Tante, und es klopfte erneut.

„Was ist da?“, rief sie.

„Öffnen!“, antwortete die Stimme – eine tiefe Bassstimme wie das Geräusch eines Stiers. „Öffnen Sie im Namen des Königs!“

„Besser, öffnen Sie, Mistress Macpherson“, riet der Herr, „auch wenn ich wünschte, ich wäre hier raus. Wenn ich ein Schwert hätte, aber wer hat je einen Pfarrer mit so einem Ding gesehen?“ und er lachte kläglich, während ein wütendes Klopfen an die Tür hämmerte. Plötzlich sah Rob das gelbe Licht einer Kerze und hörte, wie die Riegel zurückfielen.

Ein kalter Schwall Nachtluft strömte in den Raum und mit ihm kam ein großer, furchterregend aussehender Mann herein, so groß, dass er sich fast bücken musste, um einzutreten; er war in Reitkleidung gekleidet und hatte den Hut tief ins Gesicht gedrückt.

Rob glitt ins Zimmer. Neben ihm stand Mr. Macaulay, das Seil baumelte noch immer in seinen Händen. Seine Tante stand dem Fremden gegenüber und hielt die Kerze hoch, so dass ihre Strahlen auf sein Gesicht fielen.

Sie standen also einen Moment lang da, dann schloss der Fremde die Tür hinter sich, nahm seinen Hut ab und machte eine ausladende Verbeugung.

„Frau", sagte er, „ich bitte um Verzeihung für diese scheinbare Unhöflichkeit."

„Madam", sagte er, „ich bitte um Verzeihung für diese scheinbare Unhöflichkeit; aber ich bin neu nach Inverness gekommen und werde hier bis morgen einquartiert."

(Nicht so neu, dachte Rob, eingedenk von Frasers Taverne.)

Die wachen blauen Augen des Fremden huschten die ganze Zeit über im Raum hin und her. Sie blieben einen Moment auf dem Seil in den Händen des Meisters stehen, erfassten Rob mit einem Blick (jedoch ohne den Anschein, als würden sie ihn wiedererkennen, was ihn betrübte), und kehrten dann zu Miss Macpherson zurück, die seine Anwesenheit weder mit einem Wort noch mit einem Nicken zur Kenntnis genommen hatte.

„Sir", sagte Rob zu dem Fremden, „Mr. Macaulay hat sich gerade nach Ihnen erkundigt."

„Danke“, antwortete er, „aber ich habe das Seil bereits in seinen Händen gesehen. Vielleicht könnte es für einen besseren Zweck verwendet werden ...“

Herr Macaulay war der Tür ebenso nahe wie der Fremde. Mit einem Satz erreichte er es und warf es zurück. Und dann verschwand er mit einem weiteren Luftwirbel in der Nacht.

Der Fremde beobachtete seinen Weggang mit hochgezogenen Brauen und einem Lächeln auf den Lippen, dann trat er zur Tür, schloss sie und verriegelte sie mit vorsichtigen Händen.

„Vorerst“, sagte er und wandte sich an Rob, „ist er weg. Du hast doch keine Angst vor meiner Gesellschaft, oder?“

Während er sprach, packte er ihn sanft an beiden Schultern und sah ihm in die Augen.

Rob schüttelte den Kopf. Angst vor dem Mann aus dem Moor! Plötzlich überkam ihn eine merkwürdige Scheu vor diesem geheimnisvollen Mann mit seinen klugen, unergründlichen blauen Augen, seiner großen Highland-Nase, der skurrilen Drehung, die in seinen Mundwinkeln lauerte, und seinem massiven Kopf weit oben in der Nähe der Dachsparren durch die gewaltige Höhe von ihm.

Seine Kleidung hatte einen ausländischen Schnitt, und seine Worte klangen mit einem seltsamen Akzent, der von gelegentlichen Handbewegungen begleitet wurde, die einem Nordstaatler gekünstelt und weiblich vorkommen. Seine Stimme war sehr tief und sanft und so überzeugend, dass nur wenige ihm widerstehen konnten. Selbst im Zorn war er nie barsch – aber manche sagten, er ließ es nie zu, wütend zu werden, und setzte sich aus genau diesem Grund immer durch. Sogar Miss Macpherson machte ihn nur einmal wütend.

Unterdessen musterte der Fremde sie beide mit drolliger Eindringlichkeit. Wenn nur der Ehrliche einem anderen in die Augen sehen kann, ohne mit der Wimper zu zucken, dann muss er in der Tat ein sehr ehrlicher Mann gewesen sein, denn es gab nur wenige, denen er nicht in die Augen sehen konnte, und außerdem hatte er dabei Freude.

„Wie heißt du?“, fragte er und hielt den Jungen immer noch an der Schulter fest.

„Mein Name ist Rob Fraser“, antwortete er, „und das ist meine Tante, Miss Macpherson.“

„Dann bin ich in guter Gesellschaft“, sagte er, ließ Rob los und begann, seine Hände am Feuer zu wärmen, indem er sie vor und zurück in Richtung der Flamme drehte. „Es ist gut“, grübelte er nach einer Weile, „den Torfgeruch wieder in der Nase zu haben. Was für ein schönes Zimmer das ist. Ich wette, es gibt nur wenige Pfannen wie die in Inverness. Ich würde gern einmal ein Fladenbrot von Ihrer Küche probieren, Miss Macpherson. Ich erkenne ein gutes Fladenbrot, wenn ich es sehe, und es ist lange her, dass ich das alte Schottland probiert habe ...", woraufhin er seufzte und auf den Boden starrte.

Etwas besänftigt, gegen ihren Willen, deckte Miss Macpherson wieder den Tisch und beschäftigte sich mit ihren Haushaltsutensilien. Über dem Torffeuer hing ein Topf an einer Kette, die an einem Querbalken darüber befestigt war. Der Ort war erfüllt von diesem seltenen Geruch. Aber der Fremde sagte nichts, obwohl er offenbar nach einer Schüssel voll Ausschau gehalten hatte. Stattdessen zog er Rob zum Feuer und sprach mit seiner leisen, melodischen Stimme zu ihm, während er auf einem Hocker saß, seinen großen Mantel an einem Haken neben sich aufgehängt und der Dampf daraus aufstieg und sich im Blau des Torfgestanks verlor.

„Ich habe euch heute gesehen", sagte er. „Es war kurz nachdem unsere Truppen, der Himmel stehe ihnen bei, vorbei waren. Ich kann es nicht ertragen, sie anzusehen. Ich fühle mich wie ein Mann, der eine Prozession von Kindern und sterbenden Männern beobachtet ..."

„Waren Sie in einem anderen Krieg?" fragte Rob.

„Krieg", sagte er, „das ist kein Krieg. Mann Rob, ich habe in ganz Europa gedient und gesehen, wie die Armeen Friedrichs wie das Donnern der Brandung auf einer westlichen Insel vorrückten. Ich habe Einsätze in Polen, Österreich und ... gesehen die Niederlande. Ich habe unter Sachsen gekämpft.

Er hielt inne und schien sich an Robs gerötetem Gesicht und seinen eifrigen Augen zu erfreuen.

„Letztes Jahr lag ich vor Tournay unter einem sternenklaren Himmel, während rund um mich herum Tausende von Männern atmeten, die vor vielen Stunden auf dem Feld von Fontenoy lagen. Das ist Krieg, Rob, nicht mit ein paar hundert Puir Hielan durch das Land zu huschen." Körper."

„Aber ich melde mich an", sagte er, von solchen Worten ziemlich erschüttert.

Der Fremde schnupperte am deutlichsten über dem Topf. Der Geschmack war mehr, als ein hungriger Mann ertragen konnte.

„Sie würden eine seltene Wahlkämpferin abgeben, Miss Macpherson", sagte er, „Rob ist sicherlich dumm, wenn er daran denkt, einen solchen Eintopf für alle Throne Europas zu verlieren."

„Es ist nur ein gewöhnlicher Eintopf", sagte sie mit einer leichten Röte auf ihren Wangen.

„Vielleicht ist es für Sie, Miss Macpherson – ich werde es nicht leugnen – aber als Mann, dem Eintöpfe nicht fremd sind, würde ich es bei einem anderen Namen nennen …", und er schmatzte mit den Lippen und nahm einen weiteren Schluck davon genießen.

„Weel, weel", murmelte Miss Macpherson, nahm den Deckel ab, steckte ein Messer in ein Stück Fleisch und schüttete die Soße mit einem Löffel auf einen Teller.

„Stellen Sie Ihren Stuhl herein", sagte sie und legte die Bannocks neben ihn. Dann, nach kurzem Zögern, legte sie eine runde schwarze Flasche auf den Tisch. „Es kommt von Laggan", sagte sie.

„Ein hübsches Land", antwortete er und machte sich ohne Zögern mit größter Begeisterung an die Arbeit.

Unterdessen näherte sich Rob dem Feuer und legte ein oder zwei Torfstücke auf die erlöschende Glut. Plötzlich erinnerte er sich daran, wie nahe er gewesen war, den Machenschaften seiner Tante zum Opfer zu fallen, und doch hätte man, wenn man ihr ins Gesicht sah, sagen können, dass sie weder Enttäuschung noch Groll empfand. Miss Macpherson hatte einen starken Hang zum Fatalismus.

Als der Fremde mit dem Essen fertig war, schob er seinen Stuhl zurück und wischte sich sehr vornehm mit einem Taschentuch den Mund ab.

„Und nun, Sir", sagte er und wandte sich an Rob, „was ist das für ein Gerede über die Kriege?"

„Ja", wiederholte Miss Macpherson und wurde heller, „das können Sie durchaus fragen, Herr …" Sie zögerte.

„Egal", antwortete er schnell, „mein Name bleibt bestehen."

„Ich möchte für den Prinzen kämpfen", sagte Rob energisch; „Ich habe dieses Claymore." Und er holte es aus der Ecke, wo es lag.

Ein Blick genügte dem Fremden.

„Du bist hundert Jahre zu spät, mein Mann", sagte er und betrachtete das rostige Schwert mit kritischem Blick.

„Das ist alles, was ich habe", sagte Rob.

„Und alles, wofür du gut bist", erwiderte seine Tante.

Der Fremde saß währenddessen da, das Kinn auf eine Hand gestützt, und runzelte die Stirn. Plötzlich bewegte er sich unruhig.

"Was ist das für ein Gerede?", rief er. "Morgen oder übermorgen werden wir wie die Hühner in die Flucht geschlagen; aber wir haben um unser Geld gekämpft, während du, armer Junge, um dein Leben rennen wirst. Warte einen Moment – es wird noch weitere Aufstände geben", woraufhin er innehielt und Miss Macpherson für seinen mutigen Rat ein Lächeln abnahm.

„Danke, Sir", sagte sie herzlich, „und hören Sie dem Herrn zu, Rob, denn er spricht die wahre Wahrheit."

Rob wollte gerade eingreifen, als der Fremde ihm ein Zeichen gab, still zu sein.

„Lassen Sie sich Zeit", sagte er, „und wählen Sie Ihren eigenen Gang, denn das ist auf einmal eine Art leere Befriedigung – und ich werde ein kleines Stück spielen, wenn ich darf." Daraufhin verbeugte er sich vor Miss Macpherson, und sie verbeugte sich zurück, und das nicht ganz so steif.

Dann zog er dasselbe Rohrblatt aus der Tasche seines Mantels, das Rob vor zwei Jahren gehört hatte, und begann zu spielen, und sein Spiel klang wie der Gesang eines Mavis in der Dämmerung. Er spielte sowohl schottische als auch ausländische Melodien, seltsame, melancholische Musikfetzen, die sehr eindringlich anzuhören waren, und dann, ganz plötzlich, begann er eine jakobitische Melodie, und Rob saß da und starrte ihn an, während eine große Stille über den Raum hereinbrach.

Das Feuer war erloschen, und das Zimmer war in Dunkelheit versunken, als er aufhörte und nur die Pfeife auf den Tisch legte. Denn aus der Stille kam die wunderbarste Stimme; und der fremde Herr erhob sich und sang eine alte Klage aus den Highlands, als würde ihm das Herz brechen. Rob warf seiner Tante einen verstohlenen Blick zu und sah, dass ihre Lippe – diese eiserne, entschlossene Lippe – zitterte. Sogar die Stimme des Fremden durchbrach die völlige Traurigkeit des Ganzen, worüber er hustete und lächelte, und bevor Rob den Blick heben konnte (es schien ihm, als hätte es überhaupt keinen Anfang gegeben, so schnell war es erledigt), war der Fremde da seine Füße, und während Miss Macpherson heimlich eine Träne verbarg, hatte er sich seine Pfeife geschnappt und war mitten in einem Highland-Rollenspiel. Mit seinen Fingern, die die Löcher des Dings auf und ab bewegten, und der verwegenen Neigung seines Kopfes und der Art, wie er mit seinen Füßen, seinen Schultern und seinem ganzen Körper den Takt hielt – mit all dem und dem tanzenden Feuerschein und Der Wind sperrte die Straße aus – das Ding war wie die Arbeit eines Drehgestells. Wäre er ein kleiner Mann mit silbernen Knöpfen und Schuhen mit silbernen Schnallen und einer Samtjacke gewesen, dann hätte er sich zweifellos in den Schornstein und über das Heidekraut gespielt, mit Rob und Miss Macpherson an seinen Rockschößen.

Die Musik wurde schneller. Sie wurde wilder. Sie brachte Rob auf die Füße und ließ ihn wie wild hüpfen und mit den Fingern schnippen. Der Fremde war hier und dort, verpasste Noten, weil er nicht alles auf einmal tun und sich gleichzeitig drehen konnte. Und dann, gerade als die Tirade ihren Höhepunkt erreichte, war auch Miss Macpherson dabei. Zuerst hob sie die Röcke anmutig vom Boden, dann stemmte sie die Arme in die Hüften, verbeugte sich, wirbelte, wirbelte. Der Fremde warf seine Pfeife weg. Er sang stattdessen den Singsang, und so hüpften sie vor Miss Macpherson herum, hakten sich unter die Arme, klatschten in die Hände und schrien, bis die Stühle über den ganzen Boden sprangen und die Fladenbrote hinter ihnen her, und der Tisch in der Ecke auf seinen Beinen wackelte.

„Na, mein Junge", keuchte der Herr, als es vorbei war, und wischte sich übers Gesicht, „habt ihr die Sache geklärt?"

„Sir", rief Rob, „für mich ist es der Prinz."

„So, so", sagte er und setzte sich wieder, als hätte er es schon erraten.

„Ich glaube, Sie haben mit Absicht so gesungen", entgegnete Mistress Macpherson, die sich der Gefahr nun völlig bewusst war und sich sehr schämte.

„Bei meinem Eid, Madam", antwortete er, „ich habe dem Jungen davon abgeraten – Sie haben mir mit Ihren eigenen Ohren zugehört."

„Aber diese Lieder?"

„Tss", sagte er, „was sind Lieder?"

Im Osten dämmerte es bereits, und unter der Tür schien ein schwaches graues Licht hindurch.

Der Fremde erhob sich erschrocken.

„Der Tag ist nahe", sagte er düster, „ich muss los" und sah Rob einen Atemzug lang oder zwei in die Augen.

„Und ich auch, wenn ich mit dir gehen darf", sagte Rob und warf seiner Tante einen Blick zu.

Einen Moment lang kämpfte sie mit ihrer Wut, dann packte sie ihn grob an der Schulter und schüttelte ihn.

„Dann gehen Sie", rief sie, „aber sagen Sie nicht, dass ich es Ihnen erlaubt habe. Und Sie, Sir, tun Sie für ihn, was Sie können."

„Madam", sagte der Fremde und hüllte sich in seinen Mantel, „das verspreche ich Ihnen."

„Unter welchem Namen sind Sie bekannt?", fragte Mistress Macpherson plötzlich.

Einen Moment lang wirkte er leicht verunsichert.

„Mein Name", wiederholte er, „ist Muckle John."

„Das ist kein Name", fauchte sie.

„Mir genügt es", antwortete er, berührte Rob an der Schulter und sie gingen auf die Straße.

Aus der Ferne waren die schrillen Töne vieler Dudelsäcke und das leise Treiben der sich versammelnden Männer zu hören.

„Rob", sagte Muckle John verschmitzt, „ich dachte, du hättest es vergessen."

„Ich habe dich sofort erkannt", sagte Rob, „aber du hast mich nie angesehen."

„Habe ich das nicht", sagte Muckle John, „vielleicht gab es Gründe, Rob – es gibt Leute, die alles für einen Freund von mir tun würden, aber es gibt noch andere, Rob – es gibt noch andere."

KAPITEL III

DAS ENDE DER JAKOBITISCHEN SACHE

Die Lage von Prinz Charlie in Inverness war äußerst kritisch. Im Norden lagen die Streitkräfte von Lord Loudon. Im Osten und Süden befand sich die hannoversche Armee unter dem Kommando des Herzogs von Cumberland, die jetzt in Aberdeen stationiert war. Seine Lage wurde jedoch noch prekärer, da er aus mangelnder Voraussicht den Rat von Lord George Murray ignorierte und sich weigerte, für die Versorgung der Highlands mit Lebensmitteln zu sorgen.

Da der Prinz davon ausging, dass der Herzog einige Wochen lang nicht vorrücken würde, beschloss er, verschiedene vom Feind gehaltene Festungen und Stellungen zu verkleinern und vor allem Lord Loudons Armee zu vernichten.

Daher wurde vereinbart, dass Lord Cromartie (einer dieser inkompetenten Offiziere, die die Sache der Jakobiten behinderten) auf Lord Loudon vorrücken sollte, um die Bedrohung aus dem Norden zu vernichten, und dies bereitete er in Begleitung der Mackenzies vor , die Mackintoshs, Macgregors und andere.

Die Vorbereitungen für diese Expedition wurden gerade besprochen, als Muckle John und Rob die Hauptstraße betraten. Eine Weile gingen sie schweigend weiter, Muckle John war plötzlich in ernste Gedanken versunken und machte so große Schritte, dass Rob kaum mithalten konnte. Die Morgendämmerung war angebrochen und mit ihr begann die Stadt Inverness zu summen und zu surren wie ein Bienenstock. Männer, die in jedem Haus entlang der schmalen Straße einquartiert waren, strömten auf die Landstraße, einige legten im Vorbeigehen ihre Schwertgürtel an, andere wischten sich mit den Knöcheln ihrer Hände den Schlaf aus den müden Augen.

Es war der Anblick ihrer Claymores, der Muckle Johns flackernden Blick auf seinen Begleiter lenkte.

„Mein Junge", sagte er und hielt abrupt inne, „eines müssen wir auch sehen. Zum Brennholzschneiden oder zum Treiben von Bestien* habe ich keinen Zweifel daran, dass deine Waffe genauso gut dienen könnte wie eine andere, aber für das Kriegsspiel ist sie es." enttäuschend", und er zückte sein eigenes Schwert, parierte ein oder zwei und zwinkerte ihm zu.

* Vieh.

„Was haltet Ihr davon?" sagte er und fuhr es wieder nach Hause in die Scheide.

„Ich finde es hübsch", sagte Rob und zitterte im kalten Wind.

„Bonny – du Fraser-Idiot – was ist das für ein Wort für das Schwert von Muckle John?", und ohne ein Wort zu sagen, drehte er sich um und begann wieder mit großen Schritten die Straße hinaufzugehen, während er schnaubte.

„Aber, Sir", rief Rob, der ihm auf den Fersen war, „was ist mit mir?"

„Du", rief Muckle John verärgert, „was denn?"

„Ich weiß nichts über Schwerter", sagte Rob, der ihn um jeden Preis besänftigen wollte.

Plötzlich blieb Muckle John stehen und blickte zuerst auf den Boden, dann zu Rob und dann wieder auf den Boden.

„Rob", sagte er schließlich, „war es für Euch nicht besser, den Heimweg anzutreten?"

„Niemals!" rief er.

Ohne ein Wort drehte sich der andere erneut auf dem Absatz um, und so erreichten sie in düsterem Schweigen das Stadtzentrum.

„Rob", sagte Muckle John, „siehst du das Haus dort? Dort wohnt der Prinz, und dort an der Tür steht er, und mit ihm Lord George Murray, ein tapferer Soldat, aber kein Ire und daher nicht über jeden Verdacht erhaben."

Auf der Türschwelle stand Prinz Charlie und unterhielt sich verärgert und gereizt mit einem sehr cholerisch aussehenden Herrn, der sich in einer Blase der Wut zu befinden schien, die er kaum kontrollieren konnte.

„Komm mit mir, Rob", sagte Muckle John, „und halte deine Augen offen und deinen Mund so fest wie ein Grabstein."

Als sie näher kamen, ließ der Prinz seinen Blick auf der massigen Gestalt von Muckle John ruhen und nickte dann geistesabwesend wie ein Mann, dessen Gedanken weit weg sind. Lord George Murray hingegen begrüßte ihn mit einer gewissen Herzlichkeit, wandte sich wieder an den Prinzen und setzte sein Gespräch fort.

„Ich kann Eurer Hoheit versichern, dass keine Hilfe aus Frankreich kommt", sagte er, „Fitzjames wird gefangen genommen, und das ist noch nicht das letzte Mal …"

Der Prinz biss sich vor bitterer Verärgerung auf die Lippe.

„Eure Lordschaft war sich im Katastrophenfall immer sehr sicher", sagte er verdrießlich, „ein langes Gesicht trägt eine lange Geschichte in sich."

„Wenn wir Loudon nicht zurückdrängen, sind wir wie Ratten in der Falle“, fuhr Murray fort und ignorierte die Worte.

„Sie vergessen Prestonpans, Mylord.“

Der andere schüttelte ärgerlich den Kopf.

„Die Männer sind müde und erschöpft von allem“, antwortete er, „sie wollen nach Hause – sie sind keine regulären Soldaten …“

„Was würdest du sagen, wenn du so redest?“ sagte der Prinz und wandte sich plötzlich Muckle John zu.

„Herr“, antwortete er, „Ihre Truppen sind erschöpft. Aber in den Bergen konnten Sie dem Feind widerstehen, bis er wieder zu Kräften kam.“

„Aber es gibt kein Geld – keine Spur von Männern oder Waffen. Was ist mit Frankreich – was ist mit den englischen Jakobiten?“

„Was eigentlich?“ sagte eine leise Stimme von der Tür.

Auf sie alle herabblickend stand ein junger Mann von etwa dreißig Jahren – ein dünner, schmächtiger, ängstlich wirkender Mann in schwarzen, sorgfältig gepflegten Kleidern. Es war Mr. Secretary Murray, oder, um ihn mit vollem Namen zu nennen, John Murray aus Broughton.

„Mögen die englischen Jakobiten ihrer gerechten Strafe nicht entgehen“, sagte er ernst, „sollte uns eine Katastrophe erwarten“, seufzte er und starrte auf die andere Straßenseite.

„Soll ich nach Norden gehen, um Lord Cromartie zu unterstützen?“ fragte Lord George Murray, der Broughton hasste.

Der Prinz runzelte die Stirn, als würde er gerne den inneren Zweck eines solchen Plans erfahren. Dann, da er nichts anderes sah als Vernunft und treuen Dienst, und doch ernsthafte Zweifel daran hatte, antwortete er fast schroff:

„Wir werden sehen, was Sir Thomas Sheridan zu raten hat“, woraufhin sich das Gesicht von Lord George Murray vor unterdrückter Wut verdunkelte. Für einen Mann, der sein Leben, sein Vermögen und das Leben seines Volkes aufs Spiel gesetzt hatte, reichte die Abhängigkeit von der Laune eines irischen Abenteurers, der nichts zu verlieren und alles zu gewinnen hatte, aus, um jede Sache zu ruinieren. Das Ende der 45er Jahre war bereits in Sicht.

Muckle John verneigte sich und zog Rob weg. Ein paar Minuten später passierte Lord George Murray sie mit einem Gesicht wie ein Mörder, auf dem Weg in den Norden.

"Vielleicht sehen Sie jetzt", sagte Muckle John, "wie der Wind weht. Da ist ein so guter Soldat, wie man nur sein kann, aber Sie werden feststellen, dass alles, was er rät, von jedem armen irischen Geschöpf oder Franzosen, der vorbeikommt, widerlegt wird. Je länger Cumberland gemütlich in Aberdeen sitzt, desto mehr Zeit bleibt für Schikanen und Desertion und den Anfang vom Ende. Wehe mir", seufzte er, "ich würde alles dafür geben, am Kai von Dünkirchen zu sein, denn hier gibt es für Leute wie mich nichts außer einem Seil mit einer kleinen Schlinge."

Als nächstes wurde die Beschaffung von Waffen für Rob in Angriff genommen, und es war wahrlich ein stolzer Tag, als er sich einen Schild auf den Rücken und ein Claymore an die Seite schnallte. Er wurde Lord George Murrays fliegender Kolonne bei der Verfolgung von Lord Loudon zugeteilt, und so verabschiedete er sich am Abend dieses Tages von Muckle John.

Der Marsch nach Norden verlief ereignislos und zu gegebener Zeit kehrte Rob, der lediglich eine siegreiche Expedition vorweisen konnte, mit dem Herzog von Perth nach Inverness zurück und wurde mit Lord George Murrays Truppen nach Atholl entsandt.

In den folgenden Wochen waren die Guerillakämpfe der Abteilungen in Atholl und Lochaber völlig erfolgreich, während der Prinz im Osten die Dragoner von General Bland in Schach hielt. Es wird nicht völlig anerkannt, dass der Feldzug um Inverness nicht weniger brillant und erfolgreich war als die anderen Gefechte des Jakobitenaufstands.

Doch der Krieg näherte sich einer Krise. Cumberland hatte den Frühling abgewartet und zog am 8. April aus Aberdeen ab. Seine Truppen bestanden aus sechs Infanteriebataillonen und einem Dragonerregiment. In Strathbogie wartete General Bland mit sechs Bataillonen, Kingstons Horse und Cobhams Dragoons, auf seinen Vormarsch, während in Old Meldrum drei Bataillone unter Brigadier Mordaunt standen. Auf diese Weise rückte die gesamte Armee auf Inverness vor.

Die Schnelligkeit ihres Vorrückens war für den Prinzen beinahe tödlich. Seine Truppen waren verstreut auf Nahrungssuche und isolierten Expeditionen, während Lord Cromartie sich in Sutherlandshire aufhielt. Viele Clanmitglieder waren nach Hause zurückgekehrt, während eine große Zahl auf der Suche nach Nahrung durch die Gegend irrte.

Am Morgen des 14. April begannen die Trommeln zu schlagen und die Pfeifen durch die Straßen von Inverness zu erklingen, und mit Charles Edward an ihrer Spitze marschierten die Highlanders aus der Stadt in Richtung Culloden. Am 15. brachte der Prinz seine Armee nach Drummossie-Moor, um dort den Feind anzugreifen. Aber der Boden war flach und heidereich und für die von den Highlandern bevorzugte

Angriffsmethode ungeeignet. Lord George Murray plädierte für ein raueres und sumpfigeres Land, um die englische Kavallerie zu verunsichern, aber Charles, der das lange Warten satt hatte, blieb hartnäckig. Es wurde entschieden, dass ein Nachtangriff unter den gegebenen Umständen der klügste Aktionsplan sei. Den durch Artillerie- und Kavallerieangriffe geschwächten Feind anzugreifen, war oberflächlich betrachtet eine kluge Vorgehensweise, und dementsprechend hörte Rob gegen acht Uhr an diesem Abend den Befehl, sich zum Marsch vorzubereiten. Mit schweren Schritten formierten sich die Highlander, denn an diesem Tag war nur ein Keks pro Mann serviert worden und sie waren aus Mangel an Essen völlig erschöpft. Darüber hinaus wurde es als unklug angesehen, ohne die Männer der Mackenzies, der Frasers, der Macphersons, der Macgregors und Glengarrys anzugreifen, die alle nach Inverness eilen sollten.

Die Aussicht auf einen nächtlichen Angriff reichte jedoch aus, um sie guten Mutes weitergehen zu lassen, und so begann der zwölf Meilen lange Marsch, und die ganze schwarze Nacht hindurch marschierte die schweigende Armee, stolpernd, fallend, vom Weg abgekommen, bis die Morgendämmerung schwach im Osten aufleuchtete und sie erkannten, dass der Plan gescheitert war. Unter solchen Umständen über einen Angriff nachzudenken, hieß, eine völlige Katastrophe heraufzubeschwören. Es blieb ihnen nichts anderes übrig, als umzukehren. Der Überraschungsangriff war gescheitert. Der Prinz, weiß und müde, schien den Tränen nahe. Überall um ihn herum waren hagere Gesichter und schleppende Füße. Es wurde kaum ein Wort gesprochen. Es war in nüchterner Wahrheit der Rückzug einer geschlagenen Armee …

Die inzwischen völlig erschöpften Clanmitglieder machten sich auf der Suche nach Nahrung auf den Weg zurück nach Inverness. Viele fielen in tiefen Schlaf auf den Boden. Im Culloden House saß der Prinz in tiefster Niedergeschlagenheit. Kurz darauf erreichte ihn die Nachricht, dass die englischen Streitkräfte vorrückten. Wieder einmal versammelten sich die Clans – es wurden Nachrichten nach Inverness geschickt, um die Nachzügler zu beschleunigen – und alles wurde getan, um dem Ganzen ein möglichst tapferes Gesicht zu verleihen. Lord George Murray empfahl erneut, eine für den Hochlandangriff besser geeignete Position einzunehmen oder sich in die Berge zurückzuziehen. Aber der Prinz lehnte seinen Rat erneut ab, und statt siebentausend frischer Truppen versammelten sich nur etwa fünftausend erschöpfte Männer auf ebenem Land, um Cumberlands Veteranentruppe zu bekämpfen.

Für Rob, der den Highland Claymore als unwiderstehlich ansah, kam der bevorstehende Konflikt nicht allzu früh, für andere war er eine Erleichterung nach wochenlangem Warten und Entbehrungen.

Über diesen unheilvollen Tag ist alles bekannt, und es braucht kaum etwas gesagt zu werden: Es war das unvermeidliche Ende einer verlassenen Hoffnung.

Die Engländer eröffneten das Feuer, und lange genug prasselten und hallten Kugeln durch die düsteren Reihen der Highlands. Schließlich entschloss sich Lord George Murray zum Vormarsch, aber bevor er den Befehl erteilen konnte, stürmten die Mackintoshs mit dem Heldentum, das diesen Clan jemals ausgezeichnet hatte, rücksichtslos vor, und daraufhin rückten alle Regimenter auf der rechten Seite vor, und die Aktion begann Ernst.

Ein Adjutant wurde entsandt, um den Vormarsch des linken Flügels zu beschleunigen, doch er wurde unterwegs angeschossen, und dieser unglückliche Unfall verhinderte, dass der Vormarsch der Highland-Streitkräfte seine volle Schlagkraft entfalten konnte. Es ist seit langem eine etablierte Überzeugung, dass die Schlacht größtenteils aufgrund des Überlaufens der Macdonalds verloren ging, die sich weigerten, aufgrund eines Streits um den Vorrang vorzurücken. Es ist an der Zeit, dass eine Geschichte ohne historische Grundlage für immer diskreditiert wird. Die Macdonalds erhielten den Befehl zum Angriff erst, als es zu spät war, und als sie vorrückten, standen sie vor einem unpassierbaren Morast. Als die Schlacht verloren war und der Prinz auf der Flucht war, marschierten sie in guter Ordnung aus dem getroffenen Moor.

Die englischen Soldaten hatten den Angriff inzwischen mit angelegten Musketen und aufgepflanzten Bajonetten erwartet und ihr Feuer zurückgehalten, bis die Highlander fast vor ihnen standen. Aus nächster Nähe durchkämmten sie die engen Reihen der Clansmänner mit tödlicher Zielgenauigkeit.

Das Blutbad war schrecklich. Ganze Reihen der Highlander wurden hinweggefegt. Aber es brauchte mehr als das, um diesen verrückten und unerschrockenen Angriff aufzuhalten. Er durchbrach Barrels und Monros Regimenter, aber weiter konnten sie nicht vordringen, denn sie wurden von einem Kartätschfeuersturm getroffen, der ausreichte, um ihre Zahl zu dezimieren. Hätte die gesamte Highland-Linie gleichzeitig ihren Angriff ausgeführt, wäre die englische Armee vielleicht zurückgewichen und hätte die Flucht ergriffen. Aber das Versagen der äußersten Linken, überhaupt vorzurücken, verringerte die geringe Chance, dass sich eine solche Taktik als entscheidend erweisen würde, und innerhalb weniger Minuten war die jakobitische Sache verloren.

Rob, der auf dem linken Flügel stand, war des Wartens müde und ihm war übel, als er sah, wie überall um ihn herum Männer fielen. Er löste sein Claymore, zog seine Mütze tief in die Stirn und bereitete sich auf den Angriff seines Regiments vor. Schließlich konnten sie dem verheerenden Feuer nicht mehr standhalten. Mit einem heiseren Geschrei, das aus gälischen Sprachen wie das Tosen eines Wintermeers erklang, strömten sie in tollkühner Tapferkeit vorwärts, und Rob war der Erste von ihnen, der über das schwere Gelände dem Sturm und Donner des Gefechts entgegenrannte.

Doch schon jetzt war die Hauptmacht der Highlander ins Wanken geraten. Der erste wilde Angriff hatte ihre Reihen zerschmettert. Die englische Kavallerie rückte vor und jemand rief, der Prinz sei tot. Panik begann ihre Wirkung zu tun. Bald darauf begann der linke Flügel, vom Schlachtfeld zu marschieren.

Überall um Rob herum erklangen heisere Schreie, Stöhnen, wirbelnder Rauch und das Brüllen und Klappern von Waffen. Mitten im Konflikt kämpfte er sich weiter. Er stieß und parierte und stieß noch einmal mit seinem Claymore zu. Für ihn war es gut, dass sein Vater ihm die Geheimnisse eines steifen Handgelenks und des oberen Schnitts beigebracht hatte. Ein englischer Soldat stürmte rot vor Kampfeswahn auf ihn zu und schrie, als er kam. Rob, der einen Schlag von einer hochgereckten Muskete auf sein Ziel abbekommen hatte, fuhr mit seinem Wurfgeschoss nach Hause und hörte, wie der Schrei in der Kehle des Mannes zu einem erstickten Schluchzen erstarb und – Stille.

Dann, bevor er sein Schwert loslassen konnte, spornte ein Dragoner sein Pferd über die Haufen gefallener Männer an, hieb mit seinem Säbel auf seinen Kopf ein, und als er ihn verfehlte, zog er sein Tier hoch und stürmte erneut. Für Rob war die Situation verzweifelt, aber als er eine kleine, einsame Gruppe von Highlandern in der Nähe sah, rannte er davon, erreichte sie und ergriff im Laufen eine englische Muskete. Er kam gerade noch rechtzeitig; Hätte nicht ein riesiger, mit einem Breitschwert bewaffneter Cameron seinen Gegner niedergehauen, wäre es ihm tatsächlich schlecht ergangen. So wie es war, schlug er seine Muskete und bereitete sich, Rücken an Rücken mit den anderen stehend, darauf vor, so hart wie möglich zu fallen.

Die Flut der Schlacht schwankte hin und her; Aber überall im verhängnisvollen Moor befand sich die jakobitische Armee auf dem Rückzug. Allmählich wurde die kleine Gruppe um ihn herum dünner, bis nur noch ein knappes Dutzend übrig blieb, und in einer Atempause bemerkte Rob plötzlich Muckle John unter ihnen.

Sein Kopf war in ein Stück Schottenstoff eingebunden und blutete stark; aber er hatte ein Lächeln in den Augen, und sein Claymore hob und senkte sich, und jedes Mal taumelte ein Mann zu Boden. Vor ihm lag ein Haufen Engländer, so hoch wie sein Ellbogen.

Bald lichtete sich der Pulverrauch ein wenig, und über das Moor kam eine Schwadron Dragoner im lockeren Galopp und tötete alle, die sich ihnen in den Weg stellten, ob verwundet oder unbewaffnet. Muckle John blickte rasch in den kleinen Kreis der Gesichter.

„Jetzt", sagte er, „ist jeder auf sich selbst gestellt", und er pfiff ein Stück Melodie, während er begann, seinen Schwertarm zu schwingen.

Mit heiserem Schrei stürzten sich die Dragoner auf sie. Zwei fielen Muckle John zum Opfer, es gab einen wilden Zusammenstoß, und ein Mann neben Rob fiel stöhnend zu Boden. Dann folgte eine bedrückende Last von Pferden, die ausschlugen, stürzten und sich aufbäumten – und ein blendender Schlag warf ihn bewusstlos unter ihre fliegenden Füße.

Es war in der Tat gut für Rob, dass der Tod ihn den grausamen Händen seiner Feinde entrissen zu haben schien, und der Haufen von Toten und Sterbenden um ihn herum schützte seinen Körper vor den Suchtrupps der Hannoveraner, die jetzt mit ihrer Metzgerei beschäftigt waren.

Als er endlich die Augen öffnete und sich umsah, herrschte Stille über dem Feld – eine unendlich tragische und bedrohliche Stille, die von Unheil und Vergeltung geprägt war.

Ganz langsam begannen ihm die Tatsachen ins Gesicht zu starren. Sogar er, der in den Gepflogenheiten des Krieges und der Niederlage unerfahren war, erkannte mit Schaudern, dass ihn der sichere Tod erwartete, wenn er nicht davonkriechen konnte, so wie er die stummen Gestalten um ihn herum ereilt hatte. Der Schlag auf seinen Kopf pochte entsetzlich. Er fühlte sich krank und schwach. Schließlich versuchte er, sich auf die Seite zu drehen, und stöhnte laut auf. Dann biss er plötzlich die Lippen zusammen und ließ sich auf sein Gesicht fallen, denn ganz in seiner Nähe hörte er Schritte und die rauen Stimmen englischer Soldaten.

Sie kamen näher, bis sie neben ihm anhielten.

„Keine für Master Gibbet hier", sagte einer, und ein Kichern folgte.

„Man kann nie wissen", sagte ein anderer und begann, die Leichen hierhin und dorthin zu schleifen.

Einer dieser Unglücklichen ertönte ein gedämpftes Stöhnen, und einen Moment später ertönte zu Robs Entsetzen das Geräusch einer Pistole, und wieder herrschte die gleiche grimmige Stille.

Dann packte ihn eine Hand am Arm und drehte ihn um. Den Tod vorzutäuschen – dieses alte, gefährliche Gerät – war Robs einzige Hoffnung. Er lag mit geschlossenen Augen und angehaltenem Atem in qualvoller Spannung da. Zweiter folgte auf zweiter, und kein Laut erreichte ihn. Er hörte verstohlene Schritte und ein gedämpftes Lachen, aber nichts, was ihn vor unmittelbar drohender Gefahr warnen könnte. Die geheimnisvolle Natur der Verzögerung wurde so schrecklich, dass er es nicht länger aushalten konnte. Er muss atmen, sonst würde seine Lunge platzen.

Er sog einen langen Atemzug durch die Nase ein und hatte blitzschnell – bevor er sich versah, was passiert war – geniest. Ein dröhnendes, brutales Gelächter begrüßte den durchdringenden Lärm, und eine Stimme schrie neben ihm:

„Zwei zu eins auf den Schnupftabak, Jerry; ich habe die Wette gewonnen", und er wurde auf die Füße gezerrt.

Rob öffnete die Augen, als das Schlimmste gekommen war. Er würde seinem Ende so tapfer entgegentreten, wie er nur konnte. Vier englische Soldaten saßen auf einem Haufen toter Highlander, und ein anderer hielt ihn am Arm. Er sah, dass ihre brutalen Gesichter kaum Gnade erkennen ließen. Die Erinnerungen an Prestonpans und Falkirk waren dafür zu schmerzhaft.

„Na, mein Kampfhahn", sagte der Mann, der ihn festhielt, „also bist du doch nicht ganz tot. Was darf es sein? Eine kleine Kugel aus einer Pistole oder ein Hieb mit einem deiner eigenen Claymores – das ist doch heimischer, oder?"

Rob schwieg. Er verstand kein Wort von dem, was sie in ihrem seltsamen, nasalen Tonfall sagten. Vergeblich suchte er mit den Augen das öde, windgepeitschte Moor ab. Die Schlacht war schon lange vorbei. Es gab keine Hoffnung auf freundliche Hilfe.

„Beeilt euch!" rief einer der vier Männer, die zusammen saßen. „Es gibt noch andere Arbeit. Schieße ihn in die Pistole und fertig."

Daraufhin trat der Kerl, der Rob festhielt, einen Schritt zurück, zog seine Pistole, hob sie und schoss gezielt auf ihn. Hätte Rob sich nicht geduckt, wäre er im Stehen umgekommen.

„Ein Fehlschlag!" riefen die anderen, und mit einem Ausruf entriss der Mann einem seiner Kameraden eine geladene Pistole und machte sich bereit, die Sache zu Ende zu bringen.

Diesmal stand Rob ganz still da. Er war zu schwach zum Laufen. Je früher alles vorbei war, desto besser.

Der Mann hielt die Pistole in der Hand; er hatte ein Auge geschlossen und starrte Rob mit dem anderen an. Der Abzug war bereits in Bewegung, als eine strenge Stimme „Halt!" rief und ein englischer Offizier, sehr prächtig gekleidet und mit einer weißen Perücke bekleidet, dem Mann die Pistole aus der Hand riss. Die anderen vier sprangen schwankend auf und standen stramm.

Der Offizier, der Rob den Rücken zuwandte, schien die Soldaten einen Moment lang anzustarren. Dann warf er die Pistole auf den Boden, verschränkte die Arme und begann mit starkem englischen Akzent zu sprechen, der Rob ebenso verblüffte wie seine Entführer.

„Was soll das heißen?", rief er. „Würden Sie einen verletzten Jungen erschießen?"

„Unsere Befehle lauteten, keine Gnade zu zeigen", knurrte der Mann, der Rob beinahe getötet hätte.

„Nehmen Sie Ihre Befehle von mir entgegen", donnerte der Offizier in aufbrausender Wut, „sonst wird es in Inverness mehr Galgen geben, als Sie erwartet haben, und wahrscheinlich mit vornehmen Herren in roten Mänteln darauf", woraufhin Rob sah, wie die Burschen sich unruhig regten und einander besorgte Blicke zuwarfen.

Offenbar war der Offizier zufrieden mit der Angst, die er ihnen eingejagt hatte, denn er deutete auf ein Pferd, das ziellos durch die Heidelandschaft irrte, die Zügel um die Knie geschlungen.

„Hol das Pferd", sagte er. „Mein Tier wurde vor einer Stunde unter mir weggeschossen."

Zwei der Männer stürmten davon, nur zu froh, seine Gunst zu gewinnen, und die ganze Zeit über stand der Offizier mit dem Rücken zu Rob – eine große, viereckige Gestalt mit einem breiten Riss in der Mitte seines Wamses und dem langen Haar, das darunter hervorlugte seine peruke. Die Soldaten fingen das Pferd ohne Schwierigkeiten ein und kehrten damit zurück. Es war ein Dragoner-Stürmer, ein großes graues, reckendes Tier, stark und gesund.

Der Offizier nahm die Zügel in die Hand und wandte sich wieder den Männern zu.

„Vielleicht kannst du nicht erraten, wen du beinahe erschossen hättest", sagte er düster.

Sie schüttelten in ehrfürchtigem Schweigen den Kopf.

„Dann fragen Sie in Inverness", antwortete er und sprang in den Sattel.

„Jetzt", fuhr er fort, „liefern Sie den Jungen hierher. Er ist kein Gefangener für jemanden wie Sie."

Im nächsten Moment packten zwei Soldaten Rob und setzten ihn vor den Sattel, so dass er auf dem Widerrist des Pferdes saß.

Dann nahmen sie die Zügel auf, gingen langsam davon und ließen die Soldaten beim Salutieren zurück.

Hundert Meter vergingen, und sie behielten immer noch dieses gemächliche Tempo bei. Dann beugte sich der Offizier plötzlich nach vorne.

„Gut festhalten", flüsterte er Rob mit merkwürdig vertrauter Stimme ins Ohr, „denn wir sind noch nicht fertig damit", und mit einem Satz sprang das große Pferd in einen Galopp.

„Viel John!", rief Rob und fiel beinahe ganz herunter.

„Ja", sagte er, „nur Muckle John und nicht besonders glücklich damit."

In rasantem Galopp ritten sie weiter, bis das unglückselige Schlachtfeld von Culloden mit seinen Haufen zusammengekauerter Leichen weit hinter ihnen lag. Dann passierten sie die Gewässer von Nairn, machten sich auf den Weg nach Aberarder, polterten hindurch und donnerten weiter nach Faraline.

KAPITEL IV

FRANZÖSISCHES GOLD

Ein dünner Mond schwebte über den vereinzelten Wolken, als Muckle John und Rob den Kopf eines wilden und verlassenen Tals in Stratherrick erreichten. Hier zogen sie zum ersten Mal seit ihrer Flucht aus Culloden die Zügel an und stiegen ab. Rob war so steif und müde, dass sein Begleiter ihn herunterheben und ins Heidekraut legen musste.

Das Pferd war völlig erschöpft und ließ den Kopf einsam hängen. Der Schweiß tropfte von seinem Hals auf das Heidekraut. Nur wenige Pferde hätten sie beide so tapfer getragen.

Muckle John hatte seine englische Perücke und seinen Mantel längst abgelegt. Er stand in seinem Hemd und mit im Nachtwind flatternden Haaren und betrachtete mit düsteren Augen die blinkenden Lichter eines Hauses unten im Tal, eines quadratischen weißen Hauses mit zwei Stockwerken Höhe. Zweimal während des kurzen Halts war ein Mann aus der umgebenden Dunkelheit hervorgekrochen und hatte sie aufmerksam beäugt. Es gab kein Geräusch außer dem Wind, der zwischen den Ahornbäumen seufzte, aber jedes Mal hatte Muckle John das Heidekraut vor etwas Geräuschlosem und Verstohlenem zittern sehen, das so leise verschwand, wie es gekommen war. Einmal hörte er von weit oben auf dem Hügel ein langes Pfeifen wie ein Brachvogel auf dem Flügel.

Schließlich drehte er den Kopf und ließ seinen Blick auf Rob und dann wieder auf dem grauen Pferd mit gesenktem Kopf ruhen. Mit einem leichten Schulterzucken schüttelte er den Jungen.

„Rob", sagte er, „kennst du dein Haus?"

Mit einem Stöhnen kämpfte sich Rob hoch.

„Gortuleg House", antwortete er, „ich kenne es gut."

Muckle John drehte plötzlich seinen Kopf und forderte mit erhobener Hand zum Schweigen auf.

Von weit her, auf dem Weg, von dem sie gekommen waren, war ein scharfes Klack-Klack zu hören, wie das Klappern eines losen Steins auf dem Huf eines Pferdes.

„Hörst du, Rob", flüsterte er, „heute Nacht werden nur wenige übernachtet. Komm mit, Junge, das ist ein ziemlich alberner Ort."

Wieder ertönte vom Hügel her das traurige Pfeifen. Es wurde von einem weiteren Pfiff weiter unten im Tal beantwortet.

„Hier wimmelt es von Frasers“, murmelte er und hob Rob auf das Pferd, „und wo die Frasers sind, muss sich ein Mann seinen Weg bahnen, außer in deiner Gegenwart, Rob.“

„Sie sind unsere Freunde“, sagte Rob entschlossen, „und mein Volk.“

„Ich leugne es nicht – obwohl es vielleicht sicherer wäre, für dich zu sprechen, Rob, aber heute wird so manche Freundschaft enden, und ich werde Lochiel selbst nicht trauen, bis ich aus dieser Angelegenheit heraus bin.“

Sie näherten sich den Lichtern des Gortuleg-Hauses, aber je näher sie kamen, desto vorsichtiger wurde Muckle John, tastete sich mit übertriebener Sorgfalt voran und legte eine Hand auf die Nüstern des Pferdes, aus Angst vor einem Wiehern. Hinter dem Haus stand eine Mauer mit ein paar verkrüppelten Obstbäumen in einem Obstgarten. In der gleichen ängstlichen Stille befestigte Muckle John das Zaumzeug an einem Ast und hob Rob herunter.

„Bleiben Sie hier“, flüsterte er, „bis ich komme, und wenn jemand mit Ihnen spricht, sagen Sie, dass Sie auf Lord Lovat warten.“

„Herr Lovat?“

"Wer sonst?"

„Aber ist er hier?“

„Mann, Rob, ich habe keine Zeit, dir die Grundlagen des gesunden Menschenverstands beizubringen. Wenn du einen Wheen Corbie über den Himmel fahren siehst, was weißt du dann?“

„Das ist Aas“, sagte Rob, um sein Temperament zu zügeln.

„Und wenn Ihr viele Sumpfhühner seht, die im Heidekraut kauern?“

„Ein Falke.“

„Du machst das großartig, Rob“, sagte er und beugte sich näher. Dann fügte er flüsternd hinzu: „Ich bin nicht sicher, ob der Falke nicht näher ist, als du denkst ...“ Und damit war er verschwunden und ließ Rob im Schatten des zerbrochenen Mauerwerks zurück.

Es waren kaum fünf Minuten vergangen, als das dumpfe Geräusch fliegender Pferdehufe durch das Tal hallte. Der hoch am Himmel stehende Mond glitzerte auf Stahl und Silber, und bei dem Tumult öffnete sich die Tür von Gortuleg House, und die Silhouette eines alten, gebeugten Mannes, der sich auf einen Stock stützte, tauchte im Türrahmen auf. Er bot einen ziemlich grotesken Anblick – sehr schwerfällig und unhandlich, mit großem, rotem Gesicht und verschlagenen, rasenden Augen, die fast in einer Fleischmasse vergraben waren. Er trug einen weiten Mantel, grobe, weite Kniehosen und

Strümpfe sowie große, flache Schnallenschuhe, und während er spähte und den Kopf reckte, klopfte er in fieberhafter Ungeduld auf die Steinplatten im Türrahmen.

Ein einzelner Lichtstrahl erzeugte einen gelben Balken auf dem offenen Raum davor.

Immer näher kam der Lärm galoppierender Pferde, das Klirren von Gebissen und Scheiden, der heisere Schrei einer Männerstimme, und in den erleuchteten Raum tauchte ein kräftiges, graues Pferd auf, das ganz schmutzig und grau von Schaum und Schlamm war. Auf seinem Rücken saß ein junger Mann, der vor Erschöpfung schwankte, mit unbedecktem Kopf und offenem Mantel im Nachtwind. Der alte Mann, der in der Tür stand, schlurfte einen Schritt vorwärts und legte eine Hand auf die Zügel.

„Wer seid Ihr?", fragte er mit schriller, quengeliger Stimme, „und welche Neuigkeiten bringt Ihr?"

Lange Zeit kam keine Antwort, und in der Stille flackerte die Kerze in der Hand des alten Mannes verzweifelt und erlosch.

„Ich bin der Prinz", sagte der Mann auf dem Pferd mit dumpfer Stimme, als ob er halb träumte, „ich bin der Prinz und ..." Seine Stimme verstummte.

„ICH BIN DER PRINZ", SAGTE DER MANN AUF DEM PFERD.

Um ihn herum versammelten sich in einem Halbkreis die Gefährten dieser wilden Flucht – ihre Gesichter sahen sehr trüb und weiß aus wie die Gesichter von Gespenstern. Einen Augenblick lang schien der alte Mann in sich selbst zu schrumpfen. Sein großer Kopf sank herab – die Hand, die den Zügel hielt, fiel mit einem dumpfen Knall gegen seine Seite. Aber nur für einen Augenblick. In diesem von Krankheit geplagten Körper steckte eine Energie, die den Strafen des Alters trotzte.

„Dhia gleidh sinn", rief er barsch, „seid ihr alle sprachlos? Kommt – kommt herein – wollt ihr die ganze Nacht düster da sitzen? Eure Hoheit", sagte er, brach ab und blickte wieder auf, „das ist ein schlimmes Treffen und wahrscheinlich unser letztes …"

„Sie sind Lord Lovat", sagte der Prinz mit lebendigerer Stimme.

„Das ist ein Name", antwortete der alte Mann mit einem plötzlichen schiefen Grinsen, „den ich gern verleugnen würde."

Ein paar Knechte hatten sich um die Reiter geschart, und als diese abgestiegen waren, wurden ihre müden Tiere zu einem Nebengebäude geführt, und die ganze Gruppe folgte Lord Lovat hinein.

In dem Raum, in den sie gingen, brannte ein großes Feuer. In der Mitte stand ein Tisch, auf dem eine Flasche Rotwein und einige Gläser standen. Er hatte stundenlang auf Neuigkeiten gewartet.

Im Feuerschein betrachtete Lord Lovat seine Besucher mit saurem Unmut. Nachdem nun die Nachricht von Culloden eingetroffen war und der erste beißende Schrecken vorüber war, nahm er sein gewohntes Verhalten des unergründlichen Zynismus wieder an. Er gratulierte dem Prinzen zu seiner so frühen Ankunft und schenkte ihm ein Glas Wein ein – er fragte nach den Namen der verschiedenen Herren, die ihn begleiteten, und äußerte höfliche Unwissenheit, als man ihn informierte, und bemerkte nur, dass er die Iren immer bewundert habe, weil sie so großes Interesse gezeigt hätten in den Angelegenheiten anderer Leute. Und die ganze Zeit über verfluchte er seine völlige Torheit, weil er die Sache der Jakobiten unterstützt hatte und in seinem tiefsten Inneren immer wieder Pläne schmiedete, was der sicherste Weg sei, den er einschlagen könne.

Nur einmal verließ ihn seine Selbstbeherrschung, und zwar als der Prinz zu Sir Thomas Sheridan sagte, dass sie sich auf den Weg zu den Inseln machen müssten.

„Gehen Sie zu den Inseln", schrie er und blickte sie wütend an wie ein alter Wolfshund, „was ist das denn für ein Gerede? Wirst du uns alle im Stich lassen und nicht in den Bergen Stellung beziehen? Was ist eine Niederlage? Du musst sie schaffen." Bedingungen, Sir, sonst müssen Sie sich mehr verantworten als jemals zuvor Ihr Vater.

„Es nützt nichts", antwortete der Prinz niedergeschlagen.

„Oh, warum", rief Lovat und zitterte vor Wut und Ärger, „bist du überhaupt gekommen und hast uns ruiniert?"

Daraufhin versuchten sie ihn zu beruhigen, indem sie ihm sagten, dass er nicht mitgemacht habe, dass er ein alter Mann sei und dass er sich eine Zeit lang verstecken könne. Zu all dem schüttelte Lovat seinen großen Kopf. Er hat sich nie selbst getäuscht.

„Mehr als das", fuhr der Ire Sheridan fort, der vor dem offenen Fenster auf und ab ging, „es ist noch nicht alles verloren. Die Clans werden sich wieder versammeln, und französisches Gold ist bereits auf dem Weg. Gold", fügte er hinzu. „wird uns so schnell wie die Ehre wieder vereinen."

Er lächelte und ahnte nicht, wie weit er sich dabei geirrt hatte, während Lovat abwesend zuhörte.

„Französisches Gold", wiederholte er, „und wie können sie jetzt Gold an Land ziehen?"

„Sie machen sich auf den Weg nach Lochnanuagh", antwortete Sheridan, „und ...", aber der Prinz unterbrach:

„Kommen Sie, meine Herren", rief er, „setzen Sie uns zu Pferd. Wir müssen Invergarry vor Tagesanbruch erreichen. Wir haben noch eine Weile keinen Schlaf ..." und er hob seine gequälten Augen zum kalten Himmel. „Mylord", sagte er einen Moment später und nahm Lovats Hand, „geben Sie sich nicht der Verzweiflung hin – wir sind noch nicht besiegt."

Doch der melancholische Ton, mit dem er den alten Mann aufmuntern wollte, ließ ihnen einen kalten Schauer über das Herz laufen und zauberte das alte satirische Grinsen auf Lovats Mund.

„Lebe wohl", antwortete der alte Mann mit all der natürlichen Würde, die ihm weder Alter noch Schande nehmen konnten. „Ich bezweifle, dass wir uns je wiedersehen werden."

Daraufhin erhoben sie sich alle, schüttelten ihm die Hand und gingen die Treppe hinunter. Er begleitete sie zur Tür und blieb wortlos stehen, während sie auf ihre Pferde stiegen. Die Jungs ließen die Zügel los und gingen in die Nacht zurück, während er allein blieb. Er nahm seinen Hut ab, gab aber sonst kein Zeichen.

Plötzlich ertönte in der kalten Nacht ein wildes Getöse von Pferdehufen, und die Pferde waren genauso verschwunden, wie sie gekommen waren.

Lord Lovat stand lange in der Tür und lauschte, die Augen auf den dunklen Weg gerichtet, den sie genommen hatten. Dann drehte er sich heftig zitternd um und stolperte die Treppe hinauf.

Draußen in der Dunkelheit kroch Muckle John aus den Schatten. Er hatte alles oder fast alles gehört. Er sah sich um und starrte dann auf das obere Fenster von Gortuleg. Er konnte den riesigen Schatten von Lovat sehen, der am Tisch saß und auf sein Schicksal wartete. Ein paar Minuten lang stand er da und dachte über die Situation nach, dann überquerte er auf Zehenspitzen das Gleis und öffnete die Tür. Er schloss es vorsichtig und ging die schmale

Treppe hinauf. Die Tür zu dem Raum, in dem Lovat saß, stand offen. Er blieb im Flur stehen und schaute hinein.

Auf einem Stuhl vor dem leeren Feuerrost saß der alte Mann, den Blick auf den Boden gerichtet, die Beine verschränkt und die Finger verschränkt. Seine Lippen bewegten sich unaufhörlich, und einmal runzelte er die Stirn wie ein Mann, der sich nicht sicher ist, welchen Weg er einschlagen soll.

Schließlich erhob er sich und ging durch den Raum zu einer schwer umklammerten Truhe. Er schloss es auf und öffnete es, holte einen Stapel Dokumente und Briefe heraus und legte sie auf den Tisch. Dann zündete er den Torf an, fing an, das Zeug umzudrehen, warf einen Teil in die Flammen und legte einen Teil wieder zurück in die Kiste.

„Ein toller Abend für dich", sagte Muckle John, der voll im Türrahmen stand. Das Papier, das der alte Mann zwischen seinen Fingern hielt, flatterte sanft auf dem Boden. Über sein Gesicht zog sich ein grauer Schimmer, als wäre er plötzlich sehr alt oder krank geworden. Aber er bewegte sich nie und sagte auch nichts.

Als Muckle John den Raum betrat, schloss er die Tür und ging zum Feuer, um sich auf die kühlste Art und Weise, die man sich vorstellen kann, die Hände zu wärmen. Dann zog er seinen großen Mantel aus und legte ihn über das Fenster.

„In einer solchen Nacht", sagte er, „ist es besser, die Dinge schnell und privat zu erledigen, Mylord."

Der alte Mann antwortete nicht. Er schien sprachlos vor Angst, Wut oder einem ähnlichen Gefühl.

„Ich gehe davon aus, dass Sie aufgrund Ihrer kleinen Vorbereitungen wissen, wie die Dinge stehen."

„Ich habe alten Kram durchgesehen", sagte Lovat nun etwas entspannter.

„Ich weiß, was für ein Blödsinn", antwortete Muckle John und zog einen Brief heraus, bevor der alte Mann seine Hand festhalten konnte. „Wie würde sich das anhören, hm? Es ist nicht gerade das, was wir freundlich zu Geordie nennen würden."

„Ich bin ein alter, kranker Mann", sagte Lovat mit einem Anflug von Wehmut, „der kaum lesen oder schreiben kann. Mein Gedächtnis ist fast weg und meine Fähigkeiten sind völlig gestört. Was wollen Sie von mir? Es ist spät und ich habe viel zu tun."

„Vielleicht wird Eure Lordschaft sich an Castleleathers erinnern, der einst Ihr guter Freund war."

„Was ist mit ihm?“

„Er hat mir im Ausland einen Dienst erwiesen. Gestern war ich bei ihm in Inverness. Er hat mir viel über Sie erzählt, mein Herr – und Ihre Versprechen.“

Lovat zuckte mit den Schultern.

„Es ist leicht, einer Seite einer Sache zuzuhören“, antwortete er scharf. „Castleleathers ist ein Narr – ich habe Narren noch nie gern ertragen.“

„Selbst Ihr macht manchmal Fehler, Mylord.“

Die Angst vor einer Gefangennahme packte Lovat am Hals.

„Ja“, schluckte er, „aber jetzt ist nicht die Zeit zum Streiten. Lass die Vergangenheit Vergangenheit sein. Ich habe dir schon vor langer Zeit Unrecht getan, das gebe ich zu, aber du kannst doch sicher vergeben und vergessen?“

„Nein“, sagte Muckle John, „ich vergebe und vergesse nie.“

„Was willst du dann – ist es mein Leben – davon gibt es wenig zu nehmen – oder ist es Geld – ich habe ein paar Guineen?“

„Das ist nichts davon. Wenn ich dein Leben wollte, würde ich dir die roten Mäntel anziehen. Aber sie werden meine Führung nicht brauchen. Ich möchte wissen, wo das Gold landen soll, das aus Frankreich kommt.“

„Oho“, rief Lovat, „so weht der Wind also, oder?“ und er blieb eine Weile tief in Gedanken versunken.

„Wirst du etwas tun, wenn ich es dir sage?“ fragte er listig.

„Vielleicht und vielleicht nein.“

Lovat befeuchtete seine trockenen Lippen.

„Es kommen schwere Zeiten“, sagte er mit heiserer Stimme und sprach zum ersten Mal auf Gälisch, „und ich bin nicht mehr, was ich war. Es mag Leute geben, die schwören, dass Schwarz schwarz ist, statt weiß – Sie werden es sein.“ Verstehe ich, was ich meine? Würde ich in die Hände der Regierung fallen, könnte es mir schlecht gehen....“

"Und sie?"

„Ich habe keine Waffen ergriffen, mein Sohn jedoch. Sie würden ihm nie etwas antun, da er noch ein kleiner Junge war, aber sie würden seinem alten Vater vielleicht verzeihen, wenn er ihn auslieferte. Es muss auf die eine oder andere Weise passieren. Aber ich kann sie nicht in die Hand nehmen.“ ihm. Was würden Sie dazu sagen? Es ist zum Wohle des Jungen –“

„Unmöglich – es macht Ihnen Freude, mich zu beleidigen."

„Was wirst du dann tun, wenn ich es dir sage?"

„Ich werde diese Briefe nicht an den Herzog von Newcastle schicken."

Eine kränkliche graue Farbe kroch in Lovats Wangen.

„Das würden Sie – das würden Sie?", keuchte er. „Sie würden den Engländern in die Hände spielen, Sie würden mich verkaufen?"

„Es gab einen Anlass", sagte Muckle John kühl, „bei dem Sie mir beinahe dasselbe angetan hätten."

„Vor langer Zeit – vor langer Zeit."

„Im Jahr 1728 um genau zu sein."

Lovats Blick huschte über den Geldschrank und wieder zurück.

„Woher wusstest du, dass es einen Schatz gibt?", sagte er, um Zeit zu gewinnen.

„Du hast vergessen, dein Fenster zu schließen."

„Du hast Lauscher gespielt?"

Muckle John seufzte.

„Es ist schon vorgerückt", antwortete er bedeutungsvoll.

„Ich bin in Ihren Händen", sagte Lovat.

„Dann sagen Sie mir, wo das Gold an Land gebracht werden soll. Ich konnte den Namen des Ortes nicht erkennen."

Der alte Mann beugte sich plötzlich nach vorne.

„Es liegt an der Küste von Knoidart", antwortete er.

„Du schwörst es?"

„Das waren die Worte, die Sheridan sagte."

„Es klang anders als Knoidart, aber ich konnte nichts hören."

„Es war Knoidart."

Lange versuchte Muckle John, Wahrheit oder Lüge in seinem Gesicht zu lesen. Doch Lovats Gesichtsausdruck war arglos.

„Wenn Sie gelogen haben", sagte Muckle John schließlich, „werde ich Sie zur Strecke bringen."

Lovat legte sanft seine Handflächen aneinander.

„Warum sollte ich lügen?", sagte er.

„Dann leben Sie wohl, Mylord, und sehen Sie sich Ihre Papiere an, denn morgen wird es Dragoner geben und ..."

„Genug", unterbrach Lovat, „ich habe keine Angst."

Er saß völlig still da, bis Muckle John die Treppe hinuntergegangen war, dann machte er sich mit einem grimmigen Lächeln daran, seine Papiere zu sortieren.

„Knoidart", kicherte er, „es würde nur wenig Gold in Knoidart bleiben."

Draußen in der Nacht stand Muckle John tief in Gedanken versunken, dann kletterte er sanft über die Mauer und erreichte Rob und das große graue Pferd.

„Ich muss dich für eine Weile verlassen, Rob", flüsterte er, „aber ich werde zurückkommen, keine Angst, und halte Ausschau nach der Melodie – achte auf den Verlauf –" und er pfiff einen Takt. „Bleib auf den Hügeln, Junge, aber achte auf den Horizont und rühre dich nicht am Tag. Der Rat ist leicht zu geben, aber es ist mühsam, ihn zu befolgen", und er setzte seinen Fuß in den Steigbügel, stieg auf und ging leise das Tal hinunter.

Eine große Einsamkeit überkam Rob, der in einem Land zurückgelassen wurde, das er kaum kannte, mit einer pochenden Wunde und einem stechenden Hunger. Er schlich sich um das Haus herum und ging in die Diele. Als er nirgends einen Laut von Menschenseelen hörte, betrat er die Küche und stieß auf einen Teller kalten Haferbrei. Er verschlang ihn, und als er wieder in die Diele kam, legte er sich vor das Feuer und schlief ein.

Oben kauerte Lovat vor dem Feuer. Stunde um Stunde verging und immer noch buchstabierte er mit seinen müden, schwachen Augen den Inhalt eines Blattes auf dem anderen. Einmal nickte er und ein Brief blieb ungelesen – ein Brief, der später gegen ihn auf der Waage stehen sollte. Eine Stunde lang schlief er ganz. Doch als die Morgendämmerung wieder über das verwüstete Land hereinbrach, fand Culloden ihn am nächsten Tag immer noch mit abgezehrter Miene über seiner Korrespondenz gebeugt, von der jeder Brief ihn auf das Schafott bringen konnte.

Im Morgengrauen desselben Morgens, an dem der Prinz nach Westen raste und Muckle John auf der Straße war, bevor der Mond hinter den Hügeln versunken war, stahl sich Rob Fraser aus der Halle und machte sich auf den Weg ins Freie. Im Dorf kursierten bereits Gerüchte, dass die Engländer auf dem Weg nach Gortuleg seien und alle, die verdächtigt würden, für den

Prinzen zu den Waffen gegriffen zu haben, sofort abgefertigt und ihre Häuser den Flammen übergeben würden.

Auf dem Gelände von Gortuleg herrschte dieselbe melancholische Stille wie in der Nacht zuvor. Alles Lebende schien geflohen zu sein. Selbst die Zwinger waren leer. Nur ein zottiges Highland-Pony wieherte im verlassenen Stall, hungrig und allein.

Grauer Nebel zog durch das Tal und mit dem kommenden Tag hatte ein leichter Nieselregen eingesetzt.

Als Rob zum Fenster hinaufspähte und sich fragte, was geschehen war, fielen ihm für einen Augenblick Augenpaare auf, die auf ihn gerichtet waren, und er hörte das Geräusch schlurfender Schritte. Von diesem verlassenen Ort her klang es so trostlos, dass er beinahe die Flucht ergriffen hätte. Doch bevor er sich bewegen konnte, tauchte Lord Lovats riesige Gestalt in der schattigen Tür auf. Er stützte sich schwer auf seinen Stock, hatte hochgezogene Schultern, ein unrasiertes Gesicht, das grau wie Kreide war, und murmelte vor sich hin. Dann schlurfte er einen Schritt vorwärts und starrte Rob ausdruckslos an, wie ein Mann, dessen Gedanken weit weg sind und einen anderen Auftrag erledigen.

„Wie viel Uhr ist es?" er krächzte schließlich; Er nahm seine Perücke ab, tätschelte sie träge und rammte sie ihm erneut auf den Kopf.

„Sechs Uhr, Eure Lordschaft", sagte Rob voller Ehrfurcht vor ihm.

"Sechs Uhr!" Plötzlich runzelte er die Stirn und blickte sich mit geschürzten Lippen um. „Wo sind meine Diener?" er weinte. Und als keine Antwort kam, zitierte er einen lateinischen Fetzen und kicherte, als würde ihn der Kontext kitzeln.

„Na gut", sagte er schließlich, „und wer bist du, Junge?"

„Rob Fraser, Sir."

„Danke", knurrte er und sprach in breitem Schottisch; „Aber es ist ein Name, der hier so häufig vorkommt wie Muir-Geflügel. Warum bist du nicht auf der Seite des Meisters, diesem skrupellosen Rebellen, mein Sohn? Denk daran, wie ich von ihm gesprochen habe, Rob, sollten sie es jemals wagen, mich mitzunehmen."

„Ich habe es gehört, Mylord."

„Ja, und sprich für einen alten Mann, Rob, dessen Worte möglicherweise missverstanden werden, das weißt du. Was wirst du antworten, Rob?"

„Dass Sie Ihren Sohn, den Meister, einen skrupellosen Rebellen genannt haben", antwortete er.

Lovat nickte zustimmend mit seinem großen Kopf.

„Das klingt hübsch. Das wird das Oberhaus aufhorchen lassen. Wir werden es mit silbernem Haar und verletzter Unschuld tragen, Rob – ein alter Mann, meine Lords, fast verdorben durch Jahre und Kummer."

Er hielt inne, und erneut verzerrte ein Ausdruck der Angst seine Züge.

„Es würde besser aussehen, hier zu bleiben", sagte er murmelnd vor sich hin und wandte sich mit einer Prise Schnupftabak wieder der Tür zu. Aber einen Moment später war er wieder da und diesmal zitterten seine Glieder vor Angst.

„Nein, nein!" Er keuchte, eine von Gicht geschwollene Hand auf seiner Brust. „Ich kann hier nicht wie ein alter, verstümmelter Hund warten. Es gibt Orte, an denen ich abwarten kann, bis Vorkehrungen getroffen werden können. Schnell, Junge – sattel ein Pferd und lass uns gehen."

„Die Pferde sind alle weg, Mylord", sagte Rob.

„Alle weg? So behandeln sie mich also. Dann müssen wir gehen, bis wir einen finden. Sicherlich werden meine Leute ihrem Häuptling helfen."

„Da ist ein Pony, Eure Lordschaft", rief Rob, ging zum Stall und führte das mächtige kleine Tier heraus.

Lovat schlurfte zum Haus zurück, schlich die knarrende Treppe hinauf und kam einige Minuten später mit seinem Tresor zurück.

„Befestige es hinter dem Sattel, Rob", sagte er, „oder noch besser: Kann ich dir vertrauen, dass du es trägst?"

Er blieb einen Moment stehen und blickte finster zu Boden. Dann begann er, in seinen Taschen nach einem Stück Papier zu suchen. Als er es gefunden hatte, las er es sehr aufmerksam durch und kicherte dabei auf eine seltsame Falsett-Art vor sich hin.

Dann nahm er eine silberne Pfeife aus seiner Weste, blies dreimal hinein und begann, auf seine gefrorenen Finger zu hauchen.

Aus dem Heidekraut, hundert Meter die Schlucht hinauf, waren beim ersten Ton zwei Männer aufgestanden und kamen auf sie zugerannt – langhaarige, zerlumpte Kiemen, Fraser an ihrem Tartan. Sie standen ein Stück von Lovat entfernt und beobachteten ihn wie Hunde, die bereit für die Spur waren. Der Frost ihrer Nachtwache stand auf ihren Hauben und ihre Bärte waren steif und glänzten. Lovat winkte Rob beiseite und begann mit leiser Stimme zu ihnen zu sprechen, aber bevor er mehr als ein Dutzend Worte gesagt hatte, steigerte sich seine Stimme durch den Einfluss einer privaten Leidenschaft zu einem Schrei, und er bedrohte sie auf Gälisch, so dass sie vor ihm zitterten geballte Faust. Doch als plötzlich seine Stimme leiser wurde und er sie streichelte, ihre Wangen tätschelte und sie dann entließ, stand er keuchend neben Rob – alles Feuer war verschwunden – wieder nur ein alter kranker Mann.

Sehr langsam kletterte er auf das Pony, und so machten sie sich auf den Weg und kamen an der Hüttengruppe in der Nähe von Gortuleg vorbei. Die verängstigten Leute strömten aus ihren Türen, um ihren Häuptling vorbeigehen zu sehen, und ein Dutzend Frasers, bewaffnet mit Musketen und Schwertern, versammelten sich um ihn und trotteten schweigend nach Westen.

An der Ecke des Hügels drehte sich Lovat um und blickte auf Gortuleg zurück. Unter seinem tyrannischen, zwielichtigen Charakter verbarg sich eine Art Fundament jener überaus gefärbten Gefühlswelt, die dem Melodrama ähnelt. Er spielte mit unendlicher Begeisterung und echter Freude auf die Bühne. Es war eine schöne Pose, um der schwindenden Macht des Häuptlingstums entgegenzutreten – wo Gewalt eine gefährliche Waffe war, war Gefühl oft ein zweischneidiges Schwert.

„Lebe wohl", sagte er mit seiner tiefen Stimme und mit ehrlichen Tränen in den Augen, „denn vielleicht werde ich dich nie wiedersehen."

Es spielte keine Rolle, dass das Haus nicht ihm gehörte und dass es auch zu seinen besten Zeiten keine imposante Behausung war. Wichtig war nur, dass er sich an der Biegung des Abhangs befand und nach unten ging – ein verbannter Häuptling. Die Clansmänner waren sich völlig bewusst, dass die Kulisse einer Saga glich, und stimmten eine klägliche Klage an. Lovat neigte seinen großen Kopf und winkte ihnen, weiterzugehen, und die Reise ging weiter. Und so erreichten sie nach vielen ermüdenden Stunden Loch Muilzie in Glenstrathfarar und wähnten sich vorerst in Sicherheit.

Weit entfernt, in dieser Wildnis aus Heidekraut nur undeutlich zu erkennen, rannten zwei Männer wie Wölfe auf dem Pfad – zwei Männer mit Dolchen an ihren Seiten und dem Tod im Herzen – unermüdlich. Am Rande des Fraser-Gebiets kamen sie an einem anderen Mann vorbei, der den Pass bewachte, und schloss sich ihnen wortlos an – drei Männer, die hintereinander rannten, sich auf freiem Feld vorbeugend – in Richtung Knoidart.

Lange danach, als die Sonne unterging, hielt Muckle John sein Pferd zum dritten Mal innerhalb einer Stunde an und lauschte angestrengt. Vom nassen Berghang her schrie im Schatten ein Brachvogel, und vom Hügel herüber drang das Geschrei eines Sumpfhuhns.

Doch kein Hauch der Gefahr war zu spüren, die unsichtbar in der Stille lauerte und auf die Nacht wartete.

Und dann setzte er mit besorgten Augen seinen Weg fort, suchte nach Deckung, wo er konnte, und suchte nach einem Zufluchtsort.

KAPITEL V

LOCH ARKAIG

Ein Tag folgte dem anderen, ohne dass eine Spur von den Soldaten zu sehen war, und mit der Zeit wünschte sich Rob inständig, Muckle John wäre nicht so plötzlich verschwunden und hätte ihn mit einem hilflosen alten Mann in einem unbekannten Land zurückgelassen.

Eines Morgens war Bewegung in Lovats Hütte und der alte Häuptling stand mit wildem und ungehobeltem Gesichtsausdruck im Türrahmen. Er hatte vergessen, seine Perücke aufzusetzen und die verstreuten grauen Haarsträhnen wurden von jedem Windstoß erfasst.

„Rob", sagte er schließlich und zitterte vor Kälte, „verbringen Sie einen Tag in den Bergen und finden Sie heraus, wo die Engländer sind und ob sich eine französische Fregatte vor der Küste befindet."

Rob war über diesen Vorschlag sehr erfreut und wollte sofort losgehen. Plötzlich wurde er von Lord Lovat gerufen.

„Rob", sagte er, „woher kamst du in dieser Nacht?"

„Ich komme aus Culloden."

„Culloden – und sind Ihnen unterwegs irgendwelche Leute begegnet?"

„Nur Muckle John."

Frasers kalte Augen stürzten sich auf ihn wie ein Falke, der aus den Wolken fällt.

„Muckle John", wiederholte er, „ich glaube, ich kenne den Namen – also bist du mit ihm gekommen, nicht wahr? Und wo warst du, Rob, als die Reiter ankamen? War Muckle John damals bei dir?"

„Nein, er hatte mich verlassen."

„Natürlich – natürlich – und dann kam er zurück und sagte dir, er würde aus wichtigen Gründen verreisen, Rob."

"Er sagte, er würde zurückkommen."

Daraufhin verließ Lovat ihn lachend, als ob etwas sehr Lustiges gesagt worden wäre. Doch an der Tür drehte er sich um, immer noch von seiner Laune überwältigt, und drohte ihm mit dem Finger und sagte:

„Bedenke meine Worte, Junge, das Rennen geht nicht immer an die Schnellen und der Kampf geht nicht immer an die Starken."

Doch Rob schaute ihn nur verwundert an und sah darin nichts als einen alten, kranken Mann, den die Senilität heimgesucht hatte.

Dann brach er über die Heide auf und steuerte die Spitze des Loch Arkaig an.

Er spähte durch das Heidekraut am Strand.

Den ganzen Tag über sah er keine Rotröcke, und als es Abend wurde, betrat er mutig das Ufer des Sees und ging von dort weiter nach Lochnanuagh, wo zu seiner Aufregung die weißen Segel einer Fregatte aufgebläht waren Die Brise. Er verbarg sich hastig und spähte durch das Heidekraut auf den Strand, wo sich eine große Anzahl von Leuten, hauptsächlich Camerons und Macdonalds, versammelt hatte, und mit ihnen ein stämmiger, stattlicher kleiner Mann, der sehr schlicht gekleidet war und über die Zahl am Ufer sehr aufgeregt zu sein schien und darauf bedacht, die Menge um jeden Preis zu zerstreuen. Aber je mehr er sie überredete und bedrohte, desto dichter drängten sie sich am Strand, und in der Zwischenzeit hatte die Fregatte ihren Anker eingeholt und ein Boot zu Wasser gelassen. Darin konnte Rob vier Männer und etwas Fracht erkennen, die vom Deck heruntergeschleudert worden war. Am Ufer herrschte plötzlich eine Stille, die nach dem Stimmengewirr zuvor fast erschreckend wirkte. Das Knarren der Ruderschlösser kam näher, und obwohl es weit oben auf dem Hügel war – es war noch immer Tag –, konnte Rob die französische Art ihrer Sprache verstehen, und einmal hörte er den kleinen Mann am Strand husten und sich die Nase putzen.

Doch als der Kiel des Bootes auf dem Kies knirschte, herrschte ein reges Treiben. Die Matrosen warfen die Ladung (ein halbes Dutzend kleiner Fässer) auf den Sand, und unter den Anweisungen des kleinen Mannes wurden sie an einen abgelegenen Ort getragen, wo man ihnen ein Seil umlegte, woraufhin er sich daran machte, die Matrosen zu bezahlen.

In diesem Moment jedoch erklang ein dumpfer Knall wie ein Kanonendonner weit draußen auf See, und ohne eine Sekunde zu zögern schoss das Boot zur Fregatte davon, der Anker wurde gelichtet, und das Segel wurde hochgezogen, es drehte sich wie ein Seevogel und raste, die Brise nutzend, aufs offene Meer zu. Aus dem Feuerlärm auf See war ersichtlich, dass ein Kampf zwischen einem englischen Kriegsschiff und den französischen Schiffen im Gange war.

Die Aufregung am Strand kochte jetzt bis zur Fieberhitze. Die Hügel in der Nähe der Bucht waren bald schwarz von Zuschauern, und inmitten dieser neuen Sensation gerieten die Fässer am Strand außer dem kleinen Mann in Vergessenheit.

Wäre er nicht so nah vorbeigekommen, während er ein Shetlandpony sehr vorsichtig führte und es dennoch zu Höchstgeschwindigkeit trieb, hätte Rob sich nie an die Landung dieser geheimnisvollen Fracht erinnert und wäre folglich nie in die Tragödie des Goldes verwickelt worden. Aber für Rob war der Charakter dieses einsamen Reisenden mit seinem ängstlichen Auftreten und den klappernden Fässern, die hoch oben an den Flanken des Ponys aufgereiht waren, ungeheuer rätselhaft. Es war wie ein Ammenmärchen über Feen und ihre geheimen Fässer mit Heidebier.

Teils, weil sie auf derselben Straße gingen, teils weil seine Neugier geweckt war, folgte er ihm durch das Heidekraut und behielt dabei ein scharfes Auge, denn immer wieder drehte sich der Mann auf dem Weg plötzlich um und ließ seinen Blick über den Hügel schweifen – aus Angst, von den Menschen am Ufer verfolgt zu werden. Aber immer tat er dies mit äußerster Eile und drängte das Pony nach jedem Halt weiter, als hätte er Angst vor dem Einbruch der Nacht oder vor etwas, von dem Rob nichts wusste.

Und so erreichten sie Loch Arkaig, und am Ufer des Lochs schien der Mann zu zögern und nachzudenken, und dann spannte er das Pony an einen Baum, trug die Fässer in den Sand neben dem Heidekraut und warf seinen Mantel ab , zog einen Spaten aus einer versteckten Stelle und begann zu graben.

Die Dämmerung war hereingebrochen, und das Ufer war so düster geworden, dass Rob näher schlich und sich so lautlos wie ein Indianer durch die Heide- und Felsbüschel schlängelte.

Plötzlich jedoch sah er den Kopf und die Schultern eines anderen Menschen, der sich als Silhouette gegen die graue Oberfläche vor ihm abzeichnete, eines Mannes, der sich duckte und den Kopf einzog, als das Graben am Strand mit derselben Sorgfalt eingestellt oder wieder aufgenommen wurde, mit der er selbst es tat. Rob war klar, dass hinter all dem mehr steckte, als er sich vorgestellt hatte.

Schließlich begann der Beobachter, anscheinend zufrieden, auf allen Vieren den Hügel hinauf auf ihn zuzugehen. Er kam so schnell, dass Rob keine Zeit hatte, sich aus dem Weg zu rollen, und mit einem schnellen Sprung warf sich der Neuankömmling mit seinem ganzen Gewicht auf ihn, ohne auch nur ein Geräusch von sich zu geben, und gemeinsam rollten sie sich in den Armen des anderen hin und her.

Einen Moment lang war Rob oben, dann der andere, der nur aus Armen und Beinen und scharfen, krallenartigen Fingern zu bestehen schien. Zweimal fühlte Rob, wie er an der Kehle gepackt wurde und zwei Daumen auf seiner Luftröhre, und jedes Mal gelang es ihm, seinen Kopf wegzureißen. Dann griff er mit einem schnellen Hechtsprung seines rechten Arms nach dem Messer in seinem Strumpf, zog es heraus und stieß es seinem Angreifer in die Schulter. Es war eine kleine Klinge, die für gefährliche Arbeiten wie diese nicht geeignet war; aber ein leiser Schrei verriet ihm, dass er den dicken Mantel des Mannes durchbohrt hatte. Dann bemerkte Rob, wie sein Gegner vor Schmerz seinen Kopf hin und her riss, packte einen schweren Stein und rammte ihn sich gegen die Schläfe, woraufhin er bewusstlos zu Boden ging.

Es war eine knappe Flucht, aber das Glück war ihm offenbar im letzten Moment zu Hilfe gekommen. Mit einem Seufzer der Erleichterung sprang er auf, als aus der Dunkelheit eine Stimme rief: „Stehen bleiben, oder ich schieße!“ und ihm der kalte Lauf einer Pistole gegen die Wange gerammt wurde.

Er hatte den Mann am Ufer vergessen.

„Ich bin unbewaffnet", keuchte Rob; „Und es ist der Mann auf dem Boden, vor dem du dich hüten solltest, nicht ich."

Daraufhin wurde die Pistole gesenkt, und der Neuankömmling setzte sich, legte sie auf sein Knie und befahl ihm, seinen Bericht über den Kampf zu erzählen, dem er mit größtem Interesse zuhörte. Dann stand er auf, fesselte die Arme und Beine des bewusstlosen Mannes mit einem Seil, das am Strand lag, und steckte ihm einen groben Knebel in den Mund.

„Und jetzt, mein Junge", sagte er, „sag mir, was dich hierher führt."

Mit einigem Zögern erzählte Rob von seinen Erlebnissen der letzten zwei Tage, und als er fertig war, klopfte ihm sein Begleiter auf die Schulter.

„Tapfer gemacht", sagte er; „Und lassen Sie mich Ihnen sagen, dass Archibald Cameron stolz ist, Sie kennenzulernen." Mit diesen Worten drückte er ihm warm die Hand und sprang auf.

Er war dieser Dr. Archibald Cameron, der Bruder von Lochiel, der im Jahr 1953 durch die Hand der Regierung den Tod erleiden sollte, ein sehr tapferer Herr und der letzte, der sich für die Sache der Stuarts einsetzte.

Der Mond stieg in den Himmel, als sie auf ihren Gefangenen zugingen; aber Cameron nahm Rob zuerst beiseite und flüsterte ihm ins Ohr:

„Was ich begraben habe", sagte er in der Tieflandsprache, „würde die Highlands in Brand setzen. Es ist eine gnädige Vorsehung, dass du so aufgetaucht bist. Denn jetzt können wir es umso leichter an einem anderen Ort verstecken, oder." vielleicht zwei Orte. Aber gib mir deinen Eid auf den nackten Dolch, dass kein Wort davon jemals über deine Lippen kommen wird, außer dem Prinzen.

„Der Prinz?", wiederholte Rob, der ihm nur mit Mühe gefolgt war.

„Und wer sonst? Ist dir nicht klar geworden, was die schönen Fässer bedeuten? Französisches Gold, Junge – genug, um jede Claymore in den Highlands und in Argyll zu kaufen. Verstehst du es jetzt? Komm, Rob."

Dann näherte sich Cameron dem Mann am Boden und bedeutete Rob, seine Beine zu nehmen, während er ihn an den Armen packte. Also machten sie sich auf den Weg zu einer hohlen Stelle, und als sie ihn dort hinlegten, stöhnte er und öffnete die Augen, und in diesem Moment warf der Mond, der über die Baumwipfel stieg, seine blassen Strahlen auf das gespenstische Gesicht von Ephraim Macaulay, dem verstorbenen Schulmeister in Inverness.

KAPITEL VI

DIE WÄCHTER BEI NACHT

Die Dunkelheit erfasste Muckle John südlich von Loch Garry im Macdonald-Land. Er war den ganzen Tag ununterbrochen gereist, hatte sich auf den weniger befahrenen Straßen gehalten und überall Spuren der Panik gesehen, die Culloden verfolgte. In jedem Dorf herrschte der gleiche Schrecken und die gleiche hektische Eile – einige begruben mit verzweifelten Händen Claymores, so dass sie nur halb bedeckt blieben – andere zogen mit ihren Frauen und Kindern in die Berge. Einmal passierte ihm eine Gruppe von zweihundert oder mehr Personen auf dem Weg nach Südwesten. Sie sahen völlig entmutigt aus und humpelten in gebrochenen Reihen vor dem munteren Spiel eines Dudelsackspielers an ihrer Spitze.

Dann stürzte er sich durch die Heide und legte Meile um Meile zwischen sich und Fort Augustus zurück.

Es war ungefähr drei Uhr desselben Nachmittags, als er sein Pferd sehr scharf anzog und herumschwenkte und zurückblickte. Er war sich nicht sicher, ob er etwas gehört hatte. Es war eher eine Vorahnung als alles andere, aber ein Nordländer achtet genau auf solche Dinge.

Auf dem Weg, den er gekommen war, war alles sehr leblos und trostlos. Es gab keine Spur von Mensch oder Tier. Mit einem grimmigen Blick in den Augen setzte Muckle John seine Reise fort.

Aber etwa eine Stunde später bog er hinter einen Felsvorsprung ab und galoppierte schnell den Hügel hinauf, wobei er sich einige hundert Meter hinter einer Felsgruppe hielt. Dann drehte er sich so schnell um, dass er die hintere Spur beobachten konnte. Mehrere Minuten vergingen, und es gab keine Spur von Lebewesen. Doch plötzlich bewegte sich etwas ganz leicht, genau dort, wo der letzte Stein aus dem Heidekraut ragte. Der Kopf eines Mannes hob und senkte sich wieder.

Mit einem schwachen Lächeln setzte Muckle John seinen Weg fort. Sein Pferd war sehr müde – zweimal wäre es vor lauter Erschöpfung beinahe umgefallen. Dass es ihn kaum noch weiter tragen konnte, wurde ihm sofort klar. Er wusste nicht, wie viele Verfolger ihm auf den Fersen waren, aber er hielt sie für Highland-Caterans, die bereit waren, ihm für eine Börse die Kehle durchzuschneiden. In diesem Fall würden sie warten, bis er schlief, und sich dann auf ihn stürzen. Es war daher eine Frage von Leben und Tod für ihn, einen Unterschlupf zu finden, bevor die Sonne unterging.

Der Abend brach herein und er war so müde, dass er beim Reiten nickte. Nirgendwo in dieser hügeligen, öden Landschaft konnte er ein Haus oder irgendeine Spur von einem Bauernhof oder einem Bauernhaus sehen. Und hinter ihm warteten Männer auf die Dunkelheit, die so schlau und grausam wie Indianer und genauso geduldig waren. Wenn nicht heute Nacht, dann morgen, und er könnte tagelang kilometerweit durch Heideland wandern.

Währenddessen arbeitete das Gehirn von Muckle John. Die Zukunft lag vor ihm wie einem Mann, der eine Karte liest. Er muss sie aus der Fassung bringen, sonst geht er zugrunde. Wenn nicht heute Abend, dann morgen. Er würde sich nie mit ihnen auseinandersetzen – das wusste er nur zu gut. Es wäre in seinem tiefen Schlaf in der Schwärze einer Highland-Nacht. Man darf nicht glauben, dass Muckle John sich über diese Aussicht große Sorgen machte. Das waren Tage, an denen das Leben nicht besonders geschätzt wurde und an denen ein Glücksritter mehrmals in der Woche hart zu kämpfen hatte. Es war eher die Demütigung des Geschäfts, die ihn irritierte. Er war es nicht gewohnt, wie ein junger Hirsch verfolgt zu werden. Die meisten Männer machten einen großen Bogen um Muckle John.

Noch während er darüber nachdachte, stolperte der Schimmel und stürzte. Keine Macht der Welt hätte es auf den Beinen halten können. Es war völlig erledigt. Mit einem Stöhnen fiel es auf die Knie und rollte auf die Seite. Muckle John war beim Taumeln abgerutscht und stand nun darüber und studierte den nächsten Schritt. Ihm ging es vor allem darum, einen Blick auf seine Verfolger zu erhaschen. Er löste sein Schwert, holte eine Pistole aus der Tasche seines Mantels und legte sich neben das Pferd, als wäre sein Bein bei seinem Sturz fest darunter befestigt. Es war ein alter Trick, aber dies war ein Land mit wenigen Pferden und einen Versuch wert. Er wusste, dass sie sich ihm nähern würden, wenn sie ihn scheinbar verkrüppelt und ihrer Gnade ausgeliefert sehen würden. Langsam vergingen die Minuten und es war kein Laut zu hören, während ein Nebel aus dem feuchten Talgrund aufstieg und in Kränzen zwischen den Hügeln hing. Muckle John lag völlig regungslos da, die Pistole unter dem Zipfel seines Mantels versteckt, ein Bein über die Flanke des Pferdes ausgestreckt, das andere unter ihm gekrümmt.

Ganz in der Nähe klirrte ein Stein an der Brandstelle. Es hätte ein Hügelfuchs sein können, der sich davonschlich, aber Muckle John wusste, dass ein Fuchs so etwas nicht tut. Er spürte den Blick von jemandem auf sich – aber er konnte nichts sehen, und die ganze Zeit über brach die Dunkelheit schnell herein, und seine Nerven waren bis zum Äußersten angespannt, während er auf seiner Seite auf den Ansturm von vielleicht einem Dutzend Männern wartete.

Oben auf dem Hügel hörte er den Ruf einer Eule und lächelte, denn er wusste – wer besser –, dass es nicht die Nacht war, in der Eulen nach

Glengarrys Art riefen, und dass zwischen dem Ruf eines Menschen und dem Ruf eines Menschen ein himmelweiter Unterschied besteht Ruf einer Eule, außer für diejenigen, die es sich nie zur Aufgabe gemacht haben, solche Dinge zu bemerken.

Es verlief alles wie erwartet und er wartete ganz gelassen auf das, was kommen würde, ohne vorherzusehen, was wirklich geschah. Tatsächlich geschah alles so schnell und so lautlos, dass außer Muckle John kaum jemand noch eine weitere Lektion in Angriffsmethoden lernen konnte.

Nun befand sich unmittelbar über ihm eine Anhöhe, eine natürliche Felsfront, wie man sie auf vielen Hügeln sieht – Orte, die von wilden Tieren natürlich gemieden werden, es sei denn, sie fliegen gegen den Wind oder kommen von oben auf sie zu. Muckle John schaute nach oben, als es passierte. Er war sich der Gefahr durchaus bewusst, die er einging, aber er wartete darauf, dass der Kopf eines Mannes direkt über dem Felsvorsprung an der Skyline auftauchte. Plötzlich, ohne Vorwarnung, aber nur mit einem gedämpften Kratzen, als wären kleine, wild verstreute Kieselsteine, war der Himmel völlig ausgeblendet, und Muckle John sprang wie ein Hase und sprang nur einen Tausendstel Bruchteil zu spät. Der Felsbrocken, denn dieser war natürlich zu seiner Zerschmetterung geschleudert worden, tötete das sterbende Pferd augenblicklich. Aber es zerschmetterte auch die Pistole von Muckle John und zerknitterte sein Schwert wie ein dünner Streifen Blech, sodass der Schwanz seines Mantels in der Ruine gefangen blieb. Jetzt ging es um den Hals oder nichts, und als er sich losriss, warf er einen Blick auf seine Arme, warf sie nach unten und rannte durch die Bäume, die den Hügel säumten – er rannte um sein Leben. Da er wusste, dass seine Verfolger wahrscheinlich müde Männer waren, gab er das Tempo vor, in der Hoffnung, sie abzuwehren, wobei er den oberen Teil des Hügels behielt, selten wegen seiner Reitstiefel und der Dunkelheit stolperte und manchmal innehielt, um etwas Zeit zu hören, um zu hören ob er sie verstoßen hatte. Aber immer im gleichen Abstand hinter sich hörte er das dumpfe Stampfen von Füßen wie Wölfe auf der Spur – unermüdlich wie Hirsche. Er nutzte jede Finte, die er kannte. Er krümmte sich auf seinen Spuren, er flüchtete sich an Orte unter Felsen. Aber immer still, geduldig und völlig unerschrocken gingen sie vor. Er konnte sie nicht sehen, aber er hörte, wie sie immer näher kamen und auf den richtigen Zeitpunkt warteten. Es könnten sechs oder zwanzig sein – er konnte es nicht sagen.

Ihm kam der verzweifelte Plan, den Krieg ins feindliche Land zu tragen – einzelne Männer zu erlegen und sie lautlos im Heidekraut zu erwürgen. Doch das war gefährlich. Er war jetzt unbewaffnet, und jemand könnte Alarm schlagen und sie würden ihn im Kampf überwältigen. Stolpernd hielt er nach einem Fluss oder einem See Ausschau, in den er schwimmen und sich in

Sicherheit bringen konnte, oder nach einer Felsspalte, wo er hoffen konnte, seinen Angreifern allein entgegenzutreten.

Doch in diesem trostlosen Labyrinth der Dunkelheit war nichts zu sehen, und mit Wut und Verzweiflung im Herzen begann er einen langen, unermüdlichen Trab, in der Hoffnung, sie, wenn möglich, zu überlisten.

Ungefähr zwei Stunden später drangen dünne Strahlen grauen Mondlichts durch die dahinhuschenden Wolken, und im Nu war die Landschaft nur noch undeutlich zu sehen, und Muckle John befand sich an einem schmalen Pass zwischen zwei Hügeln, zu deren beiden Seiten sich mehrere hundert Meter hohe Felsklippen erhoben. Dann verschwand der Mond, und er machte sich mit großem Tempo auf den Weg den felsigen Pfad hinauf, wohl wissend, dass hier, wenn überhaupt, ein Weg in die Sicherheit lag. Auf beiden Seiten war glatte Felsoberfläche. Es gab keinen Ort, an dem man Zuflucht suchen konnte, aber wer konnte schon sagen, was man mit einem solchen Ort anfangen konnte? Er musste eine halbe Meile in schnellem Tempo zurückgelegt haben – umso schneller, weil er wusste, dass diejenigen, die ihm barfuß folgten, durch die losen Steine und schroffen Felskanten behindert sein würden –, als er wieder auf das offene Moorland hinaustrat und im Wind den Geruch von Vieh wahrnahm. Und sofort sah er einen Weg.

Wieder zog sich der Mond über den nebligen Himmel, und Muckle John suchte mit eifrigen Augen den Dunst ab. Ein Haufen zottiger, triefender Mäntel drängte sich an einem geschützten Platz zu seiner Rechten zusammen, das war alles, aber Muckle John war zufrieden, denn er wusste, dass er keine Zeit zu verlieren hatte, und näherte sich ihnen sehr schnell, rannte mitten unter ihnen herbei und brachte sie mit einem lauten Schrei dazu, schwerfällig und wild schnaubend aufzuspringen. Ein riesiger Highland-Bulle brüllte im treibenden Nebel, aber als er nichts sah, stampfte er mit den Füßen und schüttelte unsicher seine Hörner. Dann zog Muckle John ein kleines Messer, stieß die Klinge in eine Färse neben ihm und schickte sie im Galopp auf den Pass zu. Er rannte hin und her, wich aber immer dem Bullen aus und hielt sie in Bewegung, bis sie das Ende des schmalen Pfades erreichten, und dort zog er sich zurück und blieb stehen, um dem Mond zu folgen.

Es kam wieder in aller Heiterkeit und strömte mit einem dünnen, verlassenen Licht auf den trostlosen Ort zu, so dass der Schatten von Muckle John sehr groß wirkte und die Herde Vieh, etwa fünfzig Stück, und ihr verwirrter und gereizter Anführer wie das aussahen Vieh eines Traums.

Die Zeit war reif. Mit einem seltsamen Geräusch in der Kehle, das wie das Brüllen eines Hirsches klang, ließ sich Muckle John auf die Hände fallen und marschierte auf allen Vieren auf sie zu – ein ziemlich unheimlicher Anblick auf einer einsamen Heide und sehr beunruhigend unter einem dunstigen

Mond. Das war der Tropfen, der das Fass zum Überlaufen brachte für die aufgeregten Tiere, die sich am Ende des Passes drängten. Einen Moment lang hielt der Bulle stand, aber sein Mut versagte ihm – er war ein kaum drei Jahre alter Bulle – und als er den Kopf verlor, entfachte er die Panik. Hals über Kopf ging es die Schlucht hinunter und Muckle John hinter ihnen mit seinem blanken Messer in ihren Flanken. Immer wieder schwoll sein wilder Schrei an und ab, immer schneller donnerten sie weiter, bis nichts sie aufhalten konnte – am allerwenigsten drei Frasers, die auf halbem Weg wie Ratten in einer Falle gefangen waren. Was geschah, kann man nie in allen grausamen Einzelheiten erfahren. Aber die Herde zog weiter, und das Trappeln ihrer Füße verstummte und wurde von der stillen Nacht verschluckt.

Und hinter ihnen schritt Muckle John, der den Boden hinter ihnen absuchte, gemächlich den mondbeschienenen Pass hinunter. Plötzlich hielt er inne und erschauerte bei dem, was er sah. Dann blieb er beim Weitergehen wieder stehen, und noch einmal, etwa fünfzig Meter entfernt, neigte er den Kopf, und dieses Mal nahm er ein flatterndes Stück blutbefleckten Tartans und betrachtete es aus nächster Nähe.

Plötzlich grinste er wie ein Hund.

„Fraser“, sagte er, „was führt Frasers zu einem solchen Zeitpunkt so weit von Lovat weg – außer um eine Nachricht am Ende eines Dolches zu überbringen? Was wird Lovat sagen, wenn er auf Nachrichten über die Ermordung von Muckle John wartet und vergeblich wartet?“

Er starrte lange auf den Schottenstreifen, legte ihn dann auf einen Felsvorsprung und schnitt ihn in drei gleiche Teile.

„Das bezweifle ich“, sagte er grimmig, „aber wenn der Letzte von euch nach Hause kommt, wird ein Coronach gespielt.“

Dann machte er sich auf den Weg zum Pass, legte sich in den Schatten eines Felsens und schlief ein.

KAPITEL VII

VERGRABENER SCHATZ

Ein leiser Schrei der Bestürzung entrang sich Robs Lippen, als er dem bösen Blick des Schulmeisters begegnete. Auch Cameron schien von der Begegnung mehr als nur ein wenig erschüttert, sagte jedoch nichts, sondern schien in Gedanken über die Zukunft versunken.

In der Höhle, in der sie standen, konnte ihr Gefangener nichts anderes sehen als den offenen Himmel und tausend funkelnde Sterne.

Nach einem Moment trat Cameron vorsichtig neben ihn und zerrte an seinen Fesseln. Dann riss er einen Stoffstreifen von Macaulays Hemd und band ihn um seine Augen, als wolle er ihre schimmernde Bosheit vor den Augen verbergen.

„Komm, Rob", sagte er flüsternd, „heute Nacht gibt es Arbeit für dich und mich. Wenn wir fertig sind, lassen wir ihn frei", und er führte den Weg zurück zum Ufer.

Es war sehr still und einsam dort. Man hörte nur das sanfte Rauschen des Sees und das Seufzen des Windes in den Bäumen. Rob wünschte sich, die Sache wäre vorbei und er wäre wieder in der relativen Sicherheit von Lovats Gesellschaft.

„Während ich sie ausgrabe, rollst du sie am rechten Ufer entlang", flüsterte Cameron und warnte ihn, in den Tiefen des Heidekrauts zu bleiben, „und leg sie in den Schatten des Bachs, der dort drüben in den See mündet. Wenn du ein Geräusch hörst, komm zurück und warne mich. Och!", schloss er und trat ins Mondlicht, „aber das sind seltsame Zeiten." Dann beugte er sich und stieß den Spaten tief in den Sand.

„Es ist ein Glück für dich, dass ich ihn beim Zuschauen erwischt habe", flüsterte Rob voller Stolz über seine Entdeckung.

„Mann", sagte Cameron, „sehe ich wirklich aus wie ein Gomeral? Ich wusste, dass er da war, als ich das Pony an den Baum gehängt habe. Wäre er gegangen, wäre es genauso herausgefallen, wie ich es geplant hatte."

Und so begann die Flucht des Schatzes — Rob kroch durch die Dunkelheit der Bäume, rollte ein Fass, schlich lautlos wie ein Schatten über die nassen Blätter und das Farnkraut und sah die ganze Zeit in der schwarzen Nacht die schrecklichen Augen von Ephraim Macaulay, die ihn markierten jeder seiner Schritte. Vor und zurück, bis sein Rücken schmerzte und ihm die Feuchtigkeit auf der Stirn lastete. In der passiven Stille der Nacht gab es keinen Hauch von Gefahr, kein Flüstern von Heidekraut voller Flüchtlinge, Spione und namenloser Wanderer.

Als er mit dem letzten Fass auf den Abhang zusteuerte, sah er, wie Cameron mit geschickten Händen den Boden glättete und die Spuren seiner Schritte im Sand verwischte. Dann folgte auch er ihm, und gemeinsam knieten sie am Bachufer nieder.

"Also, Rob", sagte Cameron, "zuerst werden zwanzig Highland-Kerle diese Küste absuchen, und danach kommen die Rotröcke, die bestimmt Wind davon bekommen werden; und deshalb ist es unsere Aufgabe, das herauszufinden. Vielleicht hast du noch nie einen Schatz versteckt, Rob, also lass es uns versuchen. Komm näher. Wenn unser Freund in der Senke dort seine Freiheit bekommt, wird er denen, die ihn geschickt haben, die Hölle heiß machen, und ich bin außerordentlich daran interessiert, zu erfahren, wer sie genau sind."

* Bestimmt.

„Nein, nein", sagte Rob mit einem Anflug von Wichtigkeit. „Er ist hinter mir her. Er ist ein Schullehrer aus Inverness …"

„Oh! Vielleicht, vielleicht", unterbrach Cameron ihn. „Er ist zu all dem fähig. Aber es ist mehr als du, Rob – obwohl ich es hasse, deine Bedeutung unterschätzen zu wollen, Junge."

„Dann ist er nicht …"

"Whisht! Was macht es schon, wer er ist? Das verstehst du, Rob. Folge ihm und schau, ob er nach Norden oder Süden geht, und wenn du das dann weißt, schicke ich dich auf eine Reise, denn ich selbst reise nach Osten."

„Aber Lord Lovat."

Der Mann neben ihm erschrak.

„Was ist mit ihm, Rob?", fragte er schnell.

„Vielleicht braucht er mich."

Cameron legte seine Hand auf die Schulter des Jungen.

„Rob", sagte er sehr ernst, „Lord Lovat wird mehr als Sie brauchen, um ihm das Leben zu retten, und um Himmels willen, sagen Sie ihm kein Wort über die Arbeit dieser Nacht – und auch niemandem außer dem, den Sie kennen."

„Nein", sagte Rob, „niemandem außer dem Prinzen."

„Kommt also, denn die Zeit vergeht. Wenn die Suche nach diesem Schatz beginnt – denn merkt euch, zwanzig Augen müssen mich genauso genau beobachtet haben wie eure eigenen –, was werden sie tun, wenn sie im Sand graben und eine leere Ansammlung von Steinen finden? Sie werden die Umgebung nach Spuren von Spatenarbeit und Fußstapfen absuchen. Sie wissen, dass ein einzelner Mann wie ich diese Fässer nicht weiter als hundert Meter tragen könnte. Sie würden direkt hierher kommen, Rob, wie eine Meute Hunde auf der Spur.“

„Was können wir tun?“, fragte Rob, der befürchtete, dass seine Arbeit weggeworfen würde.

„Es gibt nur eine Sache, die man tun kann, Rob, und das klingt vielleicht sehr lächerlich; aber es sind immer die dummen Tricks, die am schwersten zu enträtseln sind. Als ich dich gebeten habe, dich am Seeufer zu zeigen, wo es sehr hell ist als ich erwartet hatte, lag es daran, dass ich einen Gedanken hatte, Rob, und es ist einfach dieser: Es gibt ein oder zwei Adlige in dieser Gegend, die ungewöhnlich sind und darauf bedacht sind, meine Taten in dieser Nacht zu beobachten, und da ich ein bescheidener Mann bin, Rob, „Ich bin nicht besonders erfreut über die Vorstellung“, und er brachte seinen Kopf ein wenig näher. „Angenommen, Rob“, flüsterte er, „du würdest für eine kleine halbe Stunde oder vielleicht etwas länger meinen Platz am Seeufer einnehmen?“

„Nehmen Sie Ihren Platz ein?“

„Ja, zieh meine Perücke und meinen Mantel an (den Hut, den ich brauchen werde), und wenn der Mond von einer Wolke verdeckt wird, knirsche einfach auf den Kieselsteinen und setz dich hin, damit dein Kilt verborgen bleibt. Er würde dir die Augen nehmen O' eine Eule, die in diesem dämmrigen Licht etwas Falsches sieht, Rob. Würdest du es für den Prinzen tun?

„Gib mir deine Perücke und deinen Mantel“, sagte Rob zur Antwort.

Mit einem Seufzer der Erleichterung und ohne ein weiteres Wort setzte Cameron die Perücke auf seinen Kopf, wickelte den langen Mantel um sich und schlug den Kragen hoch. Dann blieben sie schweigend und starrten in den kalten grauen Himmel.

„Schnell“, sagte er schließlich, „da kommt eine Wolke“, und er schob Rob sanft aus der Dunkelheit der Bäume. Gleichzeitig sang er eine Liedzeile für alle, die an ihm zweifeln könnten, und verschwand wieder außer Sichtweite.

Als der Mond aus dem flüchtigen Wolkenfeld hervorschwamm, fiel sein Licht auf die Gestalt eines Mannes, der auf einem niedrigen Felsstück saß, die Ellbogen auf den Knien und den Rücken zum Ufer gestützt. Und wer konnte in der toten Stille der Nacht erraten, wie viele diese schwarze, geduckte Gestalt beobachteten und sich fragten, warum er nie aufstand oder umherging, sondern immer nur dasaß, das Kinn in der Hand, und über den See starrte.

Inzwischen ging Cameron geräuschlos zu der Stelle zurück, wo die Fässer lagen. Vorgewarnt ist gewappnet, und er war nicht so dumm anzunehmen, dass das Verstecken von Schätzen in der Gegend von Cameron eine leichte Sache sein würde.

Sein Clan hegte große Liebe zu ihm, hatte aber auch einen außergewöhnlichen Respekt vor Gold, und die Zeiten waren hart. Deshalb hatte er eine Woche bevor die Fregatte in Loch-na-nuagh eindrang, ein Loch unter einem Felsen in dem Bach gegraben, der in Loch Arkaig mündete, und in dem Loch ein kleines Fass versteckt, das die Hälfte des Inhalts der Fässer (die... enthielt Tüten mit Louis d'Or). Die andere Hälfte hatte er aus Sicherheitsgründen anderswo versteckt, während er beschlossen hatte, die Fässer, die kein Gold mehr enthielten, hastig genau dort zu vergraben, wo Rob sie platziert hatte.

Und auf diese Weise begann die harte Arbeit, denn es blieben nur noch zwei Stunden Dunkelheit.

Glücklicherweise war der Wind aufgekommen und man hörte nichts von seinen Vorbereitungen. Dass Cameron nervös war und es kaum erwarten konnte, fertig zu werden, konnte man an seiner rasenden Eile erkennen. Zuerst ging er fünfzig Meter flussaufwärts mit einer Tasche auf den Schultern. Dann schob er einen großen Felsbrocken über den Wasserfall, um die Strömung abzulenken, und ließ seine Last unter das Flussbett fallen, wo das offene Fass bereitstand, sie aufzunehmen. Dann kehrte er zurück, ohne jemals einen Fuß auf trockenes Land zu setzen, und so arbeitete er mit schmerzendem Rücken und blutenden Fingern weiter, bis das Fass schließlich voll und der Deckel drauf war und der Stein zurückgerollt wurde, sodass das Wasser über die Stelle strömte, unter der der Schatz lag.

Dann begann man mit dem Graben eines Lochs für die Fässer flussabwärts, und nachdem Cameron bereit war, machte er sich auf den Weg zur Mündung des Flusses, in die entgegengesetzte Richtung zu der Stelle, an der der erste Teil des Goldes vergraben lag. und immer noch in der Strömung watend, näherte er sich dem Ufer. Ungefähr zwanzig Meter vom See entfernt erhob sich neben der Brandung ein großer Felsen, und etwa sechs Fuß darüber schwankte ein einzelner Ast eines Baumes steif im Nachtwind und erstreckte sich in einer geraden Linie vom Stamm bis in die Nähe des Sees Am Ufer war der Hügel bewaldet und dicht mit Unterholz bewachsen.

Jetzt begann der schwierigste Teil der Arbeit. Er schob zunächst ein Stück Seil durch die Schlaufe der restlichen Taschen und hielt das Ende in der

Hand. Einen Moment lang ruhte er sich aus, dann sprang er auf den Felsen, ging kurz in die Hocke und sprang direkt auf den dicken Ast über ihm zu. Er packte es fest, schwang sich im Schneidersitz darauf, beugte sich vor und begann, die Säcke neben sich hochzuziehen, wobei er das Seil sicher um den Baum schlang.

Nachdem er den ersten Beutel abgenommen hatte, trug er ihn den Ast entlang, und als er die Blätter beiseite strich, kam im Stamm des Baumes ein Loch von der Größe einer Untertasse zum Vorschein, in das er ihn hineinquetschte. Dies tat er viele Male, bis sich der Inhalt der zweiten Hälfte der Fässer im hohlen Stamm befand, und dann ordnete er die Blätter neu, holte sehr ernst ein Vogelnest aus seinem Hut, legte es über das Loch und ließ ein paar davon hineingleiten Er nahm Eier aus einem kleinen Beutel, den er um den Hals trug, und ließ sich wieder auf den Felsen hinab.

Dann vergrub er die Fässer, wie er es geplant hatte, und zwar nachlässig, so dass der Deckel eines von ihnen sogar ein wenig durch den Rasen ragte, und warf ein paar Goldstücke auf die Erde. Die Arbeit war beendet. Er schlich sich zurück und rief leise Rob, der einen Moment wartete und dann wieder an seine Seite glitt.

Cameron zog wortlos seinen Mantel und seine Perücke wieder an, klopfte Rob auf die Schulter und führte ihn hinunter zum Strand, wo das helle Mondlicht den See wie geschlagenes Silber glänzen ließ. Den Spaten hatte er an einem geheimen Ort versteckt.

"Lass uns einen Moment lang zusammen Spaß haben", sagte er leise. "Dass wir gesehen werden, ist wahrscheinlich, aber ich glaube, im Moment hat niemand zugesehen. Ihr werdet euch vielleicht fragen, warum ich", fuhr er fort, sprach lauter und drehte den Kopf ein wenig in Richtung der Bäume, "der ich so vorsichtig war, dir vertraut habe, Rob, der ich ein Fremder für mich bin. Dann kann ich es dir einfach nicht sagen, denn ich weiß es nicht, und das ist die nüchterne Wahrheit. Jedenfalls ist hier ein Plan der Orte und anderer Dinge; und gib ihn nicht aus deinen Händen, Rob, und wenn du gefangen wirst, verschluck ihn oder zerstöre ihn auf irgendeine Weise. Falls wir beobachtet werden, nimm ihn aus meiner Hand, als ob wir uns verabschieden würden. Jetzt!" und streckte seine rechte Hand aus und rief mit sehr klarer Stimme: "Auf Wiedersehen, Rob". und machte Anstalten, das Papier weiterzugeben; aber mit einer nervösen Bewegung verpatzte er es und ließ es auf den Boden fallen.

"Tuts!", sagte er und drückte es Rob mit großem Eifer in die Hände, indem er sich schnell bückte. "Folge diesem Spion heute Nacht", sagte er, "und dann eile dem Prinzen nach und sag ihm, dass ich in Lochaber auf seine Anweisungen warte. Solltest du mich brauchen, schicke mir die Nachricht, dass 'ein Sumpfhuhn gefangen ist'. Merk dir die Worte, Junge, denn ich werde erkennen, dass du gefangen bist."

In diesem Moment ertönte hinter ihnen ein leises Geräusch wie ein Seufzen, und Cameron erschrak und spähte in die Dunkelheit.

„Sprich leiser", sagte er, „verstehst du?"

„Das tue ich", antwortete Rob.

„Dann komm. Lass uns den Kerl freilassen, und danach ist es besser, wenn wir weniger von Arkaig sehen." Mit diesen Worten führte er uns zu der Höhle.

Das Mondlicht schien sanft zwischen die schwankenden Baumwipfel, fiel aber auf leere Grünflächen und strotzendes Heidekraut. Kein Mensch lag dort. Nicht einmal seine Seile waren noch da. Es war, als wäre er entführt worden. Ohne ein Wort zog Cameron Rob rasch zurück.

„Trennt euch und rennt", flüsterte er aufgeregt, „denn wir müssen umzingelt werden", und beugte sich, als er zwischen den Bäumen hindurch auf den offenen Hügel zustürmte. Da überkam Rob plötzliche Angst vor dem Unbekannten und große Furcht vor Ephraim Macaulay, ergriff Reißaus und rannte in eine Richtung, die rechtwinklig zu der war, in die Cameron gegangen war, kehrte um und ließ sich unter einem Heidebewuchs nieder.

Er hatte Glück, denn dicht über seinem Kopf erklangen rasche Schritte, und zwei Männer rannten an ihm vorbei in den Wald. Dann kroch er auf Händen und Füßen zur Quelle des Sees. Aber er hatte kaum 500 Meter zurückgelegt, als der klare, weiche Ton, der wie der Klang einer Spielpfeife klang, auf ihn zukam. Und der Takt, den er spielte, war die fantastische, gespenstische Melodie von Muckle John, dieselbe verdrehte Melodie, die den Schulmeister in Miss Macphersons Haus so erschüttert hatte.

Es kam näher, und er lag flach auf dem Boden, vor ihm ein umgestürzter Baum. Plötzlich trat eine Gestalt an das mondbeschienene Ufer, die er nicht verkennen konnte – die riesigen Schultern und die Brust, der gewaltige Kopf von Muckle John selbst. Und während er spielte, spähte er hierhin und dorthin, als suchte er jemanden.

Rob wollte gerade losrennen, doch dann versank er ebenso schnell wieder im Schatten. Etwas hielt ihn zurück.

Dann legte Muckle John das Instrument beiseite und pfiff die eindringliche Melodie im Mondlicht.

KAPITEL VIII

FLUG

Die Angst vor der Nacht, vor den unbekannten Streifzügen im Heidekraut, vor der Flucht des Schulmeisters und vor allem vor der Gefahr für seine Zeitung hielten Rob in atemlosem Schweigen.

Und die ganze Zeit ging Muckle John auf ihn zu und pfiff leise, als er kam. Als er ein paar Meter links an dem umgestürzten Baum vorbeikam, hinter dem Rob hockte, blieb er plötzlich stehen und setzte sich dann gemächlich auf den Stamm, wobei die Enden seines Mantels fast Robs Wange berührten.

Lange blieb er mit den Ellbogen auf den Knien stehen und starrte auf den See, doch Rob rührte sich nicht und wartete auf den richtigen Moment. Schließlich begann Muckle John mit einem tiefen Seufzer, mit leiser, nachdenklicher Stimme mit sich selbst zu sprechen, wie ein Mann, der sich über etwas Sorgen macht und nicht weiß, welchen Weg er einschlagen soll.

„Armer Rob", sagte er, „wo ist er jetzt?" Daraufhin seufzte er erneut und schüttelte den Kopf. „Ich bezweifle", murmelte er, „dass sie ihn mitgenommen haben – denn er hat auf mein kurzes Pfeifen nicht geantwortet. Er hätte geantwortet, wenn er es gehört hätte, denn er hat es mir versprochen, und Rob ist nicht der Junge, der sein Wort bricht – oh nein, das würde man Rob nie verdächtigen", und er hielt herzzerreißend inne, als ob ihn die Emotionen völlig überwältigt hätten. Was Rob betraf, konnte er kaum verhindern, aufzuspringen und ihn an den Händen zu packen; aber er lag wie ein Stein da, völlig elend, und hasste das Papier und seine elenden Verdächtigungen.

„Außerdem", fuhr Muckle John energischer fort, „habe ich dem Jungen das Leben gerettet und bin froh, es getan zu haben. Oh, nein, nein; erzählen Sie mir nicht, dass Rob das Pfeifen gehört hat und seinen Hals in die Schlinge gesteckt hat, aus der ich ihn herausgeholt habe. Armer Rob", sagte er wieder, „ich bezweifle, dass er inzwischen am Boden liegt."

Dann bewegte er sich ein wenig und begann, seinen Mantel zuzuknöpfen.

„Ich muss Rob retten", sagte er in einem sehr entschlossenen Ton, und dabei berührte der Junge ihn sanft am Mantel.

„Viel John", flüsterte er.

Der Mann neben ihm zuckte heftig zusammen und wäre beinahe vom Baumstamm gefallen, so groß schien sein Erstaunen zu sein. Doch mit einer Anstrengung, sich zu erholen, stieß er Rob zurück.

„Runter", flüsterte er auf Gälisch, „runter, wenn es um dein Leben geht", und er begann sich zu strecken, als sei er eingeschlafen. „Rob", murmelte er schließlich, „ich hoffe, du hast mein Geschwätz nicht gehört."

„Ich fürchte, das habe ich", antwortete Rob.

„Na, na, es ist nicht schlimm, wenn nichts Böses gesagt wurde. Aber es hat mich verletzt, das wisst Ihr, dass Ihr nicht auf mein Pfeifen gehört habt. Sprich leise, Rob, denn seit einer halben Stunde steht ein Mann hinter jenem Heidebüschel."

„Ich hatte Angst", sagte Rob, „Ephraim Macaulay wurde freigelassen und oh – Muckle John, ich …"

„Niemand hat mich verdächtigt, oder?", keuchte er.

„Ich wurde gefürchtet, seht ihr, und …"

Aber Muckle John schüttelte den Kopf und verfiel in einen Monolog in Lowland Scots.

„Oh, Rob, Rob", sagte er, „das ist keine angenehme Anhörung. Es macht die Sache schwierig. Ich habe vor, dich zu verlassen, Rob, obwohl ich davor zurückscheue, das zu tun, denn das Land ist voller Spione und Sic ' So, und in diesem Augenblick sind da Männer, deren Augen fest auf diesen Punkt geklebt sind, und alle sehnen sich nur nach der Morgendämmerung. Es ist ein gefährlicher Trick, den du betreibst, Rob, und einer, gegen den Culloden war so behaglich wie fangende Kaninchen", und er seufzte erneut, während sein Blick auf den See gerichtet war.

„Rob", brach er plötzlich aus, „es ist genug, dass ich vor Scham sterbe, wenn ich es sage, aber du denkst, ich habe Macaulay verloren. Dann komm, Rob, und folge mir, und ich schwöre bei dem nackten Dolch, dass ich" „Ich werde es euch Macaulay zeigen", und als er durch das Unterholz glitt, winkte er zu sich zurück. Auf diese Weise nutzten sie jede noch so kleine Deckung aus und erreichten den Wald, wo vor der Morgendämmerung der Nebel aufstieg.

An diesem Punkt bewegte sich Muckle John sehr vorsichtig auf Händen und Füßen, und Rob staunte über einen so großen Mann, der sich so sanft wie eine Katze bewegte. Plötzlich ließ er sich jedoch auf den Bauch fallen und wedelte warnend mit dem Fuß. Denn unmittelbar rechts von ihnen erklangen Männerstimmen in gemurmeltem Gälisch hinter einem Felsen.

„Er kann das Ufer nicht verlassen haben, Angus", sagte einer, „denn Neil beobachtet den Brae und wir werden ihn bei Sonnenaufgang erreichen. Außerdem ist er nur ein Junge."

„Da ist ein großartiger Mann bei ihm, Donald; wer wird er sein?"

„Ich weiß es nicht genau, Angus, aber es scheint, dass er das Heidekraut so sehr geliebt hat wie viele andere hübsche Kerle, obwohl er aussah wie jemand, den ihr kennt, dessen Namen ich nicht erwähnen werde. Wer auch immer er ist – er wird sich nicht einmischen." mit uns, Angus.

„Aber wo kann der Captain hingekommen sein? Er hat Archie Cameron beobachtet und dann ist er verschwunden, und Cameron auch."

Mit einem Blick zurück blickte Muckle John weiter, und Rob und er gelangten ins Herz des Waldes und hinauf zu der hohlen Stelle, wo Macaulay verschwunden war. Dort richtete sich Muckle John auf, schob das Farnkraut am unteren Ende der Mulde beiseite und winkte Rob.

„Da", sagte er, „ist Ihr Gefangener", und tatsächlich lag dort die gefesselte und schweigende Gestalt von Ephraim Macaulay.

„Aber wie ist er hierher gekommen?" fragte Rob. „Er hätte nicht rollen können."

„Rob", antwortete Muckle John, „ich werde offener zu dir sein, als du es zu mir warst. Ich habe ihn selbst hierher gebracht."

"Du?"

„Und wer sonst? Aber lass das sein. Ich habe das Gefühl, dass wir uns beeilen müssen", und er begann, die Fesseln um die Hände des Gefangenen zu lösen.

Rob beobachtete ihn wortlos, zu perplex, um etwas zu sagen.

„Muckle John", flüsterte er schließlich, „konnten wir seine Kleidung nicht gebrauchen?"

„Tuts", antwortete er, „es ist offensichtlich, dass du vom Culloden-Tag sehr beeindruckt warst; aber ich würde es verachten, einen alten Trick wie diesen zweimal in einer Woche anzuwenden. Es gibt Leute, Rob, die sagen würden, dass Muckle John nicht da ist." was er war", und er drehte sich wieder zu Macaulay und ließ seine Füße los. Aber den Knebel ließ er in seinem Mund und entfernte nur den Verband von seinen Augen. „Nun, Sir", fuhr er fort und wandte sich mit leiser Stimme an Macaulay, „ich habe hier einen Dolch, der seine Arbeit heimlich und doch mit Entschlossenheit verrichtet. Verstehen Sie, was ich meine? Ich habe auch eine geladene Pistole in meiner Tasche, und ich ich schmeichele mir, dass Sie mit meiner Treffsicherheit vertraut sind. Bevor wir zu unserem Ausflug aufbrechen, möchte ich Ihnen nur ein paar Fragen stellen, und ich nehme an, dass wir hier umzingelt sind.

In der Dunkelheit war gerade noch ein heftiges Nicken zu erkennen.

„Vielen Dank. In welchem Viertel sind Ihre Leute versammelt? Zeigen Sie mit der Hand."

Nach kurzem Zögern zeigte der Gefangene nach Westen.

„Schläglich gemacht, Herr, ich wusste, dass ich darauf vertrauen kann, dass Sie lügen. Also werden wir nach links gehen, nur um Sie zu ärgern. Gehen Sie jetzt zwischen uns hindurch, und denken Sie daran, mein Dolch juckt danach, Ihnen in die Rippen zu stechen. Wenn wir herausgefordert werden Sag, es sind nur zwei deiner Freunde, und beim ersten Wort des Verrats werde ich dich wie ein Schwein festnageln. Mit dieser Vorsicht zog er Macaulay den Knebel aus dem Mund.

„Hör zu, Rob", fuhr er leise fort. „Hier gibt es eine Menge Männer, und sie haben es auf etwas abgesehen, das Ihnen nicht unbekannt ist. Sollten wir durchkommen, wird es für uns keine Ruhe geben, bis wir das Cameron-Land weit hinter uns gelassen haben – aber ich bezweifle die Dauer." und die Breite der Highlands wird kaum groß genug sein.

Dies alles sagte er mit sehr ernster Stimme, dann nahm er Macaulay am Arm und führte ihn mit Rob auf der anderen Seite zum Hügel.

Die Morgendämmerung war nahe und der treibende Nebel legte sich kalt wie Eis auf ihre Gesichter. Unten konnten sie den kalten Glanz des Sees sehen und die wilden Vögel im Schilf schreien hören. Nach einer vollen Viertelmeile blieb Muckle John stehen.

„Jetzt, Rob", sagte er, „haben wir ihre Wächterreihe erreicht. Wenn wir den Brae hinaufgehen, werden wir von vielen unsichtbaren Augen gescannt. Du kannst nicht sprechen, aber nicke mir zu, wenn ich dich anspreche, und nimm' die obere Seite, denn du bist nicht weit von der Waur entfernt, um sie ein wenig zu erhöhen", und damit verließen sie den Schutz der Bäume. Im trüben, grauen Licht wirkte der Hügel sehr fahl und trostlos. Ein Whaup weinte traurig über einem einsamen Hügelwasserbecken. Wie ein Schatten glitt ein Fuchshund auf dem Heimweg über den Weg und wurde von den Felsen verschlungen.

Kein anderer Ton drang an ihre Ohren.

Plötzlich sprang aus dem Heidekraut zu ihren Füßen ein Mann auf – ein untersetzter, rothaariger Kerl mit einem nackten Dolch in der Hand. Etwas in Macaulays düsterem Gesicht schien seinen Verdacht geweckt zu haben.

"Wer bist du?" er weinte auf Gälisch.

„Antworte ihm", knurrte Muckle John in Macaulays Ohr, aber bevor er ein Wort sagen konnte, hatte der Highlander Robs Gesicht gescannt und mit einem schrillen Warnschrei sprang er rückwärts ins Heidekraut. Es war sein letztes sterbliches Wort. Mit einem Pfiff aus fliegendem Stahl befreite Muckle John sein Wurfmesser, schwang es aus der Scheide und stieß die Klinge bis zum Heft hinein.

Mit einem schrecklichen Schrei glitt der Mann rückwärts und hustete, und Rob wurde schlecht, als er sah, wie er sich im Heidekraut krümmte. Durch den Nebel kamen ein halbes Dutzend Gestalten auf sie zugerannt. Es war keine Zeit zu verlieren. Muckle John löste hastig sein Schwert, warf dem Schulmeister seinen Mantel um den Kopf, schleuderte ihn den Hügel hinunter und zerrte Rob mit einer Hand auf dem Mund auf die Knie.

Das Klappern von Macaulays fliegender Gestalt und seine gedämpften Schreie zogen die Neuankömmlinge an der Stelle vorbei, an der sie lagen, und dann sprang Muckle John auf und rannte in die entgegengesetzte Richtung ins Herz des wirbelnden Nebels. Es herrschte eine kurze Stille, und dann ertönte aus weiter Ferne ein schriller Schrei, der immer wieder wiederholt wurde, bis jeder Fels von Stimmen erfüllt schien und das schwache Leuchten der aufgehenden Sonne ihre Flucht unmöglich erscheinen ließ.

„Sie haben ihn gefunden", rief Muckle John und kletterte mit Rob auf den Fersen in großem Tempo den Hügel hinauf, „also heißt es: Spar dir den Atem und folge mir."

Auf diesem Teil des Hügels gab es wenig Deckung, und an den hektischen Rufen, die von unten aufstiegen, konnte man erkennen, dass ihre Verfolger gesehen hatten, wie sie eine offene Fläche überquerten.

„Schneller, Rob!" rief Muckle John und rannte wie ein Hase davon, den Kopf unter die Schultern gesenkt.

Als sie schließlich eine Masse aus Felsen und losen Steinen erreicht hatten, ließ er sich hinter den ersten fallen und wich dem oberen Teil des Abhangs entlang zurück, während Rob hinter ihm herkletterte. Sie blieben einen Moment stehen, etwa fünfhundert Meter höher als der Weg, den sie ein paar Minuten zuvor passiert hatten, und Muckle John spähte um einen Felsbrocken herum und suchte den nebligen Hang darunter ab.

„Seht", sagte er schließlich. Tief unter ihm, als er seinen Kopf nach vorn streckte, sah Rob viele Gestalten, die sich wie Punkte zwischen den Heidekräutern bewegten. Vor allen kam Ephraim Macaulay und winkte ihnen zu; dann, in einem groben Halbmond, zogen etwa dreißig zerlumpte Hochländer heran, struppige, bärtige, wild aussehende Caterans, die wie Hunde auf dem Pfad herumrannten.

„Gebrochene Männer", sagte Muckle John grimmig und beobachtete sie so scharf wie ein Fuchs die Hunde. „Cameron, Schurken und namenloses Vieh. Wären wir doch aus diesem Land."

Die Sonne ging über dem Tal auf, und selbst in dieser Stunde tödlicher Gefahr musste Rob das goldene Licht auf dem blauen See und das frische Grün der Quelle in den Bäumen weit unten bewundern.

Ihre Verfolger hatten nun den Punkt erreicht, an dem sie den Hügel entlang zurückgegangen waren, und hier wurden sie losgeschickt, um die Felsen abzusuchen, den anderen Hang auszuspähen und eine genauere Suche durchzuführen.

"Das war der letzte Schuss, Rob", flüsterte Muckle John, der über seine Klugheit glühte; "aber ich muss zugeben, dass mir die Lage nicht gefällt. Sie wollen dich unbedingt in die Finger kriegen, Rob, und das ist die Wahrheit. Ich denke, das müssen großartige Informationen sein, die du bei dir hast, aber ich bin nicht der Mann, um irgendjemanden zu befragen, was ihn selbst betrifft." Kopfschüttelnd beobachtete er wieder die Bewegungen ihrer Verfolger.

„Ich wünschte, ich könnte es dir sagen, Muckle John", antwortete Rob unglücklich.

„Ach", sagte er mit großer Gleichgültigkeit, „ich habe dich nur verarscht. Vielleicht nur, weil du mit Archie Cameron gesehen wurdest. Er ist im Moment keine gute Gesellschaft für die Leute."

„Er ist ein tapferer Gentleman, Muckle John."

„Oh, vielleicht; aber es gibt ja jemanden, der Geschichten gegen einen Mann erzählt. Einige sagen, er sei dem Prinzen treu, aber andere, deren Namen ich nicht kenne, werden Ihnen sagen, dass er ein Auge auf seine eigenen Angelegenheiten hat."

Rob hörte mit einer Röte der Empörung im Gesicht zu.

„Du tust ihm Unrecht", platzte es aus ihm heraus. „Der Prinz muss ihm für die Arbeit der letzten Nacht danken, und ich werde es Ihnen bestimmt mitteilen."

Er hielt abrupt inne, weil er fürchtete, er hätte zu viel gesagt. Aber Muckle John hatte es offenbar auf den Hang abgesehen.

„Sieh mal", sagte er, „sie kommen direkt auf uns zu. Nun, Rob, es wird knapp, und tu, was ich dir sage, ohne zu fragen, denn ich kenne dieses Land wie meine eigene Hand; und ich sage dir sofort, wenn wir vor Einbruch der Nacht nicht zwanzig Meilen auf der anderen Seite von ihnen sind, können wir uns genauso gut selbst die Kehle durchschneiden. Und, Rob, denk daran, dass sie hinter dir her sind, nicht hinter mir. Wenn du irgendetwas zur sicheren Aufbewahrung übergeben möchtest, nur für den Fall – das weißt du –" und er hielt inne und blickte über Robs Kopf hinweg.

„Das kann ich nicht", sagte Rob bestimmt.

„Dann folgt mir", war die einzige Antwort, die Muckle John gab, und sie rannten schnell schräg den Abhang hinauf, bis sie den Gipfel erreichten, wo Muckle John einen Moment lang zurückblickte. Die große Halbmondformation der aufsteigenden Highlander bewegte sich schnell nach oben.

„Das ist keine Rotkittel-Arbeit", keuchte er, „sondern Tartan gegen Tartan und Fuchsjagd auf Fuchs", und sie gingen auf der gegenüberliegenden Seite des Hügels entlang, gerade niedrig genug, um die Skyline zu verfehlen.

Wie es der Zufall wollte, war dieser Teil des Hügels sehr kahl und ohne Deckung, und bevor sie eine halbe Meile zurückgelegt hatten, warnte sie ein entfernter Ruf, dass sie gesehen wurden und dass die gesamte Streitmacht ihrer Verfolger nun auf ihrer Linie war Flug.

Rob sah, wie sich Muckle Johns Mund plötzlich zusammenzog, und jetzt war es kein Versteckspiel mehr, sondern ein Wettlauf um sein Leben. Das Tempo war schrecklich. Robs Lungen platzten vor Anstrengung, sodass rote Lichtblitze vor seinen Augen schwammen.

„Schneller!" rief Muckle John, „sie machen Fortschritte! Oh, schaffst du keinen Sprint, Rob – nur hundert Meter?"

Eine Weile kämpfte Rob weiter, stolpernd und keuchend, bis er schließlich mit dem Fuß in einem Büschel Heidekraut hängen blieb und schwer zu Boden fiel. Ohne ein Wort oder eine Pause drehte sich Muckle John, der etwa drei Meter vor ihm lag, schnell um, nahm ihn auf und setzte sein wildes Rennen auf die vor ihnen liegenden zerbrochenen Felsen fort.

Zweihundert Meter dahinter kamen die vordersten Highlander, die mit schussbereiten Claymores in Sprüngen über den Boden sprangen. Eine Minute später war Muckle John zwischen den Felsen hindurch, dann bog er nach rechts und links ab, raste auf einen monströsen Felsbrocken zu, kletterte hinauf und zog Rob darauf. Auf der Rückseite dieses Felsbrockens lag ein weiterer großer Stein, und mit Rob über der Schulter kletterte er hinauf und gelangte zu einer Spalte in der Seite des Abgrunds, der dem Hügel gegenüberlag.

Rob war vor Erschöpfung zu geblendet gewesen, um zu bemerken, dass vor ihnen scheinbar eine Sackgasse mit nackten Felsen auf allen Seiten lag, und wenn er das getan hätte, wäre ihm klar geworden, warum die Highlander ihre Schwerter gezückt hatten. Denn allem Anschein nach befanden sie sich in einer Todesfalle.

Aber Muckle John, der sich mit dem Ärmel seines Mantels die Stirn wischte, schien ganz zufrieden zu sein, und als er Rob auf die karge Felsspalte setzte, drehte er sich um und blickte auf die Szene unten hinunter. Seine Angreifer versammelten sich um den Felsen, auf den er gesprungen war, und überlegten, welchen Weg sie einschlagen sollten. Weit dahinter folgte die Hauptmacht und noch weiter entfernt Ephraim Macaulay.

„Rob", sagte Muckle John, „hast du schon Luft?"

Der Junge stöhnte als Antwort, rappelte sich aber auf.

"Nun", sagte Muckle John, "ich bin nicht der dumme Narr, für den Sie mich zweifellos halten - es gibt einen Weg diese Klippe hinauf, den nur ich und eine andere Person kennen. Sehen Sie diese Spalte? Sie verläuft fünfzig Meter schräg und bietet kaum Halt. Dort an der Ecke gibt es eine Lücke und einen kleinen Sprung von vielleicht zwei Fuß, aber nicht leicht, mit nur einem nackten Felsen und sechs Zoll zum Landen. Aber wanken Sie nicht und verlieren Sie nicht den Mut, denn es gibt kein Zurück und es ist der sichere Tod, hier zu bleiben. Klettern Sie danach gerade nach oben, aber lehnen Sie sich nach links, und wenn Sie einen kleinen Baumstumpf erreichen, warten Sie auf mich, denn dann wird es keine leichte Sache."

Einen Moment zögerte Rob, aber Muckle John stieß ihn sanft an die Schulter.

„Hier ist die Todesgefahr", sagte er erneut, „denn sie können umkehren und in zwei Stunden den Gipfel erreichen." Dann zog er in aller Ruhe sein Claymore, um den Felsen gegen einen Angriff zu verteidigen.

Rob wusste, dass er sich verirrt hätte, wenn er zögerte, also betrat er den schmalen Pfad, der an der glatten Felskante entlangführte, und kämpfte sich nach oben, ohne aus Angst, ihm könnte schwindelig werden, nach unten zu blicken. Dabei spürte er jeden Fußbreit der rutschigen Oberfläche.

Plötzlich herrschte Schweigen unter den Zuschauern unten, dann drang ein raues Stimmengewirr zu ihm durch, und einen Moment später krachte ein Stein knapp einen Meter von seinem Kopf entfernt auf den Felsen.

„Halt dich fest, Rob", rief Muckle John, „kümmer dich nicht um sie!", und er zog seine Pistole und feuerte, wobei er den Arm eines anderen Mannes zerschmetterte, der auf ihn zu zielen bereitstand.

Hätte einer von ihnen dort eine Muskete getragen, wäre Rob wie eine Krähe erschossen worden, doch wie Muckle John klug vermutete, besaß keiner dieser zerlumpten Bande mehr als kaltes Stahl, das allerdings bereitlag, falls der Junge straucheln und fallen sollte.

Doch er kroch weiter und erreichte die Stelle, wo der leere Platz war, und ohne Pause trat er hinüber, gewann sein Gleichgewicht zurück und verschwand um die Ecke. Daraufhin brach ein lautes Wutgeschrei aus, und plötzlich wurde auf den untersten Felsen gestürmt, auf den ein halbes Dutzend Männer kletterten und von dort bis auf drei Fuß an die Stelle herankamen, wo Muckle John stand und sie erwartete.

Daraufhin schwang er sich auf sie herab, schlug mit seinem Claymore um sich, räumte den Stein weg und stand da, während er mit großer Laune auf die Menge seiner Feinde blickte. Sie wichen mit knurrenden, düsteren Drohungen aus der Reichweite seines tödlichen Schwertes zurück, und so lehnte er sich mit dem Rücken gegen den Fels, zog seine Pfeife heraus, klemmte den Griff seines Claymores zwischen seine Beine und begann eine schottische Tirade.

Nun war die Geschichte dieser Melodie für die Männer unten besonders abscheulich, denn sie wurde zum Gedenken an eine große Clanschlacht geschrieben, in der die Menschen des Westens ihren Namen nicht mit Ruhm bedeckt hatten. Er spielte es mit grimmigem Vergnügen und gab ihm einen so lebhaften Takt, dass jede Note wie ein Spott und eine bittere Verspottung ihrer Verwandten und Verwandten wirkte.

Tatsächlich war er so vertieft in seine Melodie, dass er nicht bemerkte, wie ein Mann zu seiner Linken einen großen Stein aufhob und ihn wie einen Blitz auf ihn schleuderte. Darüber hinaus zielte es mit einem tödlichen Zweck, denn es erfasste den Tonhammer der Klinge und ließ ihn über die Kante auf die Erde darunter wirbeln.

Mit einem Schrei sprang Muckle John auf die Spalte zu. Die Männer unten stürmten mit wildem Geschrei wie hungrige Wölfe auf den Ort zu, den er verlassen hatte.

Und dann zog er seine Pistole und seinen Dolch, fiel auf die Knie wie eine Wildkatze, die ihr Versteck mit Zähnen und Klauen verteidigt, und schleuderte den ersten Mann mit einer Kugel im Gehirn nach hinten.

„Lochaber-Schwein", spottete er, „es braucht einen Dolch, um dich zum Quietschen zu bringen."

„Mann ohne Tartan", schrien sie auf Gälisch, „Landloser – Namenloser …"

„Kein Name ist besser als ein Lochaber-Name", rief er lachend und trieb sie zum dritten Mal zurück.

Aber seine Lage war verzweifelt, denn die langen Klingen seiner Angreifer konnten ihn erreichen, bevor er nachladen konnte, und sein Dolch war außer im Nahkampf nutzlos.

Nun befand sich neben ihm ein schroffer Felsbrocken mit einem Durchmesser von etwa einem Meter, und kaum hatte er seinen Blick darauf gestützt, schlang er seine langen Arme um ihn und schob ihn bis zum Rand, während er ihn nach wenigen Augenblicken über die höhnenden Gesichter hinwegwälzte Er stand auf eigenen Beinen und ohne auf die Panik zu achten, die das verursachte, sprang er auf die schmale Spalte und begann, die Straße entlangzugehen, die Rob zuvor gegangen war.

Aber jetzt war alles ganz anders. Unter ihm hielten ein Dutzend Männer Steine in der Hand – hinter ihm stiegen diejenigen, die den Mut hatten, bereits auf den toten Felsen, um ihm zu folgen.

Trotz alledem war ein spöttisches Funkeln in Muckle Johns Augen zu sehen, und er pfiff einen Takt der Melodie, die er gespielt hatte, und erreichte so, stetig weitergehend, den leeren Raum. Es war dieser kritische Moment, den sie für ihre Steinsalve ausgewählt hatten, und in der Tat wäre es schlecht für jeden gewesen, der in einem solchen Moment aus dem Gleichgewicht geraten wäre.

Aber dieser Muckle John wusste genauso viel wie sie, und aus den Augenwinkeln hatte er ihren Plan bis ins kleinste Detail durchschaut. Er machte also einen Schritt vorwärts und dann einen sehr schnellen Rückwärtssprung, was nur wenige tun konnten, wenn nicht genug Platz war, um mit den Füßen Knöchel an Knöchel zu stehen. Und als die Steine auf der Felswand klapperten und nicht auf seinen eigenen, überquerte er ganz gelassen den Weg und ging weiter.

Dieser Plan scheiterte, und sie zielten wahllos auf ihn, und der dumpfe Schlag auf seine Seite und Beine erreichte Rob oben. Bald schnitt ihm ein Stein ins Gesicht, und er musste sich das Blut aus den Augen wischen, um seinen Weg zu sehen, was ihn aufhielt und seine Verfolger (die wenigen, die es wagten) näher brachte.

Aber er kroch trotzdem weiter, erreichte schließlich Rob und stützte sich an dem kleinen, abgebrochenen Baum ab.

„Oh, Rob, Rob", keuchte er, „ich hätte fast alles vermasselt. Folge mir, denn sie werden in einer Minute um die Ecke biegen. Lass uns erst einmal wieder oben sein, Rob, und es gibt kein Zurück mehr", und er blickte mit einem bedeutungsvollen Lächeln auf die Köpfe ihrer Verfolger hinab.

Die letzten fünf Meter waren genauso gefährlich wie der Rest, und mehr als einmal hatte Rob den Eindruck, verloren zu sein. Aber jedes Mal stützte ihn Muckle John, scherzte und pfiff ein Stückchen Melodie.

Schließlich gelangten sie auf ebenen Boden und blieben mit blutenden Fingern und Knien liegen, ohne jede Kraft.

Einige Minuten vergingen, und von unten war das leise Schlurfen von Schritten zu hören. Mit einem Stöhnen rappelte sich Rob auf und spähte hinüber. Ein schrecklicher Anblick bot sich ihm. Ungefähr zwanzig Meter tiefer, wo ein Mann gezwungen war, auf die Schultern des anderen zu klettern, hatte der Halt versagt, und nach einem kurzen, flatternden Griff nach dem dünnen Gras, das hier und da fleckig wuchs, erklang ein trauriger Schrei, und die beiden erklangen Körper rutschten und taumelten und verschwanden außer Sichtweite.

„Sie sind getötet!" rief Rob.

Muckle John stand steif auf.

„Ich sagte, es gäbe nur zwei, die den Weg kannten", antwortete er, „und einer ist ich selbst", und er streckte sich und begann, den Hang des Hügels hinaufzugehen.

„Komm, Rob", sagte er über seine Schulter, „sie werden jetzt hinter uns her sein, aber wir haben zwei Stunden Vorsprung, was sich, um die Engländer zu retten, als ausreichend erweisen sollte."

Dann blieb er ganz plötzlich stehen und starrte stirnrunzelnd auf das Tal unten. Er zog Rob nach vorne, zeigte nach unten und sagte kein Wort.

Und Rob sagte auch nichts; es gab nichts zu sagen.

Überall im Tal und in den Hügeln dahinter standen verstreut winzige weiße Zelte, und kleine Gestalten in roten Mänteln bewegten sich wie Ameisen auf einem offenen Platz im Heidekraut hin und her, während die Sonne schien und auf weißen Stahlstreifen glitzerte.

KAPITEL IX

DIE WENDE DER WAAGE

„Rob", sagte Muckle John, „das ist eine schöne Sache, denn hier sind wir mit dem wilden Cameron-Land und Arkaig sicher hinter uns und nur ein paar Schritte von Glengarrys Land entfernt, um das wir die letzten vier Stunden gekämpft haben." und mehr."

Südöstlich davon erstreckten sich einsam Glen-Pean und Glen-Kingie. Doch zwischen ihnen und einigermaßen sicherer Lage lagen die schlafenden englischen Zelte, und jeden Augenblick näherten sich ihnen die Camerons und Macaulay. Muckle John schüttelte düster den Kopf. „Wir können nicht zurück, Rob, und wir können nicht vorwärts – zumindest nicht bis zum Einbruch der Dunkelheit, und dann droht uns eine Kugel."

Er lag auf dem Boden, kaute ein Stück Gras und betrachtete stirnrunzelnd die englischen Zelte.

„Wir sind so gut wie verloren", sagte Rob hoffnungslos.

„Mann Rob", antwortete Muckle John grimmig, „du besitzt ein seltenes Urteilsvermögen."

Mit einem Seufzer ließ Rob ihn in Ruhe und begann, über seine eigene verzweifelte Lage nachzudenken. Zweimal in den letzten zwölf Stunden war er kurz davor gewesen, das Papier zu vernichten, und jedes Mal war er dankbar, dass er gewartet hatte. Aber jetzt waren sie so gut wie verloren. Entweder von den Engländern oder von Macaulay gefangen genommen, waren sie zu einem schnellen Tod verdammt, und die Depesche würde sich für beide als eine große Schatzgrube erweisen – die Karte, die den Weg zu Prinz Charlies Gold zeigen würde, mit dem er zehntausend Mann für seine Standarte kaufen könnte. Zumindest sah Rob das so, und manche würden sagen, dass etwas Wahres an seiner Überzeugung war.

Der Gedanke, dass das Geld in solche Hände fallen könnte, war es, der ihn dazu veranlasste, die Karte zu vernichten. Er warf einen verstohlenen Blick auf Muckle John, doch sein Blick war unverwandt auf das Leere gerichtet. Dann schlich er sich davon, lehnte sich mit dem Rücken an einen Felsen und zog den Umschlag vorsichtig aus der Seite seines Akzents, wo er ihn versteckt hatte.

Es wurde versiegelt und an den Prinzen adressiert. Rob hatte jedoch kaum Zeit, einen Blick darauf zu werfen, als ein warnender Ruf von Muckle John ihn dazu brachte, auf die Füße zu springen, das Papier noch in der Hand.

„Siehst du, Rob“, rief er, beäugte aber aufmerksam das Stück Papier, „hier kommt Macaulay aus dem Westen, also müssen wir uns sofort entscheiden. Ein letztes Mal , hae ihr alles, was ich in die Hand nehmen kann.“ , denn nach dir werden sie suchen, nicht nach mir.

Rob spürte, wie er schwächer wurde, aber sein Versprechen an Cameron hielt ihn erneut zurück.

„Nein“, schrie er und tat so, als wollte er das Papier in zwei Teile zerreißen.

„Du verdammter Idiot!“ schrie Muckle John und stürzte sich auf seine Hände.

Rob sprang schnell alarmiert zur Seite, und der große Mann stolperte und zappelte über den Boden. Was sollte er tun? Doch plötzlich blieb er stehen. Warum sollte er an Muckle John zweifeln?

„Ich habe Ihren Rat befolgt“, sagte er und zeigte den Zettel in seiner Hand.

„Es ist nur das, was vernünftig erscheint“, antwortete Muckle John. „Jetzt legen Sie es beiseite, denn es geht um Hals oder nichts, Rob.“

„Hast du einen Plan?“ fragte der Junge, den Blick auf die weißen Zelte gerichtet und sein Herz in einem traurigen Zustand der Angst.

„Eine Art Plan“, antwortete er und rannte los, um die Engländer zu belohnen.

Wortlos folgte Rob ihm. Es blieb keine Zeit, einen solchen Kurs in Frage zu stellen, und Macaulay war bereits nur noch eine Meile von ihnen entfernt. Aber als er sie auf dem Weg zu den Zelten in der Schlucht unten sah, hielt er inne, so gut er konnte, denn der Anblick zweier jakobitischer Rebellen, die auf ein englisches Lager zueilten, war schon fesselnd genug.

Die Highlander bei ihm, die keine nähere Bekanntschaft mit rotgekleideten Soldaten machen wollten, verlangsamten ebenfalls ihre Schritte und wurden, als sie unter die Himmelslinie sanken, im Heidekraut unsichtbar.

Muckle John und hinter ihm liefen weiter, bis ein englischer Wachposten seine Muskete hob und ihnen zurief, sie sollten anhalten. Der Junge warf einen besorgten Blick auf das Gesicht seines Begleiters. Aber er sammelte dort nichts. Es gab sicherlich keine Anzeichen von Angst.

"Wer geht dahin?" rief der Wachposten.

Ganz leise steckte Muckle John eine Hand in die Tasche seines Mantels.

„Hier ist mein Pass“, antwortete er, „und das ist mein Reiseführer. Ich bin Captain Strange, mit Sonderdienst im Westen“, und er überreichte dem

Mann ein Dokument, der es langsam las und dann salutierend aufstand stramm, bis sie vorbei waren.

Als sie jedoch etwa zwanzig Meter entfernt waren, sprach Muckle John mit leiser Stimme zu Rob.

„Schauen Sie den Hügel hinauf", sagte er, „und sagen Sie mir, ob Macaulay herunterkommt."

Aber es war niemand zu sehen, und als Muckle John das erfuhr, seufzte er tief, als sei er überaus erleichtert.

Sie näherten sich den Zelten und gingen weiter, als ein Offizier aufstand und sie anhielt.

"Wer bist du?" fragte er: „Und was ist das für eine Highland-Wildkatze?" Er zeigte mit der Spitze seines Schwertes auf Rob.

„Ich bin Captain Strange", sagte Muckle John.

„Seltsam", wiederholte der Mann, der ein gut gelauntes Kerlchen zu sein schien, dem es zu langweilig wurde, in den Bergen zu sitzen. „Oh ja, ich kenne Sie mit Namen, und ich bin Captain Campbell, zu Ihren Diensten. Kommen Sie und machen Sie es sich drinnen gemütlich", und er machte sich daran, sein Zelt zu betreten.

Muckle John folgte ihm nach kurzem Zögern, doch zuerst warf er einen schnellen, weiten Blick über die Schulter auf den Hügel.

Dann setzte er sich hinein und begann ein Gespräch, während Rob außerhalb des Zelts wartete und den Soldaten zusah, die auf ihren Posten standen oder im Heidekraut auf und ab marschierten.

Die ganze Zeit über befiel ihn eine seltsame Vorahnung von Angst, die durch den stillen Tag nur noch verstärkt wurde.

„Ich nehme an, Sie waren in Culloden", sagte Captain Campbell. „Das muss eine ziemlich armselige Angelegenheit gewesen sein."

"Nicht so arm", sagte Muckle John. "Wo es hungernde Männer und streitende Häuptlinge gibt, rechnet man nicht mit viel Widerstand, aber sie haben zwei Linien durchbrochen, Sir."

„Haben sie das? Es ist offensichtlich, dass die Männer aus Argyll keine herausragende Stellung innehatten."

„Nein", antwortete Muckle John trocken, „die Campbells waren damit beschäftigt, Mauern niederzureißen."

Der andere musterte ihn unsicher. Er spürte den Schmerz in seinen Worten.

„Wenn die Angelegenheit dem Herzog überlassen worden wäre", sagte er, „hätte es keine Forderung nach Abgaben aus den Niederlanden gegeben."

„Wenn es nach dem Herzog gegangen wäre", antwortete Muckle John, „hätte jeder Clan im Norden Argyll verwüstet."

„Sie sprechen seltsam, Sir – ich nehme an, Sie wollen den Clan Campbell nicht beleidigen?"

„Ich", wiederholte Muckle John, „was habe ich gegen sie? Ich bin ein Tiefländer, wie mein Name schon sagt; wir können nicht alle jenseits der Highland-Grenze geboren werden."

„Na ja, Captain Strange, es gibt Schläger auf beiden Seiten. Ich nehme an, Sie sind den Rebellenführern auf der Spur?"

„Und wen sonst? Aber ich würde genauso bewusst Füchse in Badenoch fangen; sie verschwinden wie Torfgestank in einer Sommernacht."

Kapitän Campbell nickte, holte eine Depesche aus seiner Tasche und rückte seinen Stuhl ein Stück näher.

„Sie kommen zu einem günstigen Zeitpunkt", sagte er, „denn hier ist eine Depesche, in der Ihr Name erscheint und bestimmte geheime Informationen zur Übermittlung an Sie enthalten sind."

„In der Tat, Sir", sagte Muckle John mit aller Aufmerksamkeit.

„Dem Herzog von Cumberland ist bekannt geworden, dass sich bestimmte Rebellen an der Küste von Arkaig verstecken, darunter Lord Lovat, der aus Gortuleg House in diese Richtung geflohen ist. Zwei Tage nach Culloden umzingelte eine Gruppe Dragoner letzteren Aber er war mit seinen Papieren weg und sollte sich der Gefangennahme nicht lange entziehen. Wenn Lovat gefangen genommen wird, wird er sich sicher sein . Solange Lovat lebt, wird er zum Widerstand raten, und das kann einen monatelangen Dienst in den Bergen bedeuten."

„Sind noch andere erwähnt?"

„Es heißt, dass an einem Ort in der Nähe von Arkaig französisches Gold gelandet wurde, und hier ist ein Haftbefehl für zwei Rebellen, die davon Kenntnis haben – einer ist ein Junge, Rob Fraser mit Namen, der das Versteck von kennt Lord Lovat, und der andere ist – wer, glauben Sie?"

„Wer eigentlich, Sir? Lochiel – Cluny …?"

„Nein, nein, wer außer Muckle John, dem Gefährlichsten von allen, wenn Unheil im Gange ist."

„Viel John? Aber ist er nicht im Ausland?"

„Im Ausland – wer hat je von ihm im Ausland gehört, wenn es daheim jemanden zum Kopfschütteln gibt? Man sagt, er wird in den Niederlanden wegen einer Anklage gesucht."

„Ein gefährlicher Kerl", sagte Muckle John streng, „und doch hat der Mann eine besondere Qualität – ein Zugvogel, Captain Campbell, und ein hübscher Spieler auf der Chanter."

„Eher ein Galgenvogel als irgendein anderer. Er wird eine ziemlich dünne Melodie pfeifen, wenn der Herzog mit ihm fertig ist. Er legt großen Wert auf seine Beute, das kann ich Ihnen sagen. Er kann eine Geschichte erzählen, Captain Strange, die es wert ist, angehört zu werden, da bin ich sicher. Er und dieser Junge, Rob Fraser, sind in Gesellschaft, ein so verzweifeltes Paar wie kein anderes, das heute im Heidekraut herumschleicht."

„Ich nehme an, man kann nicht sagen, wo sie liegen?"

Der andere zwinkerte dabei sehr verschmitzt.

„Das Netz zieht sich zu", sagte er, „und wenn der Junge erst einmal gefangen ist, besteht nur eine geringe Chance, dass der andere freikommt."

In der Zwischenzeit war Rob draußen und wünschte, dass Muckle John kommen würde. Vor ihnen war ein müder Landstreicher und er war bereits müde. Seine Augen schlossen sich für einen Moment – dann öffneten sie sich und schlossen sich wieder. Er dachte an seinen Vater und daran, wie es Lord Lovat ergangen war, und schlief bei diesem Gedanken ein.

Sein Erwachen war unsanft genug, denn bevor er die Augen öffnen konnte, wurden ihm die Arme auf den Rücken gehalten und er wurde unsanft auf die Füße gezogen. Der Offizier, der nicht mehr gut gelaunt war, stand ihm gegenüber, während ein halbes Dutzend Rotröcke ihn von jeder Fluchtmöglichkeit abhielten.

Und vor ihm stand Ephraim Macaulay.

„Wer von euch ist Captain Strange?" rief Kapitän Campbell, ganz rot im Gesicht, und blickte zurück zu seinem Zelt, als warte er auf eine empörte Antwort von drinnen.

„Ich bin Captain Strange", antwortete Macaulay steif.

„Wo sind dann deine Papiere?"

„Sie wurden von dem Mann gestohlen, der mit seinem Jungen kam, der vor deinem Zelt schlief."

„Seien Sie vorsichtig mit Ihren Worten, Sir. Woher soll ich wissen, dass Sie das sind, was Sie sagen?“

„Vielleicht haben Sie sich nicht die Mühe gemacht, die Angaben im Pass zu lesen?“

„Nein, Sir, ich gebe zu, das habe ich nicht getan.“

„Dann hätten Sie gemerkt, dass ich nicht etwa 1,88 m groß bin und auch nicht mit einem berüchtigten Rebellen wie dem Jungen dort reise. Und dass ich auch nicht Muckle John heiße.“

„MUCKLE JOHN!“, rief der Offizier, „wenn das, was Sie sagen, wahr ist“, rief er, brach ab, rannte auf das Zelt zu, spähte hinein, teilte die Falten und verschwand ganz. Aber einen Augenblick später raste er wie ein Wahnsinniger im Lager umher.

„Er ist abgehauen!“, rief er. „Blasen Sie dort das Horn und suchen Sie die Berge ab!“ Dann stürzte er sich wieder in sein Zelt und tauchte mit seinem Hut in der Hand wieder auf.

Denn Muckle John hatte sich verabschiedet und hinterließ nur ein hübsches Loch in der Zeltplane, auf der Seite, die am weitesten vom echten Kapitän Strange entfernt war, dessen Ruf als Geheimagent im englischen Dienst keine Garantie für seine zukünftige Sicherheit darstellte. Die Soldaten suchten lange, aber von Muckle John war keine Spur zu sehen, und niemand hatte ihn gehen sehen.

Für Rob war das jedoch kein Trost, denn an Händen und Füßen gefesselt und von zwei Soldaten bewacht verbrachte er eine elende Nacht, und als der Morgen kam, wurde er zwischen eine Reihe Soldaten gesetzt, und der Marsch zum Fort Augustus begann, wo er sich befand Gerüchten zufolge würde der Herzog von Cumberland an diesem Tag eintreffen.

Erst gegen Mittag wurden seine Hände losgelassen, und dann suchte er sehr vorsichtig nach dem kostbaren Papier, wohl wissend, dass die Zeit für seine Zerstörung gekommen war.

Seine Finger fuhren vorsichtig über die Seite seines Brogues. Er tat dies auf der Seite liegend und die Beine unter seinem Kilt versteckt.

Aber alles umsonst, denn das Papier war weg .

KAPITEL X

DAS LETZTE FLICKEN

Es ist ein Fehler anzunehmen, dass die Jakobiten bereit waren, jede Hoffnung auf Widerstand aufzugeben, ohne ein letztes Mal um Bedingungen, wenn nicht um den Sieg, zu kämpfen. Culloden war verloren, aber ein großer Teil der Clans war nicht rechtzeitig eingetroffen, um sich an der Schlacht zu beteiligen. Eine schändliche Flucht bedeutete den völligen Ruin der Häuptlinge und die uneingeschränkte Unterwerfung unter die Regierung, wohingegen ein Stand in den Hügeln hervorragend für die Kriegsführung im Hochland geeignet war. Kavallerie war in rauem Gelände nutzlos und die Soldaten des Südens waren leicht auszutricksen und zu verwirren.

Hätte Prinz Charles beim Debakel von Culloden nicht den Kopf verloren, wäre er vielleicht König der Highlands, wenn nicht sogar Schottlands selbst, geblieben.

Leider war die Stärke der jakobitischen Armee auch ihre größte Schwäche. Sie waren schnell mobilisiert und durch jahrhundertelange Feldkriegsführung ausgerüstet, waren aber auch nicht an einen längeren Feldzug gewöhnt. Der schnelle Kampf und der schnelle Rückzug, der nächtliche Überfall und die unermüdliche Verfolgung waren ihre Vorstellungen von Krieg. Sie kümmerten sich wenig um Recht oder Unrecht eines Streits, solange sie einen oder zwei Männer töten und mit ein paar Stück Vieh nach Hause zurückkehren konnten.

Aus diesem Grund war die Verzögerung und Verwirrung, die Culloden dicht auf den Fersen war, für die jakobitische Armee eine große Belastung. Sobald sie sich wieder auf den Heimweg gemacht hatten, konnte keine Macht der Welt die Clans aufhalten. Sie waren es leid, mit knapper Kost und geringem Sold zu kämpfen. Ein paar kurze Tage später waren die Kinder des Nebels in ihren eigenen Bergen versammelt und die Armee war in ein paar verstreute Überreste zerfallen, die auf einen Anführer warteten. An den Ufern von Arkaig fanden ein paar sinnlose Konferenzen statt, und dann folgte die unvermeidliche Zerstreuung.

Lord Lovat, in den die Häuptlinge noch immer ein gewisses Vertrauen setzten, wurde nach Muirlaggan gebracht, wo Lochiel, Glenbucket, Murray of Broughton und andere auf ihn warteten.

Sie erhoben sich, als er in ihre Mitte getragen wurde, bewegt von einer Art Ehrfurcht vor dem gebrechlichen Alter.

Murray von Broughton stand zitternd vor Krankheit und flackerte mit aufgeregten Augen da und klopfte mit den Fingern auf den groben Tisch. Er kannte Lovat von früher und hatte unter ihm gelitten; Lochiel, blass von seiner Wunde, sah eher aus wie ein Mann mit gebrochenem Herzen als mit Angst. Von allen jakobitischen Führern war er der größte Gentleman und einer, dessen Leben und Motive die reinsten waren.

Lord Lovat fühlte sich vollkommen wohl. Ohne zu fragen, nahm er das Kopfende der Tafel ein und musterte jedes Gesicht unter seinen struppigen Brauen, unbesiegt wie immer.

„Nun, meine Herren", sagte er, „ich nehme an, Sie haben den Culloden-Tag nicht als Ihren *Gnadenstoß akzeptiert* ?"

Lochiel schüttelte den Kopf.

„Nein, nein", sagte er ausdruckslos, „wir denken an unsere armen Leute", woraufhin Murray nickte und Lovats steinernem Blick auswich.

„Ich habe auch einen Clan", sagte der alte Mann düster, „das habe ich nie vergessen. Da ist auch mein Sohn."

Sie hatten die Höflichkeit, anzuerkennen, dass er ebenso tief in die Sache verwickelt war wie alle anderen.

„Es ist unsere Pflicht, zu verhindern, dass Cumberland rücksichtslose Rache an unserem Volk nimmt", fuhr er fort; „Anstatt sie der hannoverschen Justiz zu überlassen, sollten wir bereit sein, mit dem Schwert in der Hand zu sterben."

Murray aus Broughton bewegte sich unruhig.

„Ich fürchte, Eure Lordschaft weiß nicht, wie verstreut unsere Streitkräfte sind – der Prinz flieht um sein Leben – die Clans sind nicht bereit, erneut zu mobilisieren."

Sehr langsam hob Lovat sein Gesicht und starrte Murray an. Dann wandte er sich an Lochiel und sagte: „Ist das nicht wahr?" als hätte der Sekretär des Prinzen überhaupt nichts gesagt.

„Ich bin bereit, alles zu opfern, wenn wir Widerstand leisten können", antwortete der Häuptling der Camerons schlicht.

„Ich glaube, Eure Lordschaft hat nicht verstanden, was ich meine", unterbrach Murray nervös.

„Ich denke", korrigierte Lovat gelassen, „ich habe es gut verstanden."

„Eure Lordschaft verzeihen Sie, wenn ich mir eine Freiheit herausnehme", sagte Roy Stuart, „aber was können wir mehr tun, als wir in den letzten

Monaten getan haben? Uns wurde französische Hilfe versprochen – es ist
keine gekommen. Wir haben nach Franzosen gesucht." Gold – davon gab es
wenig. Die englischen Jakobiten lagen wie Ratten im Loch."

„Und wir – diejenigen von uns, die rennen können", erwiderte Lovat, „sind
wie Ratten ohne Loch. Es gibt Situationen, Mr. Stuart, in denen sogar Ratten
der Katze gegenübertreten – und sie ebenfalls in die Flucht schlagen
können."

„Der Prinz hat uns befohlen, uns zu zerstreuen", meckerte Murray in einem
Anflug von Nervosität und lauwarmer Wut.

„Der Prinz", bellte Lovat, „hat seinen letzten Befehl auf Culloden Moor
gegeben. Wir haben genug von Prinzen und Iren und großen französischen
Versprechungen; wir sind Männer, die alles zu verlieren und etwas zu
gewinnen haben. Vielleicht ist Ihnen Ihr Beruf, Mr. Murray, oder ist es Ihr
Lowland-Blut, unbekannt, wie weit die Verzweiflung einen Mann treiben
kann."

„Es macht Ihnen Freude, höhnisch zu grinsen, Sir", platzte es aus Murray
heraus.

„Ich hoffe", antwortete Lovat mit melancholischem Unterton, „dass Sie nie
die Gelegenheit haben werden, das Kompliment zu erwidern."

„Kommt, kommt", unterbrach Lochiel, „dies ist nicht die Zeit für Streit.
Wenn entschieden wird, dass wir die Clans aufhetzen, müssen wir uns
beeilen. Ich nehme an, wir sind uns darüber einig?"

Lovat nickte mit dem Kopf, bevor jemand etwas sagen konnte.

„Wenn wir nur ein paar tausend Männer auftreiben könnten", sagte er, „dann
würden wir dem Herzog zeigen, was Krieg im Hochland bedeuten kann.
Lasst uns in zehn Tagen wieder zusammenkommen, jeder mit seinem Volk.
Schickt die Vorladung raus, Lochiel. Lasst den Prinzen nach Frankreich
segeln, wenn er will – solange wir uns nicht gegenseitig verraten" (und dabei
sah er Murray scharf an), „sind wir so sicher wie Wildkatzen in Argyll."

Von seinen Mitmenschen erklang lautes Gemurmel der Zustimmung. Auch
diesmal hatte Lovat, wie immer, die Oberhand behalten. Er war gekommen,
ein alter, kranker Mann, der in seiner Sänfte hustete und einem Dutzend
Männer gegenüberstand, die vor Angst und Ratlosigkeit ganz zerfressen
waren. In nur einer Stunde hatte er sie an der Ferse. Mit einem Körper, der
so gesund war wie sein Geist, hätte er die Highlands selbst erobern können.

Dennoch musste Murray of Broughton, diese knarrende Tür, sein Wort
halten. Es war mehr seine Geisteshaltung als irgendein wirkliches Übel in
dem Mann. Er war die Seele der Methode und so präzise wie der Lord

President selbst. Vielleicht verdächtigte er Lovat, so wie Lovat ihn in aller Aufrichtigkeit verdächtigte. Vielleicht wurde er von der Vernunft, die er besaß, beeinflusst. Es kann sein, dass er voraussah, was angeordnet wurde, und Lovat als das erkannte, was er war.

„Mylord", sagte er zögernd, „ich habe hier wenig Einfluss. Ich muss auf keine Leute Rücksicht nehmen. Ich bin kein Soldat, sondern nur ein Geschäftsmann, der versucht hat, der Sache zu dienen."

Sie warteten, während Lovat ihn beobachtete, wie eine Schlange ein Kaninchen beobachtet.

„Angenommen, Mylord, dass die Clans zum Wiederaufstand überredet werden, welche Art von Feldzug können Sie dann weiterführen? Wo können Sie Ihre Vorräte, Ihre Munition oder Geld für die Bezahlung unserer Truppen erhalten? Die Küste ist bereits patrouilliert – die Highlands umzingelt." und die Straßen nach Süden sind abgeschnitten – welche Art von Gnade werden die abgelegenen Orte erfahren – genau die Orte, an denen Sie auf Nahrung hoffen. Sie werden das Land so sehr bedrohen, dass Sie ausgehungert werden, dass der bloße Anblick von Frauen und Kinder, die im schlimmsten Hunger zu euch kommen, werden euch diesen Schritt bereuen lassen. Es ist Hunger und nicht Niederlage, wird euch eure Antwort geben, mein Herr."

„Es ist wahr, was er sagt", murmelte ein Mann hinter Lochiel.

„Mr. Murray", sagte Lovat, „ich bezweifle nicht, dass Sie aufrichtig sprechen, aber das ist eine Angelegenheit, bei der wir unseren eigenen Rat einholen müssen. Achten Sie auf Ihre eigene Sicherheit, Mr. Murray, und kein Herr hier wird sagen, dass Sie gehandelt haben." ungebührlich."

Es war zu einem Kampf zwischen diesen beiden geworden: Lovat beschleunigte das Tempo, um seinen Hals zu schonen, und Murray, der wusste, was dahinter steckte, kämpfte darum, sie von weiterem Blutvergießen abzubringen, wer weiß warum.

Er befeuchtete seine Lippen und spielte seine letzte Karte.

„Wie Sie wollen, meine Herren", sagte er höflich, „es liegt an Ihnen, darüber zu entscheiden. Aber als Geschäftsmann und da Ihre Lordschaft alle besseren Eigenschaften von mir außer Acht gelassen hat, würde ich vielleicht vorschlagen, vielleicht ein Memorandum über dieses Treffen, a Das Versprechen, uns zusammenzubinden, würde einem solchen Vorschlag Zustimmung geben. Es ist nur natürlich und in verzweifelten Zeiten, in denen alle zusammen leben oder fallen müssen, ein umsichtiger Weg.

Lovat umklammerte die Tischkante mit den Händen. Das war wirklich ein Schlag. Sein Gesicht verfärbte sich. Einen Moment lang schien er zu zittern, als sei ihm eiskalt, und sein Kopf begann hin und her zu wackeln.

„Dem stimme ich voll und ganz zu", sagte Lochiel.

„Nein, nein", flüsterte Lovat.

Murray beobachtete ihn mit der ganzen Freude eines schwachen Mannes, der einen seltenen Triumph errang.

„Haben Eure Lordschaft gesprochen?", fragte er.

„Das habe ich", sagte Lovat, der wieder zu Kräften kam. „Ich sehe in solchen Vorgängen nichts als Gefahr und unnötige Formalität. Wir sind keine Geschäftsleute, Mr. Murray – wir sind Gentlemen aus den Highlands."

Es war ein mutiger Wurf, aber er eroberte die Herzen vieler dort, die Murray und seine trickreichen Lowland-Arten hassten. Nur Lochiel sagte nichts, schwankte in zwei Richtungen gleichzeitig und war kurz davor, vor dem Schmerz seiner Wunde in Ohnmacht zu fallen.

„Ich denke", warf Roy Stuart ein, „wir sollten die Unterzeichnung aufschieben, bis wir uns wiedersehen."

„Merkmal gesagt", bemerkte Lovat, „lasst uns in zehn Tagen mit unseren Männern zusammentreffen. Ich kann dreihundert Frasers versprechen, wenn nicht mehr."

Daraufhin standen sie alle auf und berieten sich, bevor sie sich trennten. Jeder versprach ein Regiment, und dieses Wort sollte durch die Hügel gehen.

Nur Murray stand allein und nur Murray sah, wie ein Mann mit einem Paket hereinkam und es Lovat reichte. Er sah zu, wie der alte Mann es öffnete – er bemerkte, wie er zusammenzuckte und die Stirn runzelte. Darüber hinaus las er das plötzliche Entsetzen in seinem Gesicht.

„Bringt diesen Mann zurück!", rief Fraser, aber niemand hörte ihn (außer Murray), und als er schließlich erfuhr, dass der Bote nirgends zu finden war, stöhnte er und eine Art Verzweiflung legte sich wie eine Maske auf sein Gesicht.

Was Murray jedoch verwirrte, war die Beschaffenheit des Pakets. Es enthielt nämlich kein Papier (soweit er sehen konnte), sondern nur einen Streifen Fraser-Tartan, und dieser war in einer Ecke sehr fleckig, als ob er von Blut verfärbt worden wäre.

KAPITEL XI

EINE KNAPPE ENTKOMMEN

Als Muckle John nun die Stimme von Macaulay – oder, um ihn bei seinem richtigen Namen zu nennen, Captain Strange – gehört hatte, der sich dem Zelt näherte, war er ganz leicht zurückgewichen und hatte seinen Dolch gelockert. Das Unvermeidliche war geschehen und er hatte zu lange mit dem Feuer gespielt. Und als der Offizier hinauseilte, um den Neuankömmling zu begrüßen, erledigte er daher einige Dinge sehr schnell.

Aber das erste war das Zuschneiden der Leinwand, die am weitesten vom Eingang entfernt war. Dann war er im Sturzflug durch und hatte das Zelt zwischen sich und seinen Feinden.

Rechts von ihm, etwa hundert Meter entfernt, stand ein Wachposten, der ihm den Rücken zuwandte und auf den gegenüberliegenden Hügel blickte. Zu seiner Linken befand sich wieder eine Gruppe Rotröcke, die dienstfrei waren und Karten spielten.

Es schien unmöglich, die offene Fläche zu überqueren und den Hang ungesehen zu erreichen, und doch tat es Muckle John, und darüber hinaus brauchte er dafür zwei Stunden, was in einer Zeit akuter Gefahr wie eine gemächliche Reise erscheinen könnte.

Was seine schnellen Augen zuerst erblickten, war ein Pferd, das dreißig Meter entfernt graste. Aber das vergaß er als zu gefährliches Risiko. Ungefähr in der halben Entfernung lag jedoch ein Büschel Heu – ein locker zusammengebundener Haufen von etwa acht Fuß Länge und vier Fuß Breite.

Als Muckle John sah, dass er wieder atmete, nahm er seinen Hut ab, schleuderte ihn in Richtung des Heus und wartete geduldig. Glücklicherweise sah niemand, wie er in die Luft flog und auf den Boden fiel.

Inzwischen hatte Strange die Empörung und dann die Beunruhigung des Offiziers geweckt. Er tat genau das, was jeder normale Mensch unter diesen Umständen getan hätte. Er stürzte ins Zelt – er sah den Riss und spähte schnell hindurch. Aber Muckle John war hinter der Klappe und nicht zu sehen. Als er dann merkte, dass sein verspäteter Gast abgehauen war, stürzte er wieder durch die Zelttür und brüllte den Befehl zu den Waffen.

Da reagierte Muckle John blitzschnell. Er rannte nicht zu dem Heuhaufen, denn er wusste, dass ein so offensichtlicher Zufluchtsort sie zuerst anlocken würde. Ganz leise betrat er das Zelt durch den Schlitz wieder, kroch unter die Bettdecke auf dem Boden und beobachtete die huschenden Soldaten draußen mit scharfen und berechnenden Augen.

Ein halbes Dutzend, angeführt von Campbell, stürmten das Heu und drehten es immer wieder um. Dann war Strange damit nicht zufrieden, trieb sein Schwert mitten hinein und stocherte und stach mit außergewöhnlicher Entschlossenheit, woraufhin Muckle John lächelte und still dalag. Er musste jedoch nicht lange warten, bis die unvermeidliche Entdeckung seines Huts sie eilig in Richtung Heide und raues Land dahinter schickte und eine genauere Suche in der Nähe seines Zuhauses ersparte, was genau das war, was Muckle John befürchtet und zu verhindern geplant hatte .

Die Soldaten gingen mit Strange und dem kleinen rotgesichtigen Offizier davon, und das Lager, bis auf die Wachen, war geräumt.

So begann der erste Vorwärtsschritt. Mit einem Sprung war Muckle John durch den Schlitz, und als er über den Zwischenraum huschte, erreichte er das verstümmelte Heubüschel und kroch darunter hindurch. Ein Seil band es locker zusammen. Er schlüpfte zwischen diesem und dem Heu hin und her und vertraute auf Glück, dass seine Stiefel versteckt waren, und begann, sich Zentimeter über dem Boden zu bewegen.

Als die ersten Soldaten müde und mit schmerzenden Füßen das Lager betraten, zu heiß und müde für eine weitere Suche, hatte er zwanzig Meter zurückgelegt.

Nach ihnen kamen Strange und der Offizier, vertieft in ein Gespräch. Sie stapften vorbei und alles war wieder still. Und dann sanken zu seiner großen Bestürzung zwei Soldaten, die zu spät von der Verfolgung kamen, auf das Heu und bereiteten sich darauf vor, sich auszuruhen.

„Heute ist das ungewöhnlich", sagte einer von ihnen.

„Das ist es, Silas – aber auch ungewöhnlich sanft nach dem Wetter", und einer von ihnen gähnte und lockerte seine Jacke.

„Was meinen Sie, was werden wir mit dem Jungen machen?", fragte einer.

„Erschießt ihn bei Fort Augustus", antwortete der andere. „Hab gehört, der Captain hat gesagt, dass wir morgen dorthin marschieren. Es scheint grausam, auf einen bloßen Burschen zu schießen, Silas."

„Er war wohl kein Christ, sondern nur ein Ighländer", antwortete Silas.

„Das ist so", antwortete der andere, offensichtlich beruhigt.

Für Muckle John war die Information interessant. Aber im Moment machte er sich mehr Sorgen um die Zukunft.

Glücklicherweise brach der kurze Nachmittag heran und ein kalter Frühlingswind wehte von den schneebedeckten Hügeln herüber. Er ließ die Soldaten zittern und stolpern. Er befreite auch Muckle John und ließ ihn langsam in Richtung des unwegsamen Geländes am Fuße des Abhangs marschieren.

Und dann steckte er seinen Kopf durch das Heu, wie eine Schildkröte aus ihrem Panzer, und sah sich um.

Zu seiner Rechten stand ein Wachposten, der offenbar döste. Zu seiner Linken ein weiterer Wachposten, der jedoch hin und her marschierte, um sich warm zu halten. Muckle John wartete sehr geduldig darauf, dass mehrere Dinge passierten. Es war unvermeidlich, dass es bald dunkel werden würde, und das bedeutete Sicherheit. Es war auch sehr wahrscheinlich, dass die zunehmende Kälte beide Wachposten auf und ab marschieren lassen würde, und darin lag eine Chance, ungesehen ins Heidekraut zu entkommen.

Doch im Widerspruch zu diesen beiden Wahrscheinlichkeiten stand die Tatsache, dass Pferde Futter brauchen und dass die Suche nach dem Heubüschel mit jeder Minute näher rückte.

Wäre Muckle John der Typ Mann gewesen, der ein Höchstmaß an Vorsicht walten ließ und durch einen sehr guten Geist ein Minimum an Risiko eingeht, wäre er davongerannt und den Kugeln der Wachposten ausgewichen und hätte sich auf die Dämmerung als Deckung verlassen sein Flug.

Aber Muckle John hatte einen gewissen Stolz auf diese Episoden. Es gefiel ihm, eine solche Arbeit fertigzustellen – nach Belieben aufzubrechen; Vor allem wollte er seinen Feinden nicht die leere Genugtuung verschaffen, zu wissen, wie er es geschafft hatte. In diesem Moment ließ der dösende Wachtposten seine Muskete fallen, hob sie hastig auf und stapfte wie sein Kamerad schwerfällig auf und ab. Es dauerte genau fünf Sekunden, als ihre beiden Köpfe von ihm abgewandt waren.

Fünfmal testete Muckle John es und ließ dabei eine halbe Sekunde für Unfälle und die halben Drehungen an den Ecken übrig.

Dann befreite er sich aus dem Heu und wartete, auf Händen und Knien kauernd. Schließlich überwand er mit einem Sprung die Gefahrenstelle und lag flach auf dem Heidekraut, als die Wachen sich wieder umdrehten.

In den nächsten fünf Sekunden war er dreißig Meter entfernt, in den darauffolgenden noch einmal vierzig, und dann begann er mit gebeugtem Rücken zu rennen – ein Schatten im Schatten, bis er von der Dunkelheit erfasst wurde und nicht mehr zu sehen war.

Am Abend des nächsten Tages erreichte Muckle John, der die ganze Nacht unterwegs war und sich tagsüber ausgeruht hatte, Inverness. Er verhüllte sein Gesicht, schritt durch die stille Stadt und klopfte an die Tür von Miss

Macpherson. Drinnen war alles vollkommen still, und einen Moment lang fürchtete er, sie sei gegangen.

Doch ganz langsam öffnete sich die Tür, und ein Paar scharfer Augen schauten ihm ins Gesicht, während eine Nase, die einem Adlerschnabel ähnelte, nach vorn geschoben wurde, als wäre sie kurz davor, zuzuschlagen.

„Was ist da?" Sie weinte.

„Herrin Macpherson", sagte Muckle John; „Lass mich rein, denn ich bin erschöpft, und dies ist kein Ort, um Höflichkeiten auszutauschen ..."

„In der Tat Vergnügen", schnaubte sie. „Mir ging nichts weiter aus", aber sie ließ ihn trotzdem ein und verriegelte die Tür.

Dann hob sie die Binsenlampe an und starrte ihm ins Gesicht.

"Oh!" rief sie, „und das dachte ich mir auch. Guten Abend, Mr. Muckle John, wenn auch nicht mehr derselbe im Geiste wie bei unserer letzten Begegnung."

„Nein, Madam – Sie sagen wahr", antwortete er stirnrunzelnd im Schein des Feuers.

„Sag es mir", sagte sie, „bevor wir weitergehen – was ist mit Rob, dem eigensinnigen, mürrischen Körper?"

Muckle John veränderte seinen Blick.

„Vielleicht hatte er nicht so viel Glück, wie wir es uns gewünscht hätten", sagte er und schüttelte langsam den Kopf.

„Ich will nicht mit mir in Konflikt geraten!" Sie schrie. „Oot, ihr Hieland-Cateran – was ist mit Rob – wo ist er – ist er im Gefängnis?"

„Nein, nein", rief Muckle John, „aber vielleicht auch nicht so weit weg."

Die Falkenaugen waren nun fest auf ihn gerichtet.

„Warum bist du hierher gekommen?" Sie weinte. „Was hat dich stundenlang dazu gebracht, mit deinen Füßen über die Straße zu hämmern? War es nur das Vergnügen, mit mir zusammen zu sein? Oh nein, mein Mann, hinter deinem Gesicht verbirgt sich eine schöne Geschichte", und sie setzte sich Das Kinn ruht auf ihrer Hand.

Achselzuckend erzählte Muckle John von der Flucht aus Culloden (ohne seine Rolle an diesem Tag zu erwähnen), von dem Treffen an der Küste von Arkaig und der Gefangennahme Robs.

„Er mischt sich in Geschäfte ein, die ich nicht kontrollieren kann", sagte er schließlich, „und deshalb ist er auf dem Weg nach Fort Augustus, und von dort muss er wieder weg, sonst heiße ich nicht mehr Muckle John."

„Was wahrscheinlich stimmt", schnaubte Miss Macpherson, „und nicht so tröstlich, wie Sie vielleicht beabsichtigt haben."

Einen Moment lang starrte er sie finster an, ohne zu sprechen.

„Mistress Macpherson", sagte er schließlich, „hör mir zu. Wenn Rob in Fort Augustus aufgewachsen ist, wird Ihr Freund Ephraim Macaulay, der mit bürgerlichem Namen Captain Strange heißt und ein berüchtigter Spion ist, versuchen zu beweisen, dass er in den Waffen stand Culloden muss das beweisen, um ihm die Angst vor dem Tod einzuflößen, und zwar aus Gründen, die besser unausgesprochen bleiben würden, und wer wird Strange Mair klar in den Sinn kommen? Seien Sie im Voraus vorbereitet, denn es liegt an Ihnen, ob Rob freikommt oder nicht.

„Ich habe Macaulay immer im Verdacht gehabt", bemerkte Miss Macpherson, „und seine Schotten waren nicht das, was ich gesundes Edinburgh nenne."

„Er hat viele Bogensehnen und wer kann sagen, welcher Pfeil Rob zum Verhängnis werden wird? Aber wenn die Nachricht kommt, Mistress Macpherson, leugnen Sie nicht, dass Sie Rob kennen, denn das würde seine Schuld sofort beweisen, denn es gibt andere, die die Chance ergreifen werden, Strange zu gefallen. Machen Sie sich ein Bild von ihm und wenn Sie sich in seiner Zelle von ihm verabschieden, geben Sie dem Wachmann ein Stück Silber und schließen Sie die Tür. Ich weiß, dass es im Fort jemanden gibt, der mir gern einen Gefallen tun wird, und er wird Rob in einem der Räume unterbringen, die auf den Außenhof hinausgehen."

„Weiter, mein Freund", sagte sie, „ich bin nicht langsam im Begreifen."

Mit gerötetem Gesicht öffnete Muckle John seine Jacke.

„Hier", sagte er, „sind ein oder zwei Dinge, die unserem Zweck dienen könnten", und er zeigte ihr eine Rolle dünnes Seil, eine Feile, eine Pistole und einen Skian-Dhu.

„Sie sind ein hübscher Haufen", sagte sie, „aber ich merke nicht, dass sie eine Verbindung zu mir haben."

„Herrin Macpherson", sagte Muckle John und sein Gesicht wurde noch röter, „wenn du es schaffst, dieses Seil um deine Taille zu wickeln und die anderen Dinge zu verbergen, dann ist Rob meiner Meinung nach so gut wie sicher."

Lange saß sie schweigend da.

„Sir", sagte sie, „ich glaube, dass Sie ein ehrlicher Mann sind, obwohl ich mir bis zu diesem Moment sicher war, dass Sie ein Schurke waren."

Das Gesicht von Muckle John war ausnahmsweise ein Gemisch von Ausdrücken, wobei der Ausdruck der Verärgerung im Vordergrund stand.

„Das hoffe ich", antwortete er knapp, „aber ich bin nicht perfekt, wissen Sie."

„Warum willst du Rob so sehr raushaben? Er gehört nicht zu deinen Verwandten?"

Er stieß einen Ausruf der Ungeduld aus.

„Was zählt", rief er gereizt. „Sollte ich seinen Hals retten, reicht das nicht? Vielleicht hege ich Zuneigung zu dem Jungen. Vielleicht liegt es daran, dass wir Leidensgenossen in der Sache sind."

„Und vielleicht", unterbrach Miss Macpherson, „ist es überhaupt keiner dieser guten Gründe."

Darauf antwortete er nichts, schien aber kurz davor, in heftige Wut auszubrechen, und verfiel dann wieder ins Schweigen, als wäre er zutiefst beleidigt.

„Herrin Macpherson", sagte er steif, „eines kann ich schwören, und das ist, dass ich Rob nicht böse sein werde; und das verspreche ich Ihnen: Wenn Sie tun, was ich verlange, werde ich für seine endgültige Flucht und Sicherheit einstehen." „Und er zückte seinen entblößten Dolch und bereitete sich darauf vor, den Eid zu leisten.

„Pfui", sagte Miss Macpherson, „benehmen Sie sich nicht wie ein Schauspieler; ich werde tun, was Sie wollen, und zwar gern, seiner Mutter zuliebe, arme Frau. Aber Sie sagten, es gibt einen Außenhof. Wie wird Rob es schaffen, da hinüberzukommen?"

„Das wird er nicht brauchen", sagte Muckle John und stand auf.

Plötzlich waren draußen auf der Straße Schritte zu hören. Es klopfte laut an der Tür, dann noch einmal, und dann hörte man das Geräusch ungeduldiger Pferdehufe, die auf dem Kopfsteinpflaster polterten und klapperten.

Wie ein riesiger Schatten ging Muckle John lautlos in das andere Zimmer, während Miss Macpherson die Riegel zurückzog.

Auf der Straße stand ein Polizist, der ein Paket in der Hand hielt.

„Für Mistress Macpherson", sagte er, „von Captain Strange, der jetzt in Fort Augustus stationiert ist", und er stieg wieder auf und ging langsam die Straße hinauf.

Drinnen riss sie das Papier auf. Es forderte sie auf, im Morgengrauen nach Fort Augustus zu reisen.

Muckle John konnte auf einen Blick erkennen, was es war.

Dann raffte er seinen Mantel zusammen, verneigte sich, begegnete ihrem Blick für einen Moment, verschwand in der Dunkelheit der Straße und verschwand.

KAPITEL XII

IN DEN HÄNDEN DES HERZOGS

Für Rob war die Welt plötzlich sehr hoffnungslos und verlassen. Keine Verschwörung des Schicksals hätte die Dinge zu seinem Verderben führen können. Das wertvolle Papier, das Dr. Cameron ihm anvertraut hatte und das, wie er nicht wusste, mit wichtigen Neuigkeiten und Anweisungen über den verborgenen Schatz gefüllt war, war gestohlen worden, und noch schlimmer war es von einer unbekannten Hand. Es ist auf eine trostlose Weise tröstlich zu wissen, wer den Dieb gespielt hat. Aber Rob hatte nicht einmal diese dürftige Befriedigung.

Er war eingeschlafen und zwischen diesem Zeitpunkt und der Reise nach Fort Augustus war das Papier auf mysteriöse Weise verschwunden. Ein schrecklicher Gedanke drängte sich ihm in den Kopf. Wurde es ihm weggenommen, bevor er von den Soldaten gefesselt wurde? Muckle John war ohne ein Wort oder einen Versuch, ihn zu retten, verschwunden. Er hatte halbherzig auf Rettung unterwegs gehofft, aber kein Zeichen einer lebenden Seele war ihm ins Auge geblickt worden.

Und schließlich, bei Sonnenuntergang, erreichten sie das Fort, und er wurde in einen Wachraum geführt und dort seinen eigenen Gedanken überlassen.

Plötzlich öffnete sich die Tür leise und die kantige Gestalt von Captain Strange glitt in den Raum. Rob sprang auf und wartete schweigend darauf, dass er sprach.

Doch Strange schien es damit nicht eilig zu haben. Stattdessen begann er, langsam im Zimmer auf und ab zu gehen, die Hände auf dem Rücken verschränkt und das Kinn auf die Brust gesenkt.

Dann: „Rob", sagte er, „was habe ich dir in Inverness erzählt?"

Darauf erhielt er keine Antwort. Rob hatte die seltene Gabe des Schweigens.

„Habe ich dir nicht gesagt, dass ein Galgen ausreicht, um deine Kapriolen in Kürze zu beobachten? Vielleicht hast du noch nie einen Mann gesehen, der am Hals gehängt wurde, Rob. Es ist kein schöner Anblick, sag was du willst; und auf meine Art des Denkens, keine angenehme Aussicht für irgendjemanden, am allerwenigsten für einen jungen Mann mit Geist wie Yersel, Rob, denn ich werde nicht leugnen, dass ich deinen Mut bewundere", und er atmete schwer und starrte aus dem Fenster.

„Sind Sie gekommen, um über das Erhängen zu sprechen?" fragte Rob und bemühte sich, gelassen zu sprechen.

"Nebenbei, Rob – nur nebenbei. Es ist ein Thema, das mich fasziniert, das kann ich nicht leugnen. Komm mal kurz her; du kannst den Galgenbaum vor dem Horizont sehen. Es ist eine seltene Pose, Rob – niemand wird hier vorbeikommen, ohne zu fragen: ‚Wer hängt da?‘ und sie werden erfahren, dass es Rob Fraser war, der hingerichtet wurde, weil er sich in Dinge eingemischt hat, die ihn nichts angingen. Du siehst also einen krassen Narren, Rob – keinen großen Rebell, der für seine Prinzipien stirbt, sondern nur einen dummen Jungen, der ein großes Risiko für den schmutzigen Profit anderer Leute eingegangen ist."

„Sie können es nennen, wie Sie wollen“, rief Rob, vor Wut geplagt, und hielt inne.

„Sag, was du meinst, Rob, hab keine Angst“, ermutigte Strange sanft.

Rob schloss die Lippen, als er sah, dass ihm eine Falle gestellt wurde.

Als der andere merkte, dass er nicht sprechen wollte, runzelte er einen Moment die Stirn, dann klopfte er ihm mit dem Anschein freundlichen Mitgefühls auf die Schulter.

„Vergiss meine dummen Habseligkeiten“, sagte er. „Ich habe dich nur zu deinem eigenen Besten gewarnt, denn du spielst ein gefährliches Spiel, Rob, und zwar ein Spiel, das du im Dunkeln spielst. Willst du mir zuhören und sagen, ob das, was ich dir erzähle, nicht wahr ist?“ Und er zog einen Stuhl an den Jungen heran.

„Lassen Sie mich Ihre Bewegungen der letzten Woche oder so durchgehen“, fuhr er fort. „Nach Culloden – und wohlgemerkt, ich habe mein Bestes getan, um dich in dieser Nacht in Inverness zu retten – bist du in Lovats Land und von dort nach Arkaig gekommen. Dort hast du Cameron getroffen und das Gold vergraben. Auch dort bist du unseren Händen entkommen, und Ich gebe zu, so ungeschickt, obwohl Sie daran nicht schuld waren. Dann sind Sie in Begleitung des verzweifelten Mannes, den Sie als Muckle John kennen, nach Norden gereist und wurden gestern im Lager von Captain Campbell gefangen genommen Nein, die Wahrheit?"

„Das ist es“, sagte Rob, „obwohl das, was Sie gegen Muckle John zu sagen haben, für sein eigenes Ohr behalten sollte. Für mich ist es Verschwendung.“

„Brawly sagte, Rob, aber was weißt du über diesen Muckle John? Wie auch immer, das kann bleiben. Ich wette, du würdest bleich werden, wenn du wüsstest, wer Muckle John wirklich ist. Aber als du Cameron verließest, hattest du ein Papier, Rob. Angenommen, dieses Papier fiele in unsere Hände, Rob, oder in die des Herzogs, was würde passieren, denkst du? Es gäbe kein Gold für deinen Prinzen, und den Informationen im Brief zufolge – vorausgesetzt, es gäbe welches, was mir versichert ist – würde es eine solche

Entlastung der Jakobiten geben, einschließlich des Prätendenten, dass ihre Sache für immer beendet wäre. Das heißt, ich wiederhole, vorausgesetzt, ein solches Papier fiele in die Hände des Herzogs. Aber es gibt Leute, Rob, die schließlich Schotten sind und solche Maßnahmen nicht besonders befürworten. Es gibt viele, Rob, die deine jakobitischen Freunde nicht so schlecht ausnehmen, und es ist schlechtes Schießen, wo es kein Wild gibt", und er lächelte sehr wissend und fletschte die Zähne wie ein Fuchs.

Rob war verwirrt über die Andeutung seiner Rede. Hatte Strange die Karte oder nicht? Wenn nicht, hatte Muckle John es genommen? Wenn Strange es hätte, welchen Nutzen hätten solche Worte? Würde er es nicht sofort zum Herzog bringen?

Er warf einen schnellen Blick auf den Mann, der ihm gegenüberstand. In seinen Augen las er Geiz, Grausamkeit und List.

„Wenn ich Ihnen das Papier gebe", sagte Rob, „was würden Sie dann tun? Würden Sie es dem Herzog geben?"

Strange unterdrückte ein Lächeln.

„Das kommt darauf an", sagte er, „denn unter uns gesagt, dort, wo der Adler frisst, gibt es für die anderen Vögel schlechte Beute. Die Wahrheit ist, Rob, es gibt einige Dinge, die du mir sagen könntest, und im Gegenzug würde ich viel mehr tun." für dich, denn ich bin kein unhöflicher Mann, und es ist eine trostlose Aussicht, der Galgen.

„Das ist alles", erwiderte Rob, „aber ich kann es nicht versprechen, bis ich höre, was Sie wissen möchten."

„Das ist vernünftiger, Rob – ich wusste, dass du nicht der dumme Trottel bist, für den sie dich gehalten haben. Nun hör mir zu, Rob; wenn du das Versteck von Lovat und Archibald Cameron verrätst und uns hilfst, Muckle John zu überführen – im Gegenzug werde ich dafür sorgen, dass du noch heute Nacht freikommst, und außerdem werde ich dich nicht vergessen, wenn der Schatz ans Tageslicht kommt."

Bei diesen Worten wurde Rob schlecht, doch um mehr zu erfahren, täuschte er Interesse vor und nickte zweifelnd mit dem Kopf.

„Aber der Prinz", sagte er.

„Als Gegenleistung für Lovat werde ich den Prinzen verschonen."

"Du?"

„Wer sonst? Denn wenn Sie zustimmen, wird niemand außer mir jemals das Dokument und seine Einzelheiten zu Gesicht bekommen."

„Und du wirst das Gold behalten?"

Strange zwinkerte daraufhin.

„Wir zwei, Rob", sagte er mit einem Lächeln.

Dann erhob sich Rob, der alles wusste und erkannte, dass Muckle John den Ausschlag geben musste.

„Ob ich zum Sündenbock geworden bin oder nicht", sagte er, „ich bin selbst schuld; und lassen Sie mich Ihnen sofort sagen, Captain Strange oder Macaulay, oder wie auch immer Ihr schmutziger Name lautet, dass mich nichts davor retten kann." Weder dich mit all deinen Versprechen noch irgendetwas anderes, denn ich habe nicht das Papier, das du willst", und er wartete darauf, dass der Sturm losbrach.

Aber das Lächeln verschwand nie auf den Lippen des anderen.

„Das weiß ich, Rob", sagte er, „denn ich habe es hier sicher", und er zog das noch versiegelte Paket aus seiner Manteltasche.

Mit einem Wutschrei stürzte sich Rob auf ihn, wurde aber durch die Ketten an seinen Beinen zu Fall gebracht, und Strange trat mit einem Knurren zur Seite, packte ihn an der Schulter und schleuderte ihn gewaltsam ans andere Ende des Raumes.

„Runter!", rief er, „oder ich schieße dir die Pistole auf die Brust." In grimmigem Schweigen stopfte er das Päckchen wieder in die Tasche.

„Sehen Sie, ich habe die Karten in der Hand", sagte er mit bösartiger Stimme. „Und nun soll es ein ausgerenkter Hals sein und Ihr toter Körper die Beute von Corbies – oder die Rettung Ihres Prinzen, ein Anteil am Gold und die Gefangennahme von Lovat, die in jedem Fall unvermeidlich ist, und die von Cameron, die nur eine Frage der Zeit ist? Keiner von beiden wird die höchste Strafe erleiden, denn Lovat ist ein alter Mann, der zu Hause geblieben ist, und Cameron ist Arzt und war überhaupt nicht in Culloden. Und was Muckle John betrifft, so werde ich Ihnen sagen, warum er so viel aus Ihnen gemacht hat."

„Nein, nein!", rief Rob.

„Whisht! Nimm das nicht an. Einmal ein blinder Narr und bestimmt nie wieder. Aber hast du gedacht, dass Muckle John sein Leben nur aus Liebe zu dir riskiert hat, Rob? Der Himmel schütze uns – er wollte ..."

„Ich weiß", sagte Rob, „aber sag nichts mehr. Ich sage dem Herzog, dass du das Papier hast, und übergebe mich seiner Gnade."

Strange stieß ein schrilles Lachen aus.

"Sag es dem Herzog, Rob! Oh, das ist eine schöne Nachricht. Gnade! Du wirst von ihm wenig Gnade erfahren. Nein, nein! Ich werde es ihm persönlich geben, danke. Vielleicht dachtest du, ich wäre wie dein Großer John und würde nur für meine eigene Hand spielen. Du bist ungewöhnlich unerfahren, Rob, aber Jerry Strange ist nicht so zimperlich. Jerry ist ehrlich wie der Tag, Rob – also komm vorbei und sieh zu, wie ich es in die königlichen Hände des Herzogs lege. Es wird eine schöne Nachricht sein, Rob, und jetzt wird es bei den Rebellen ziemliche Verwirrung geben", und er riss die Tür auf und zog seinen Gefangenen mit sich in den Gang.

Sie gingen in einen hohen Raum – die Ketten klirrten düster um Robs Beine.

Ein kleiner, rotgesichtiger, kräftiger junger Mann von etwa fünfundzwanzig Jahren saß an einem Tisch und las Depeschen. Er trug einen roten Mantel mit Sternen auf der Brust und viel Goldkordel. Er trug eine weiße Perücke, hatte ein cholerisches, etwas verdrießliches Gesicht und ein hartes blaues Auge. In seinen alltäglichen Gesichtszügen und seiner kräftigen, ungeschickten Figur lag weder etwas Romantisches noch Attraktives. Sein Gesichtsausdruck zeigte weder Humor noch Freundlichkeit und schon gar nicht Schönheit – sondern nur Entschlossenheit, Mut und gesunden Menschenverstand in Hülle und Fülle. Es wäre in der Tat schwierig gewesen, einen jungen Mann zu treffen, der sich in jeder Hinsicht von seinem Rivalen Charles Edward unterschied. Es schien fast so, als hätte die Gerechtigkeit ihm den Sieg geschenkt, um ihn für den Missmut seiner Persönlichkeit zu entschädigen.

„Vell, seltsam", sagte er mit einem starken deutschen Akzent, „was ist das?"

„Eure Hoheit", antwortete Strange, „ich habe hier einen berüchtigten Rebellen, wenn auch noch jung, wie Ihr seht. Aber er trug ein Paket bei sich, das ihm Archibald Cameron an der Küste von Arkaig übergeben hatte, um es dem Prätendenten zu überbringen. Ich habe Grund zu der Annahme, Eure Hoheit, dass es nicht nur einen Plan enthält, wo der Schatz versteckt ist, sondern auch den Ort, an dem sich der Prinz versteckte, und die Bewegungen der noch in Freiheit befindlichen Jakobiten. Wir sind ihm gemäß unseren Anweisungen gefolgt."

Der Herzog von Cumberland starrte Rob an und sprang dann auf.

„Gut, Strange", sagte er und schmatzte hörbar, „Sie sind ein Wunderkind. Sie werden nicht vergessen werden, mein Mann", und er riss das Siegel auf und entpackte das Papier.

Rob konnte sehen, dass es mehr Papier war, als er gedacht hatte. Doch was sein Herz plötzlich voller Hoffnung erfüllte, war der verwirrte Ausdruck auf dem Gesicht des Herzogs.

„Ist das ein Witz, Strange?", rief er schließlich und warf einen Stapel Papiere auf den Boden. „Das", sagte er in rasender Wut, „sind Abrechnungen von

Drogendelikten. Und das", fügte er in einem Wutschrei hinzu und hielt einen Fetzen mit den Fingerspitzen fest, „hat die Unverschämtheit zu sagen: ‚Das ist nicht die Gans, die die goldenen Eier gelegt hat.'"

In der völligen Stille lachte Rob, bis ihm die Tränen über die Wangen liefen. Und die ganze Zeit starrte Cumberland Strange wütend an, und dieser stand mit völlig ausdruckslosem Gesichtsausdruck da, als hätte er den Mund geöffnet, um etwas zu sagen, und dann völlig vergessen, was es war.

Plötzlich drehte sich der Herzog mit einem Wutschrei zu Rob um.

„Morgen", rief er, und sein Gesicht war vor Leidenschaft bleich, „werden wir sehen, wie Sie am Galgen lachen", und er stürmte los, um Strange zu verlassen, und drehte ihnen beiden den Rücken zu.

Aber Rob rührte sich nicht.

„Wegen welcher Anklage bin ich verurteilt worden?", fragte er.

Der Herzog drehte sich um.

„Angriff!", rief er und hielt dann inne. „Seltsam, was ist der Angriff?", fragte er und stampfte mit dem Fuß auf.

„Es ging um den Transport verräterischer Gegenstände", antwortete Strange mit belegter Stimme. „Aber ich nehme an …"

„In dem Paket war nichts gegen den Thron", unterbrach ihn Rob.

„Seltsam", rief der Herzog, „soll ich mich mit einem Schuljungen anlegen? Ist er nicht ein Rebell?"

„Das ist er, Eure Hoheit. Er war in Culloden in den Waffen."

„Das reicht doch sicher jedem Mann."

„Sie haben keine Zeugen", erwiderte Rob.

„Zen findet Vitnesses. Himmel! – stellt Vitnesses her!" brach der Herzog hervor und setzte sich wieder an den Tisch. „Aber geh, Strange, bevor ich platze – und alt werde – komm in einer halben Stunde zurück. Ich würde mit dir über diese und andere Angelegenheiten reden."

In seiner Zelle hätte Rob vor Freude weinen können, wenn er zu so etwas geneigt gewesen wäre. Denn er erkannte, dass, obwohl er die Gans gewesen war, die die Verfolgung von Cameron abgewehrt hatte, der Prinz in Sicherheit war und dass das Gold noch immer ihm gehören würde.

In dieser Hochstimmung ging er langsam zum Fenster. Die letzten Sonnenstrahlen fielen auf die blanken Balken des Galgens, und ihm wurde das Herz schwer, denn es war ein kaltes und melancholisches Ende seiner Ambitionen und seines Lebens.

* * * * *

Eine Viertelstunde später kam ein Soldat aus dem Hof von Fort Augustus auf dem Weg nach Inverness und Miss Macpherson; und zu gegebener Zeit klopfte Kapitän Strange an die Tür des Zimmers des Herzogs und trat ein. In der Zwischenzeit hatte dieser zu Abend gegessen und schien etwas besänftigter zu sein.

In der Tat gab es einige, die sagten, der Herzog von Cumberland sei im Herzen freundlich genug und obwohl er ein harter Mann sei, habe er doch einen Sinn für Gerechtigkeit und Ehre. Er hat nur wenige freundliche und viele harte Worte gefunden, und es gibt ein Sprichwort, dass in jedem Menschen Gutes steckt. Als deutscher Fürst hatte er kein Verständnis für die Jakobiten. Für ihn waren sie wilde Rebellen, die eine barbarische Sprache sprachen und eine barbarische Kleidung trugen, von denen er nichts wusste außer den in England verbreiteten falschen Darstellungen.

„Oh, seltsam, seltsam", lachte er und wischte sich mit dem Handrücken über die Augen, „wer ist jetzt die Gans und wo sind die goldenen Eier?"

„Eure Hoheit", sagte Strange errötend, „es ist demütigend, das gebe ich zu, aber ich muss Ihnen sagen, dass ich mehr als unglücklich war, da ich von Cameron an Händen und Füßen gefesselt wurde und nicht wusste, was genau passiert war. Cameron konnte entkommen, denn meine Männer gehörten seinem eigenen Clan an und waren nicht darauf erpicht, ihren Namen zu entehren, wenn es ein anderer genauso machen würde. Das sah er voraus, darauf wette ich, und so schickte er diesen Jungen mit einem Paket los, und die Anwesenheit von Muckle John verlieh ihm zusätzliche Bedeutung."

„Oh, gut", sagte der Herzog, „aber wir müssen den Jungen zur Vernunft bringen, Strange. Legen Sie Ihre Zeugen vor, und er wird uns Dinge zeigen, darauf wette ich. Was weiß er, Strange? Kann er uns irgendetwas sagen?"

„Er weiß, wo Lovat sich versteckt, Eure Hoheit, und Ihr wisst, was seine Gefangennahme bedeuten wird. Sie wird den Rebellen zeigen, dass wir lange Arme haben."

„Stimmt – aber wird er es erzählen, Strange?"

„Ein oder zwei Wochen allein werden Wunder bewirken, Eure Hoheit, sobald er weiß, dass wir ihn hängen können."

„Und Muckle John?"

Strange biss sich auf die Lippe.

„Hätte ich ihn mitnehmen können“, sagte er bitter.

„Deine Chance wird kommen, Strange. Das Netz geht zu. Bald werden wir den Pretender haben, und auch alle kleineren Jungfische werden gefangen werden –“ er gähnte und schob seinen Stuhl zurück – „Ich habe die Schnauze voll von diesem Land.“ ‚“ er sagte; „Es gibt immer Regen, Regen, Regen und Lust auf Essen oder Trinken.“

Und so ließ ihn Strange düster aus dem Fenster auf die schwarzen Highland-Hügel blicken.

KAPITEL XIII

MISS MACPHERSON KOMMT NACH FORT AUGUSTUS

Dawn fand Rob am Fenster und beobachtete sie. Seine Augen hatten in die Nacht gestarrt, bis der kalte Wind auf sein Gesicht fiel, bevor das graue Licht des Tages fiel. Riesige Formen kamen undeutlich in Sicht. Hügel hoben sich allmählich gegen den aschefarbenen Himmel ab. Bäume formten sich in vagen, schwarzen Säulen, deren Stämme halb im Nebel verborgen waren.

Plötzlich überflutete ein schwacher, rosa Schimmer das Perlgrau mit Farbe, und augenblicklich wurde das Tal deutlich erkennbar. Die Sonne ging auf und ließ den Tau wie tausend funkelnde Diamanten glitzern. Als sie dann höher stieg, überflutete sie das Fort mit gelbem Licht und warf den schwarzen Schatten des Galgenbaums auf den Boden.

Mit einem Seufzer drehte sich Rob um, setzte sich auf sein Bett und wartete auf das Ende.

Doch Stunden vergingen und niemand kam. Er hörte die scharfen Befehlsworte vom Exerzierplatz unten und das Auflegen der Waffen, als die Soldaten stramm standen. Draußen pfiff ein Mann fröhlich, und das erinnerte ihn an Muckle John. Er würde ihn doch sicher nicht im Stich lassen! War er nicht stolz darauf, immer einen Weg zu finden? Rob erinnerte sich mit einem ironischen Lächeln daran, dass der einzige Weg, den er zwei Tage zuvor gefunden hatte, der für sich selbst gewesen war. Er fragte sich, was Cameron sagen würde, wenn er erfuhr (falls er es je erfahren sollte, was nicht sehr wahrscheinlich war), wie schlecht sein Scherz seinem Boten geschadet hatte. Es bereitete ihm traurige Genugtuung, sich vorzustellen, wie sehr er darüber beunruhigt war, ihn in den Tod geschickt zu haben.

In diesem Moment waren Schritte auf dem Flur zu hören und der Türschlüssel wurde umgedreht.

Captain Strange betrat den Raum.

„Armer Rob", sagte er mit einem Grinsen, „du bist wie ein Geist. Hast du dein Bett nicht benutzt? Komm, komm, ich habe es besser von dir gehalten. Du hast doch keine Angst, oder, Rob?"

„Wenn ich Angst hätte, würde ich tun, was du willst, aber diese Befriedigung wirst du nie haben."

„Niemals ist ein starkes Wort, Rob. Ich würde dieses Wort gegenüber dem Herzog nicht verwenden, Junge …"

„Er kann mich hängen, aber ohne fairen Prozess."

Strange lehnte seinen Arm auf die Fensterbank.

„Wieder falsch; es wird einen fairen Prozess geben, Rob", sagte er, ohne den Kopf zu wenden, „und zwar noch heute. Es ist mehr, als viele andere erlebt haben – und das ist die Wahrheit."

"Was können Sie mir beweisen?"

„Ich habe einen Zeugen, Rob, der uns alles über Sie erzählen wird. Was sagen Sie dazu?"

„Dass du lügst."

Strange drehte sich um und sein Gesicht verhärtete sich.

„Dann komm", rief er wütend und ging voraus aus dem Zimmer.

Mit einer plötzlichen Vorahnung der Gefahr stand Rob auf und die Tür knallte hinter ihm zu. Wenn sie in einer einzigen Nacht einen Zeugen gefunden hätten, wäre sein Schicksal besiegelt gewesen. Und doch, welchen Zeugen hätten sie finden können?

Strange brachte ihn zu dem großen Platz, an den sie in der Nacht zuvor gegangen waren. Vor der Tür standen zwei Soldaten mit Musketen. Als sie zwischen ihnen hindurchgingen, schloss sich die schwere Tür lautlos hinter ihnen. Rob gegenüber saß der Herzog von Cumberland, allein.

Hastig blickte er sich im Zimmer um. Es war keine andere Person, weder Zeuge noch sonst jemand, zu sehen.

„Gefangener", krächzte der Herzog, „möchten Sie uns Informationen über bestimmte Rebellen geben?"

„Das bin ich nicht", sagte Rob.

„Zen Vot hindert uns daran, dich aufzuhängen?"

„Unter welchem Vorwurf?"

„Als Rebell."

„Du weißt nichts gegen mich", sagte Rob und fasste neuen Mut.

„Aber wir haben einen Zeugen, der das weiß", sagte der Herzog.

Dann erhob er sich, öffnete eine kleine Tür, die hinter seinem Stuhl lag, und trat an die Seite, um jemanden in den Raum zu lassen.

Und ganz langsam, den Kopf in die Luft gereckt, kam Miss Macpherson. Rob spürte, wie sein Herz heftig klopfte, und dann wurde ihm eiskalt, denn er wusste, ob sie ihm etwas antun wollte oder nicht, seine Tante würde ihn bestimmt erkennen.

Strange kam ihr entgegen.

„Herrin Macpherson", sagte er, „erinnern Sie sich an mich?"

„Ja", antwortete sie trocken, „ich kenne dich gut, obwohl wir uns zuletzt unter respektableren Umständen getroffen haben."

„Ach!", lächelte er, „die Pflicht ist ein harter Herr."

Da platzte der Herzog heraus.

„Madam", rief er, „kennen Sie diesen Jungen oder Nick?"

„Eure Hoheit", antwortete sie und sah Rob fest in die Augen, „das ist mein elender Neffe."

Mit einem bitteren Blick voller Demütigung und Wut drehte Rob ihnen den Rücken zu.

„War er zu den Waffen gegen den Thron?", fragte der Herzog.

„Er war das alles", antwortete sie grimmig und Strange rieb sich vor Freude die Hände. Das übertraf alle Erwartungen.

„Aber, Madam", fuhr der Herzog fort, „Sie wissen, was sie meint." Ihre Gelassenheit verblüffte ihn offensichtlich.

„Derzeit kommen Hälse zu häufig vor, als dass man sie übersehen könnte", antwortete sie trocken.

Er nickte und verstand sie vage.

„Zen dere hat nichts mehr zu sagen", bemerkte er und flüsterte Strange etwas ins Ohr, der Rob an der Schulter berührte und ihn in seine Zelle führte, wo er seinen eigenen düsteren Gedanken überlassen wurde.

Als er zurückkam, bat Strange Miss Macpherson, sich zu setzen und flüsterte dem Herzog erneut etwas ins Ohr, der von Zeit zu Zeit nickte und schläfrig lächelte.

„Das willst du, Strange", sagte er, stand auf und zog sich zurück.

„Nun, Miss Macpherson", begann Strange, als sie allein waren, „ich wusste, dass ich mich auf Sie verlassen konnte, dass Sie sogar verwandtschaftliche Ansprüche zurückstellen würden, wenn es um Loyalität ging."

„Mach weiter, mein Mann", sagte sie ungeduldig; „Ich bin nicht hier, um patriotischen Gefühlen zuzuhören."

„Genau. So stehen die Dinge nun. Rob wird als Rebell verurteilt, und dafür gibt es nur eine Lösung. Wir waren uns von Anfang an einig, dass ihm ein schnelles Ende bevorsteht. Aber er ist jung, Miss Macpherson, und Sie gehören dazu Blut."

„Kein Blut von mir", sagte sie scharf. „Was meine arme Schwester getan hat, geht mich nichts an."

„Jedenfalls würde es für Sie nicht gut aussehen, wenn Sie zum Tod des Jungen geführt hätten."

Miss Macphersons Lippen wurden schmaler, aber sie sagte nichts.

„Und es gibt Mittel und Wege. Diese ganze Aufregung um einen Jungen ist nicht vernünftig und schon gar nicht die übliche Vorgehensweise des Herzogs. Aber Rob weiß einige Dinge, die Seine Hoheit im Austausch für sein Leben zu hören bereit ist. Mehr noch, er wird großzügig mit ihm umgehen."

„Welche Dinge?", fragte Miss Macpherson kurz.

„Wo Lovat sich versteckt, zum Beispiel. Und, wohlgemerkt, am Ende wird es keinen Unterschied machen. In vierzehn Tagen werden wir zum oberen Ende von Loch Arkaig fahren, wo er sich angeblich versteckt hält. Aber wir sind nicht sicher, und ein Wort von Rob würde uns helfen. Das ist doch wohl kaum Verrat, Miss Macpherson, oder?"

„Ich hatte nie einen juristischen Abschluss", antwortete sie mit völlig ausdruckslosem Gesichtsausdruck.

Strange stand auf und ging zweimal im Zimmer auf und ab.

„Überzeugen Sie Rob, vernünftig zu handeln", fuhr er fort, „und Sie werden seine größte Dankbarkeit haben und, was noch wichtiger ist, auch die des Herzogs. Werden Sie uns helfen?"

„Wir sehen uns bei Rob", antwortete sie.

"Danke schön..."

„Aber nur unter zwei Bedingungen."

"Ja?"

„Dass ich ihn alleine sehe und dass er eine Woche Zeit hat, darüber nachzudenken."

Strange zögerte.

„Ihre erste Bedingung ist natürlich einfach", antwortete er, „aber die zweite ist schwieriger." Und er eilte aus dem Zimmer.

Nach ein oder zwei Minuten kam er zurück,

„Der Herzog ist einverstanden", sagte er. „Und nun folgen Sie mir bitte."

Sie gingen durch den Korridor die Treppe hinauf. Dann öffnete Strange die Tür zu Robs Zelle, grüßte sie mit einer Verbeugung, schloss sie und drehte den Schlüssel um. Rob lag mit dem Gesicht nach unten auf dem Bett; er hob seinen Kopf nicht, als sie eintrat, und so blieb sie stehen und lauschte am Schlüsselloch, bis die Schritte verklungen waren.

Dann rief sie „Rob" und fiel neben dem Bett auf die Knie.

Er hob sein Gesicht und sah sie mit mürrischem Zorn an.

„Was willst du von mir?", fragte er.

Doch als Antwort legte sie den Finger auf die Lippen und zog eine Feile und eine Pistole aus der Tasche.

„Versteck sie", flüsterte sie. Als er das im Traum getan hatte und den Kopf drehte, lag eine Seilrolle auf dem Boden und seine Tante knöpfte ihren Mantel wieder zu.

„Nimm es, Rob", sagte sie. „Wach auf, Junge."

Plötzlich keimte Hoffnung in seinen Augen. Mit einem Satz sprang er aus dem Bett, und das Seil befand sich unter dem Heu, auf dem er lag.

„Oh, Tante", sagte er, „ich habe es nicht verstanden."

„Tuts", antwortete sie. „Nun höre, Rob, denn es gibt viel zu begreifen. Yon Muckle John kam letzte Nacht zu mir und schickte mich mit den Dingen, die du hast, hierher. Er hat auch diesen Brief geschickt", und sie kramte einen Moment in ihrer Tasche herum. und überreichte ihm einen Zettel.

„Lesen Sie es nach und nach", sagte sie, „aber hören Sie zuerst hier zu. Sie werden Sie eine Woche lang nicht hängen lassen – das ist sicher wie der Tod, und es ist dieser alte Lovat, den sie suchen. Sie werden den oberen Loch Arkaig durchsuchen." zwei Wochen, aber sie würden es früher tun, wenn sie genau wüssten, was du weißt. Wenn du ihnen sagen würdest, würdest du freikommen, und in der Zwischenzeit könnte die Nachricht Lovat erreichen, dass du einen anderen Ort aufsuchen sollst.

„Nein", sagte Rob, „das kann ich nicht. Was, wenn er zu krank wäre, um zu fliehen, oder wenn die Nachricht verloren gegangen wäre?"

„Dann, Rob, gibt es noch Muckle John, und er hat eine Methode, sagt er, obwohl ich selbst nicht daran glauben kann. Aber der Brief von ihm wird es dir zeigen."

Rob zog das Blatt heraus und las es schweigend. Es lautete:

"LIEBER ROB, – Wenn du ein Pfeifen hörst, wie du es kennst, tu, was ich sage. Geh durch die Gitterstäbe deines Fensters und deine Ketten, falls du welche hast, und lass dich in den Außenhof hinunter, wo ein Karren mit Heu liegt. Wenn die Dämmerung anbricht, wird der Karren losfahren, aber er wird aus Gründen, die ich nicht nenne, nicht durchsucht. Solltest du mir im Falle eines Unfalls etwas anvertrauen wollen, gib es Mistress Macpherson, die unsere gute Freundin ist." – MJ

Es war der letzte Satz, der Rob das Blut in die Wangen trieb.

„Weißt du, warum Muckle John so um meine Sicherheit besorgt ist?" fragte er seine Tante.

„Nein", antwortete sie mit besorgtem Stirnrunzeln, „obwohl ich ihn gefragt habe."

„Hat er geantwortet?"

„Er nicht, aber er wurde umgebracht."

Rob ging zum Fenster und legte seinen Kopf auf seinen Arm. Plötzlich hatte ihn eine tiefe Verzweiflung erfasst. Dass Muckle John nur an dem vermuteten Plan des Schatzes interessiert war, schien nur zu offensichtlich. Um dies zu erreichen, plante und plante er. Seine eigene Sicherheit und sein Leben waren im Vergleich dazu Kleinigkeiten. Feinde im Innern und Feinde im Äußeren, und alle schwadronierten über einen Plan, der nicht existierte.

Eine plötzliche Entschlossenheit überkam ihn.

Er nahm einen Bleistift aus seiner Tasche, nahm Muckle Johns Brief, riss den Teil ab, der den Hinweis auf den Schatz enthielt, und schrieb auf die Rückseite:

„Dies, um Ihnen mitzuteilen, dass das, was Sie suchen, in die Hände des Herzogs gefallen ist."

Dann faltete er es zusammen und reichte es seiner Tante.

„Gib das Muckle John", sagte er.

Miss Macpherson musterte sein Gesicht aufmerksam.

„Rob", fragte sie, „wirst du tun, was dir der Brief sagt? Das ist keine beneidenswerte Position für eine Frau aus den Highlands, Rob, und ich ging davon aus, dass kein falscher Stolz dich daran hindern würde, zu entkommen."

„Ich habe nicht abgelehnt“, antwortete er.

Ein Ausdruck der Erleichterung erschien auf ihrem Gesicht.

„Dann auf Wiedersehen“, sagte sie mit ungewöhnlicher Wärme.

Einen Moment lang standen sie Hand in Hand da, dann klopfte sie an die verschlossene Tür und wartete darauf, dass Strange kam.

Als es zurückfiel, verschwand sie, ohne einen Blick zurück zu werfen.

Lange ging Rob im Zimmer auf und ab.

Aber plötzlich blieb er stehen und eilte mit einem scharfen Schrei auf halbem Weg zur Tür. Lange schrie er und schlug mit den Fäusten auf das Holz. Es war zu spät.

Dass Lovat entdeckt werden würde, hatte sich ihm plötzlich aufgedrängt, und dass man ihn als seinen Verräter betrachten würde, war für ihn selbstverständlich. Denn vorerst hatte er durch seinen eigenen törichten Stolz die einzige Chance, den alten Mann zu retten, vertan, indem er die Hilfe von Muckle John ablehnte.

KAPITEL XIV

MUCKLE JOHN ZEIGT SEINE HAND

Miss Macpherson verabschiedete sich von Kapitän Strange und machte ihn von Robs gegenwärtiger Hartnäckigkeit bekannt, bat ihn aber, nicht zu verzweifeln, ging durch das Tor des Pförtners und drehte den Kopf ihres Pferdes nach Norden. Nachdem sie gemächlich etwa sechs Meilen gereist war, lockte sie ihr Tier an, stieg ab und führte es in ein kleines Unterholz am Hang.

Um sie herum lagen leblose Heideflächen und graue Felsen. An ihrer Seite plätscherte ein kleiner Bach, der durch die Bäume und das leere, weinrote Moor hinunterfloss. Hinter ihr der kahle, offene Hang von Brae, um sie herum die Ansammlung einsamer Hügel und überhaupt kein Laut.

Das leiseste Geräusch, wie das Rascheln eines Herbstblattes, veranlasste sie, den Kopf zu drehen. Wenige Meter von ihr entfernt stand Muckle John und musterte sie aufmerksam. Woher er gekommen war und wie er gekommen war, versuchte sie nicht zu erraten.

„Na", sagte er, „und wie geht es Mistress Macpherson heute?"

"Fein."

„Und das kleine Geschäft?"

"Abgeschlossen."

„Gut!", sagte er und lächelte sehr humorvoll.

„Ich habe Rob deinen Brief gegeben."

„Und hat er verstanden, was ich meinte?"

„Er sagte, ich solle mir bei Ihnen bedanken und Ihnen dieses Stück Papier geben, das er aus Ihrer Nachricht gerissen hat."

Plötzlich presste er die Lippen aufeinander. Er runzelte leicht die Stirn und sein Blick huschte rasch zu ihr und dann zu dem Papier in ihrer Hand.

Plötzlich, als hätte ihn eine namenlose Angst gepackt, starrte er sie finster an und riss ihr das Ding aus den Fingern. Dann drehte er sich um, las es auf einen Blick, schleuderte es auf den Boden und brach in einen Schwall Gälisch aus, sein Gesicht dunkelrot vor Wut. Seine unerschütterliche Gelassenheit war verschwunden. An ihre Stelle war das lodernde Hochland-Temperament getreten. Worte strömten aus seinen Lippen, seine Augen blitzten vor ohnmächtiger Wut, sein ganzer Körper zitterte vor Leidenschaft.

„Sind Sie krank, Sir?", rief Miss Macpherson, weil sie befürchtete, er sei verrückt geworden.

Aber er knurrte sie nur an. Dann begann er, sich umzudrehen, zwischen den Bäumen hin und her zu gehen, leise vor sich hin murmelnd, die Hände zu Fäusten geballt und das Kinn auf der Brust. Nach einem Dutzend solcher Wendungen schien er sich ihrer Anwesenheit zu erinnern, und er blieb etwas unterhalb von ihr stehen und hob seine glänzenden Augen zu ihr.

„Madam", sagte er mit zitternder, harscher Stimme, „ich würde alles hergeben, was ich besitze, wenn Sie und Ihr kostbarer Neffe nie das Tageslicht erblicken würden. Oh – das ist zu viel!" Er brach ab und trat wild nach einem Grasbüschel.

„Aber, Sir ...", unterbrach sie ihn, ausnahmsweise einmal ziemlich beunruhigt.

„Sir, das tun Sie mir nicht!", schimpfte Muckle John und schnappte sie. „Aber gehen Sie und lassen Sie mich Ihr Gesicht nie wieder sehen!"

„Aber Rob?"

„Dieser hinterhältige Trottel! Dieser schmierige, undankbare Trottel! Er soll für seine eigene Verdrossenheit hängen! Er hat mich zu einem hübschen Narren gemacht, Madam, und kein Mann und kein Junge wird überleben, um mir das vor die Füße zu werfen."

Mit der Kraft einer plötzlichen Panik packte sie ihn am Arm.

„Was ist das für ein Gespräch?" Sie weinte. „Habe ich nicht meinen Teil dazu beigetragen und Rob auf halbem Weg in den Tod geschickt, damit du ihn zurückholen kannst? Oh, ich sagte, du wärst kein ehrlicher Mann!"

"Ehrlich?" schnappte er mit einem bitteren Lachen. „Oh, da haben Sie völlig recht. Der Himmel schütze mich davor, als ‚ehrlich' bezeichnet zu werden, ich bin kein Ladenbesitzer, Madam."

„Du warst letzte Nacht genug um Robs Sicherheit besorgt."

Muckle John hörte auf, das Tal unter ihnen finster anzustarren.

„Die Sicherheit des Jungen hängt davon ab", erwiderte er. „Habt ihr geglaubt, dass mir das egal wäre?"

„Mir ist aufgefallen, dass Sie es versprochen haben", erwiderte Miss Macpherson.

„Versprochen! Was sind Versprechen zwischen dir und mir?"

„Dann soll Rob seinem Schicksal überlassen werden?"

"NEIN."

"Wie meinst du das?"

Muckle John drehte sich um und warf die Schultern zurück.

„Sie müssen noch lernen", sagte er steif, „dass der Eid eines Highland-Gentlemans niemals gebrochen werden kann. Ich habe beim Dolch geschworen, ihn sicher aus dem Gefängnis zu bringen, und das werde ich tun."

Wieder einmal schien er kurz davor, in einen Wutanfall zu verfallen, doch er unterdrückte seinen Zorn und deutete stattdessen auf ihr Pferd.

„Geh!", rief er. „Und kein Wort davon, sonst hänge ich dich an deinen eigenen Dachbalken und bin nicht so traurig über die Entschuldigung."

„Du meine Güte!", murmelte Miss Macpherson und ging auf ihr Tier zu.

Dann stieg sie auf und schickte ihn durch das Heidekraut zum Weg.

Hundert Meter den Hügel hinunter blickte sie zurück. Aber die kleine Baumgruppe war leer. Muckle John war verschwunden, als wäre er nie gewesen. Mit einer plötzlichen Angst packte sie ihr Herz, sie grub ihre Fersen in die Rippen des Pferdes und verfiel in einen ungelenken Galopp.

Am selben Morgen, als Miss Macpherson ihr Pferd nach Inverness trieb, saßen in einer Höhle auf einem wilden und verlassenen Berggipfel drei Männer und spielten Karten. Sie waren alle in Highland-Kleidung gekleidet und bis an die Zähne bewaffnet – schlanke, dunkelhäutige Männer, von der Sonne tief schwarzrot verbrannt – und saßen schweigend wie Statuen da, den Blick auf das Spiel gerichtet. Neben einem von ihnen lag eine Handvoll Goldmünzen. In der Nähe des Höhleneingangs lag auf dem Bauch ein etwa fünfzehnjähriger Junge und beobachtete den Hang.

Plötzlich stieß er ein leises Wort auf Gälisch aus, und augenblicklich, aber in demselben feierlichen Schweigen, beendeten die Männer ihr Spiel, und einer sammelte die Karten ein und steckte sie in seinen Sporran.

Einen Augenblick später verfinsterte sich der Eingang der Höhle, und die riesige Gestalt von Muckle John füllte den Eingang. Er nickte jedem von ihnen zu, als sie ihn grüßten, und bedeutete ihnen, sich zu setzen, dann blieb er lange Zeit liegen, kaute auf seiner Lippe herum und starrte düster auf den Boden. Sie schienen an ein solches Verhalten nicht gewöhnt zu sein, denn sie versammelten sich in der hintersten Ecke, und der Mann mit den Karten in seinem Sporran nahm sie wieder heraus, und nachdem er sie verteilt hatte, ging das Spiel weiter wie zuvor. Eine Stunde verging, und Muckle John hatte kein Wort gesagt – hatte kein Zeichen von sich gegeben. Doch plötzlich begann sich ein langsames Lächeln in seine Augen zu schleichen und die

Mundwinkel zu erweichen. Ein drolliger Ausdruck huschte über sein Gesicht und verschwand.

Dann nahm er ein Stück Papier und einen Bleistift aus der Tasche, studierte Robs Handschrift in einer tiefen Pause und begann, in genauer Nachahmung Folgendes zu schreiben:

„Hiermit sage ich Ihnen, dass der Schatz entdeckt wurde und dass alles verloren ist, wenn er nicht an einem sicheren Ort aufbewahrt wird. Der Überbringer dieses Briefes ist vertrauenswürdig. Kommen Sie zu mir an einen Ort, den Ihnen dieser Mann zeigen wird, denn der Prinz ist bei mir und braucht Sie und etwas Gold. ROB FRASER.“

Dies richtete er an Dr. Archibald Cameron in den Braes of Lochaber, und indem er sich zu dem in der Ecke sitzenden Kreis umdrehte, rief er einen von ihnen, Donald Grant mit Namen, zu sich und unterrichtete ihn eine Zeit lang mit sehr ernster Stimme.

"Hören Sie, Donald", sagte er, "und lassen Sie es nicht zu Pfuschereien kommen, denn ich bin nicht geneigt, leise zu sprechen, wenn etwas schief geht. In Lochaber liegt ein Gentleman namens Archibald Cameron – ein Bruder von Lochiel. Er schleicht mit Murray von Broughton herum. Ich habe vor zwei Tagen so viel gehört. Geben Sie ihm dieses Papier und bleiben Sie ruhig, aber wenn er Sie bedrängt, sagen Sie, Sie seien von einem Jungen geschickt worden – einem rötlichen, blauäugigen Fraser-Jungen, und dass er vielleicht auf die Worte achtet – 'da ist ein Moorhuhn gefangen.' Nehmen Sie ihn mit und halten Sie ihn unter strenger Bewachung, bis ich zurückkomme. Aber bevor Sie das tun, geben Sie diesen zweiten Streifen Tartan John Murray von Broughton und bitten Sie ihn, ihn Lord Lovat als Warnung von jemandem zu geben, den er gut kennt."

Mit diesen Worten entließ er den Mann, der durch den Eingang glitt und sich in langsamem, unermüdlichem Trab in Richtung Süden auf den Weg machte.

Auf die gleiche aktive und meisterhafte Art rief er den Rest der Gruppe zusammen und wandte sich schnell auf Gälisch an sie.

"Nun", sagte er schließlich, "ist alles klar? Evan Grant, der in den Ställen von Fort Augustus ist, wird dafür sorgen, dass der Karren bereit ist. Wenn die Verwirrung ihren Höhepunkt erreicht hat, wird er das Pferd anspannen. Sie, Donald Chisholm, werden die Pferde während der Nacht unter den Wall führen und darauf achten, dass sie im Morgengrauen nicht wiehern. Dort werde ich mich Ihnen beim Hahnenschrei anschließen und einen Jungen mitnehmen, der unseren Zweck erfüllen wird. Er ist einem anderen, den ich kenne, ähnlich genug, um eine Meute Rotröcke zu täuschen. Sollte etwas schiefgehen, rennen Sie in die Berge und lassen Sie die Tiere los. Sollten sie getäuscht werden, was ich weiß, führen Sie sie ins Moorland und zerstreuen Sie sie. Verstehen Sie?"

Sie nickten alle mit dem Kopf.

„Also heute in einer Woche, denn bis dahin habe ich andere Arbeit. Geh jetzt – aber lass den Jungen dort, damit er das Tal bewacht."

Lautlos krochen sie aus dem Höhleneingang und verloren sich zwischen den benachbarten Felsen.

Dann wickelte sich Muckle John in seinen Mantel, nahm das Rohr aus der Tasche und begann ein Skye-Lied zu spielen, das die Ruderer singen, um den Takt zu halten. Aber bald hatte er genug davon und spielte ein altes Highland-Klagelied, das so voller Trauer ist wie die schneebedeckten Hügel. Er spielte es auf herzzerreißende Art und Weise mit Blick auf den Jungen im Höhleneingang, der ein Macpherson war und sich leicht bewegen ließ. Und als er die Tränen sah, die über seine braunen Wangen liefen, musste er ebenfalls schlucken, teils aus Mitgefühl, aber vor allem wegen seines eigenen großartigen Spiels.

Es war jetzt der Monat Mai und Rob lag immer noch in seiner Zelle. In den letzten zehn Tagen war jede erdenkliche Foltermethode angewendet worden, um sein Schweigen zu brechen. Er wurde ausgehungert, geschlagen und bedroht und behielt seine eisernen Mächte bei, bis Strange ihn in seiner Verzweiflung zwei ganze Tage lang sich selbst überließ. Am Morgen des dritten Tages kehrte er zurück und Rob sah an der Euphorie in seinen Augen, dass etwas geschehen war. Er konnte nur vermuten, dass es eine weitere Katastrophe für die gejagten Jakobiten bedeutete.

„Auf, du Hund!", rief er. „Und hör dir die Neuigkeiten an. Was hat dir dein Schweigen eingebracht, glaubst du? Es hat dich zu einem Verräter gemacht, Master Rob Fraser – ein Name, den dein Clan für alle Zeiten verabscheuen wird. Ho, ho, ho! Denk jetzt daran – das ist Ruhm für dich! Ich würde zwanzig Guineen geben, um zu hören, was Lovat sagt, wenn er erfährt, dass er von … verraten wurde."

„Hör auf!", rief Rob, „warum sollte er eine solche Lüge glauben?"

„Weil wir es ihm beibringen müssen. Sonst könnte er erraten, wer wirklich Geheimnisse verrät, Rob, und das würde alles verderben."

Mit einem traurigen Stöhnen bedeckte der Junge sein Gesicht mit seinen Händen.

„Warum tötest du mich jetzt nicht?" fragte er mit hoffnungsloser Stimme.

"Töte dich?" wiederholte Strange. „Mensch am Leben, das wäre sinnlos! Nur weil wir dich nicht hängen werden, werden die Leute wissen, warum. Nein,

nein, Rob. Du wirst wie ein Kampfhahn leben, ob es dir gefällt oder nicht NEIN."

„Es wird mehr als dich brauchen, um Lord Lovat zu finden", brach Rob aus.

Strange schüttelte genüsslich den Kopf.

„Soll ich flüstern, wo er versteckt liegt?" er sagte. „Es gibt eine Insel am Fuße von Arkaig, die Moror heißt – habe ich nicht recht?" und er schüttelte sich vor lautlosem Lachen.

In diesem Moment schien der Boden unter Robs Füßen auf und ab zu tanzen, und eine tiefe Verzweiflung machte ihn taub für alles, was Strange sagte – taub für das Schließen der Tür – für das brütende Schweigen, das sich erneut über seine Einsamkeit legte.

Als er die Augen öffnete, ging die Sonne unter und er war allein. Die Bitterkeit der Situation betäubte ihn völlig. Wie konnte jemand leugnen, dass er zum Informanten geworden war, besonders als das Gerücht die Runde machte, dass er es getan hatte, um sein Leben zu retten. Er dachte, er hätte seinen Kopf verschenkt, aber jetzt wusste er, dass es Dinge gab, die unendlich schlimmer waren als der Tod. Was würde er jetzt nicht alles dafür geben, Muckle John angelockt und so seine Freiheit gewonnen zu haben, indem er vorgab, er habe den Plan?

Und während er tief grübelte, ertönte aus der Dämmerung, wie ein Vogelgesang, der in die Stille versinkt, die sanfte Musik eines Sängers. Mit einem Schrei sprang er auf und lauschte.

Wieder erreichte es ihn – ein dünner Takt wehmütiger Melodie, das Zeichen von Muckle John.

Er schnappte sich seine Mütze und schwenkte sie aus dem schmalen Fenster, und in diesem Moment ertönte die Pfeife ein letztes Mal weit weg und verklang im Wind. Muckle John war bereit. Hastig holte Rob die Feile und die Pistole heraus und legte sie auf den Boden. Es bestand kaum eine Chance, dass ihn in dieser Nacht noch jemand besuchen würde. Er hatte noch acht Stunden Zeit, um durch die Gitterstäbe seiner Zelle zu gelangen und sich kurz vor Tagesanbruch auf dem darunter liegenden Heuwagen zu verstecken. Seine Ketten hatte er bereits fast durchdrungen und die Spuren mit Schlamm verdeckt, den er vom feuchten Boden seiner Zelle gekratzt hatte.

Aber für den Fall eines Überraschungsbesuchs ließ er seine Ketten an und setzte sich auf die rostigen Gitterstäbe des Fensters, kratzte und raspelte, bis seine Finger anfingen, sich zu schälen und zu bluten und seine Arme vor Müdigkeit schmerzten. Um Mitternacht wurde ein Gitterstab durchgefeilt und in die Zelle gelegt. Schwach und benommen vom Mangel an Nahrung und Bewegung musste er sich eine halbe Stunde ausruhen, dann kroch er zurück und machte sich an den Querstab; und zwei Stunden später hatte er ihn durchgeschnitten, und der Hauptteil der Arbeit war getan. Er brauchte nur wenige Minuten, um sich von seinen Ketten zu befreien.

Dann rollte er das Seil ab, band ein Ende an dem Stück Eisenstange fest, das im Fensterrahmen steckte, wickelte es vorsichtig ab und ließ es an der rauen, grauen Wand hinabgleiten.

Alles war sehr still und dunkel. Von unten drang kein Laut zu ihm. Weit weg, auf der äußeren Wache, hörte er den dumpfen Tritt der Wache, die in der winterlichen Dunkelheit hin und her marschierte.

Die Zeit war reif. Rob steckte seine Pistole um seine Hüfte, schlängelte sich mit den Beinen voran durch das offene Fenster, schlang seine Füße um das Seil, ergriff es mit den Händen und begann langsam nach unten zu gleiten.

Runter, runter ging er; Vorbei an Räumen, in denen alles dunkel war, seine Knie auf den scharfen Kanten des Steins aufschürften, holperten und schwankten, sich aber auf jedem Meter dem Boden näherten, und mit dem Hauch süßer Nachtluft auf seiner Wange.

Und so erreichte er schließlich ohne Zwischenfälle den Innenhof und sah sich nach dem Heuwagen um.

Die Morgendämmerung war jetzt nicht mehr fern, und er kroch umher und tastete seinen Weg, sah aber nur verschwommen und voller Angst, dass es überhaupt keinen Karren gab.

Doch schließlich berührte seine Hand etwa zehn Meter entfernt ein Rad. Mit einem erleichterten Atemzug fuhr er mit den Fingern durch die weichen Heubüschel über seinem Kopf. Dann kletterte er hinauf, schlüpfte unter einem Bündel Pferdedecken hindurch und wartete auf den Morgen.

Der Karren war offenbar entladen und bereit, die Festung zu verlassen. Zum Glück für Rob waren die Tücher schwer und die Nasentaschen und anderen Gegenstände der Pferde reichten aus, um seine Anwesenheit vollständig zu verbergen. Aber wie Muckle John hoffen konnte, den Verdacht abzuwenden, der auf solch ein offensichtliches Versteck fiel, konnte er sich nicht vorstellen.

Ganz allmählich schimmerten die grauen, flackernden Lichter eines anderen Tages über der Festung, und immer noch war kein Alarmton zu hören — keine Spur von Muckle John.

Die Seite des Forts, auf der Robs Zelle lag, wurde bis zum hellen Tageslicht kaum besucht, da die Wache selten so weit kam – eine Tatsache, die Muckle John gut kannte. Gegenüber diesem Teil stieg der Hügel in Richtung zerklüftetes Gelände an und bot von den Mauern aus eine klare Sicht.

Erst um sieben Uhr - denn der Morgen war dunkel und kalt - sah ein Mann, der durch den Innenhof ging, um die Pferde zu tränken, das Seil an der Mauer baumeln und rief wie wild, woraufhin der Wachposten auf ihn zurannte.

„Gefangener entkommen!", schrie der Kerl.

Mit einem Antwortschrei rannte der Wachposten davon. Einen Augenblick später ertönte ein Signalhorn zum Ruf zu den Waffen. Musketengeklapper, heisere Stimmen, Befehle, Fragen, rennende Schritte – all die typische Aufregung eines plötzlichen Alarms – drang zu Rob in sein Versteck und brachte ihn zum Grübeln, ob Muckle John ihn im Stich gelassen hatte oder ob er geträumt hatte, das Rohrgeläut gehört zu haben.

Denn seine Lage war prekär. Er war fürs Erste entkommen, aber er war wie eine Ratte in der Falle – er konnte weder vorwärts noch rückwärts gehen.

Die Stimme von Strange unterbrach seine ängstlichen Gedanken.

„Bewacht das Tor!", befahl er. „Kommt mit, ihr Männer, und durchsucht die Zelle." Sie stampften die Treppe hinauf, und ihre Schritte verhallten.

Rob stellte sich vor, wie sie die Steintreppe zu seiner Zelle hinaufstürmten. Er konnte Strange fast durch das Fenster mit den Gitterstäben spähen sehen.

Plötzlich hörte er ihn von weit oben schreien, als ob er seinen Kopf aus dem Fenster streckte:

„Da ist er! Da ist er!" Ein Schauer lief ihm über den Rücken.

Aber niemand näherte sich dem Wagen.

Stattdessen wurde die Aufregung noch größer, und der Hof um den Wagen herum war voller eilender Soldaten. Auf den Außenmauern hörte er Musketenfeuer und Rufe wie „Da gehen sie!", als ob sie auf Männer auf dem Hügel zielten. Es war alles sehr verwirrend und geheimnisvoll.

Versuchte Muckle John eine Rettung mit Waffengewalt? Rob lag ganz still da, und dann war seine Verwirrung verflogen, denn er hörte eine ihm wohlbekannte Stimme aus einem Fenster etwa sechs Meter über ihm rufen:

„Was ist es, Strange?" und Strange antwortete trotz seiner Eile:

„Der Gefangene, Rob Fraser, Eure Hoheit, reitet mit einem anderen Mann den Hügel hinauf."

„Dann hinter ihm her, Strange!", brüllte der Herzog. „Zehn Pfund für den Mann, der ihn fängt. Öffnet die Tore, ich werde es selbst nehmen!"

Mit einem Klappern öffneten sich die Tore. Die Soldaten galoppierten hindurch, Strange an ihrer Spitze. Ein paar Augenblicke später ritten die Soldaten den Hügel hinauf – das ganze Fort war für ein solches

Hindernisrennen verlassen. An diesem Tag schienen zehn Pfund für viele in Reichweite.

Der letzte Kavallerist war kaum davongerannt, als ein Mann schnell über den Hof kam und ein schweres Pferd führte. Mit flinken Händen spannte er es vor den Wagen, schwang sich auf die Seite, legte seine Füße auf Rob und marschierte auf das Tor zu.

Ein einsamer Soldat forderte ihn mit einem breiten Grinsen heraus.

„In diesem Wagen sind keine Rebellen?", sagte er und spähte über den Rand.

Der Mann im Wagen lachte herzlich.
„Er war Ihnen mehr als gewachsen", antwortete er.
"Das war er", stimmte der Soldat zu. "Aber wie jemand aus diesem Fort herauskommt, ist mir ein Rätsel. Jemand wird deswegen dumm dastehen."
„Seien Sie froh, dass Sie es nicht sind", erwiderte der Mann im Karren.
„Ich?", rief der andere, denn sie waren jetzt zwanzig Meter die Straße hinunter. „Es würden nur wenige Rebellen verloren gehen, wenn ich ein Wort mitreden würde."

„Das sehe ich", rief der Mann im Wagen zurück.

Und so gingen sie am Moorufer entlang, bis das Fort außer Sichtweite war.

Eine halbe Stunde später trafen sie auf die zurückkehrenden Soldaten.

„Nicht erwischt?", fragte der Mann im Wagen.

Ein Sergeant blieb stehen, während der Rest weitertrottete.

„Nein, sie haben ihre Pferde zurückgelassen und sind in die Felsen geflüchtet."

"Wo sind die Dragoner?"

"In ein Moor geführt und immer noch dort."

Dann marschierte der Soldat kopfschüttelnd hinter seiner Kompanie her.

Lange nachdem Rob die Teppiche zurückgeschlagen hatte, sich aufsetzte und ins Sonnenlicht blinzelte.

„Also, Rob", sagte der Mann im Wagen, allerdings nicht gerade herzlich.

Es war Muckle John!

KAPITEL XV

„EIN GEFANGENER MUIRVOGEL"

Nun erreichte der Mann, den Muckle John vom Höhleneingang nach Süden geschickt hatte, den Norden von Lochaber, machte an einer Stelle unter einem Felsen Halt und wartete auf die Morgendämmerung.

Ganz langsam wurde die Winternacht immer grauer. Ein kalter Wind ließ den Bart des Wächters unter dem Felsen flattern. Vom kahlen Berghang bellte ein Fuchs, und mit dem Ende der Nacht bewegte sich ein Hirsch wie ein Schatten den Abhang hinauf und blieb einen Moment stehen, blickte zurück und hob sich als Silhouette vom Horizont ab.

Und noch immer wartete der Mann und beobachtete die Spur unter ihm. Es muss ungefähr sieben Uhr gewesen sein und die Sonne war kaum aufgegangen, als das Tal hinunterkam, als zwei Männer sehr schnell gingen und kein Wort miteinander sprachen. An erster Stelle stand ein kleiner, kräftig gebauter Mann mit einem runden, freundlichen Gesicht und klugen blauen Augen. Ungefähr vier Schritte hinter ihm hinkte und schwankte eine zerbrochene, leichenhafte Gestalt, die schwer in einen Umhang gehüllt war und dennoch kläglich in der trostlosen Luft des Hochlandes hustete und ihr Gewicht auf einen Stock stützte.

Auf dem ganzen Weg durch das Tal wechselten sie kein Wort; Aber einmal blieb der Mann, der voranging, stehen und holte eine Flasche aus der Tasche, reichte sie seinem Begleiter, der sie hochkippte und dann einen schlimmeren Hustenanfall bekam als zuvor.

Der Bote von Muckle John, der sich unter dem Felsen versteckt hielt, musterte sie mit einem langen, durchdringenden Blick, doch sein Gesicht zeigte keinen Ausdruck von Überraschung, Triumph oder Erleichterung. Er betrachtete sie, wie er den Hirsch betrachtet hatte, mit kalten, unergründlichen Augen.

Sie kamen durch den hängenden Nebel, und als sie auf gleicher Höhe mit seinem Versteck waren, stieß er einen verzweifelten Schrei aus – wie der Schrei, der über ein leeres Moor fällt. Sofort blieb der kleine Mann, der vor ihm ging, stehen und ließ seinen Blick über den Horizont über seinem Kopf schweifen. Aber da war kein Schrei. Dann wandte er sich um und sagte ein Wort zu seinem Begleiter, der nur müde den Kopf schüttelte, als ob alle Schreie Schottlands sich heiser schreien könnten, was ihn nicht interessierte.

Plötzlich pfiff der Mann unter dem Felsen ganz leise.

„Ich höre Sie, Sir", sagte der kleine Kerl auf Gälisch, hob jedoch nie den Kopf. „Und wer sind Sie dort, wie ein Fuchs in seinem Bau?"

„Ich möchte Archibald Cameron", antwortete der Bote von Muckle John.

Da schien sich der große, leichenhafte Mann zu rühren und begann in leisem, besorgtem Ton mit seinem Begleiter zu sprechen, der ihm jedoch ohne große Höflichkeit das Wort abnahm.

„Was wollen Sie?", rief er und drehte den Kopf zum Hügel. „Ich bin Archibald Cameron. Und nun Ihr Name, Sir, und was ist Ihr Anliegen?"

„Wollen Sie heraufkommen, Dr. Cameron? Sie finden mich unter dem runden Felsen, zehn Schritte vom Bach entfernt."

„Kommen Sie", sagte Cameron zu dem Mann, der bei ihm war. „Vielleicht gibt es Neuigkeiten vom Prinzen."

„Keine Nachrichten", seufzte der andere, „sind besser als schlechte Nachrichten."

Dann gingen sie den Hügel hinauf, erreichten den verborgenen Ort und schlichen hinein.

Es war ein Loch von etwa 1,80 m x 2,40 m und einer Höhe von etwa 1,80 m, in dem der widerliche Geruch einer Fuchshöhle herrschte.

„Eine coole kleine Ecke", sagte Cameron zu seinem Begleiter und ließ sich auf breite Schotten ein. „Was hätten wir tun sollen, Broughton, hätten wir nicht so sic-ähnliche Orte wie diesen?" Als er das sagte, gähnte er und beäugte den anderen schelmisch. „Mann", sagte er mit funkelnden Augen, „das wäre eine hübsche Vogelscheuche."

"Oh, fertig!", brach Murray von Broughton (denn er war es) mit schriller, mürrischer Stimme aus. "Was können uns solche schmutzigen Winkel und Nischen nützen? Ich werde sterben", jammerte er weiter und begann zu husten, wobei er sich mit den Händen an die Seiten fasste. Der Sekretär des Prinzen, dessen Gesundheit angeschlagen war, von der ständigen Angst geplagt, dass der Chevalier, den er aufrichtig liebte, geraubt wurde, und der auch von seiner eigenen Gefahr geplagt war, kam seiner Schande Tag für Tag näher, angetrieben von der Schwäche des Körpers und des Geistes, die jeden Menschen angesichts des Todes zu einem Feigling machen kann.

Sein Gesicht war von Krankheit und Angst gezeichnet. In seinen blassen, gequälten Augen flackerte eine schlaflose Furcht. Murray besaß die ganze Loyalität eines wahren Abenteurers, aber nichts von seiner rücksichtslosen Kühnheit.

Cameron hatte inzwischen Tabak aus seiner Tasche genommen.

„Eine Pfeife", sagte er, „das muss ich haben, obwohl alle Rotröcke des Kurfürsten an dieser Stelle sitzen und den süßen Geruch in ihre roten Gesichter schnuppern sollten."

Dann blies er eine Rauchwolke aus, die den armen Murray in einen Hustenanfall versetzte, und wandte sich abrupt an den Boten von Muckle John, indem er auf Gälisch sagte:

„Verstehst du Schottisch? Denn unser Freund hier, dessen Name dir wahrscheinlich gut bekannt ist, hat kein Gälisch, armes Geschöpf!"

Der Mann nickte.

"Wie heißt du?" fragte Cameron.

„Mein Name ist Donald Grant und ich komme aus Glenmoriston", sagte der andere.

„Ein Grant", schniefte Cameron; „Na ja, wir können nicht alle Camerons sein."

Er zog die Beine an und setzte sich mit den Ellenbogen auf die Knie.

„Was gibt es Neues?" er hat gefragt. „Ist es vom Prinzen?"

„Teilweise – und teilweise auch nicht."

„Das ist eine dreiste Antwort", schnappte Cameron. „Es ist unco wie vielleicht und vielleicht nein. Ihr seid sehr vertraulich, ihr Grants."

„Ich habe einen Brief", sagte er, „von jemandem, den Sie gut kennen – Rob Fraser."

„Rob Fraser! Ich kenne diesen Namen nicht. Oh, warte mal! Du meinst einen Jungen?"

Grant nickte.

„Dasselbe", antwortete er.

Cameron sog eine Tabakwolke ein und ließ sie in Ringen über seinem Kopf schweben.

„Du bist ein Hübscher", murmelte er und richtete dann den Blick auf den anderen. „Wo ist der Brief?"

Grant zog es vorsichtig aus seinem Strumpf.

Cameron las:

„Hiermit sage ich Ihnen, dass der Schatz entdeckt wurde und dass alles verloren ist, wenn er nicht an einem sicheren Ort aufbewahrt wird. Der Überbringer dieses Briefes ist vertrauenswürdig. Kommen Sie zu mir an einen Ort, den Ihnen dieser Mann zeigen wird, denn der Prinz ist bei mir und braucht Sie und etwas Gold. ROB FRASER."

„Hmpf!", grunzte Cameron. Dann begann er, es noch einmal zu lesen und wägte jedes Wort ab. Einmal starrte er den Boten sehr lange an, aber die Anhänger von Muckle John waren sorgfältig ausgewählt. Der Ausdruck auf Grants bärtigem Gesicht zeigte keinerlei Emotionen.

Dann klopfte er die Asche aus seiner Pfeife, schürzte die Lippen, reichte Murray den Brief, runzelte die Stirn, zupfte an einem Ohr und summte und gab dabei mit dem Fuß den Takt vor sich hin – das genaue Abbild eines Mannes, der alles gleichzeitig erreichen möchte.

„Es sieht echt aus", sagte er widerwillig in Murrays Ohr, „aber ich kenne die Handschrift des Jungen nicht."

„Wer ist Rob Fraser?", fragte Murray mit geschlossenen Augen.

„Ich hätte es fast vergessen, aber er war in dieser Nacht an der Küste von Arkaig nützlich. Vielleicht verstehst du, was ich meine?" Dabei zwinkerte er und sah den anderen bedeutungsvoll an.

„Was weiß er dann darüber, wo das Zeug liegt?", flüsterte Murray.

„Ungefähr so viel wie die Forellen im Bach, die vielleicht doch nicht so klein sind." Und wieder zwinkerte und lachte er.

„Wirst du gehen, Archie?"

„Das kann ich nicht einfach sagen. Es sieht ungewöhnlich aus, wie eine Falle, und dennoch ..." Er brach plötzlich ab und wandte sich an den Mann Grant.

„Wie ist dieser Junge?", fragte er scharf.

„Er ist klein und hat ein offenes Gesicht und ist im Fraser-Tartan gekleidet. Er ist dunkel und spricht gut Gälisch."

„Das ist ganz sicher Rob. Wo war er, seit er Lochaber verlassen hat?"

„Er wurde gefangen genommen und in Fort Augustus beigesetzt, ist aber entkommen und befindet sich nun in der Nähe von Glenmoriston."

„Glenmoriston ist weit weg", sagte Cameron. „Hat er sonst keine Nachricht geschickt?"

„Er sagte: ,Da ist ein Sumpfhuhn gefangen', aber ich verstand nicht, was er meinte."

„Das hat er gesagt?", sagte Cameron mit scharfer Stimme. Dann drehte er sich zu Murray um und packte ihn am Arm. „Hörst du das?", rief er. „Das ist ganz klar Rob, und der Prinz ist bei ihm." Er schnappte sich den Brief erneut. „Gold", wiederholte er, und wieder kam das Stirnrunzeln. „Nein", sagte er leise, „ich nehme kein Gold. Ich scheine Verrat in dem Wort Gold zu wittern. Was braucht der Prinz damit? Er wird etwas Wesentlicheres brauchen. Murray", er brach ab, „wie viel hast du bei dir?"

„Hundert Louisdor – nicht mehr", sagte er. „Aber nimm es, Archie – lass mir nur zehn für meine eigenen Bedürfnisse übrig."

Die Münzen wechselten erneut den Besitzer und Cameron wandte sich erneut an Grant.

„Welche weiteren Neuigkeiten bringst du?", fragte er.

„Es gibt Gerüchte", antwortete Grant, „dass die Soldaten nach Süden ziehen."

Er fing wieder an, in seinem Hemd herumzuwühlen und zog ein Stück Schottenkaro heraus – ein verfilztes, fleckiges Fragment von der Größe einer Männerhand.

„Einer, der namenlos bleiben soll", sagte er, „hat mir befohlen, dies Murray aus Broughton zu geben, und ihn gebeten, es in Lovats eigene Hände zu legen."

„Es ist eine Warnung", keuchte Cameron, „er sagt, sie ziehen nach Süden."

Murray zeigte keine Freude an dem Geschäft.

„Ich habe nicht den Wunsch, mit Lovat zu sprechen", antwortete er, „ich bin der letzte Mann, von dem er eine solche Nachricht entgegennehmen würde."

„Tuts, Broughton", sagte Cameron ungeduldig, „in einer Zeit wie dieser kommen private Missverständnisse nicht in Frage – vielleicht retten Sie ihn vor dem Schafott."

„Das würde ich", erwiderte Murray säuerlich. „Ich könnte ihn dazu bringen. Aber geben Sie mir den Müll, ich werde dafür sorgen, dass er ihn bekommt, auch wenn ich dafür nur einen dürftigen Dank bekomme."

„Sie schätzen ihn falsch ein, Mann – er ist mürrisch, aber er ist alt. Dieser Mann hier hat es wahrscheinlich vom Prinzen mitgebracht, wer sonst?" Er wandte sich dem Boten von Muckle John zu. „Sie sind ein Jakobit, nehme ich an?", fragte er.

Der Mann schüttelte den Kopf.

„Ich bin ein Jakobit, soweit es meine eigene Rasse betrifft", antwortete er, woraufhin Cameron ihn ernst ansah und etwas misstrauisch und unsicher schien, was er von ihm halten sollte.

Dann wandte er sich Murray zu und zog ihn aus dem Gebäude hinaus, und sie blieben etwa zwölf Schritte voneinander entfernt im Heidekraut liegen.

„Weißt du, was das bedeutet, Murray?" er sagte. „Da ist jemand, der Lovat warnen muss. Es ist der Prinz, der eine Nachricht geschickt hat – zumindest könnt ihr es Lovat sagen, es wird den alten Mann ermutigen. Sollte er gefangen genommen werden, werden die Highlands den Mut verlieren. Lasst ihn durch die Nacht nach Badenoch tragen. Könnte er Wenn er Clunys Käfig bekäme, würde er sich so wohl fühlen wie eine Ratte im Loch – und das ist doch kein schlechter Vergleich, oder?"

„Ich gehe", sagte Murray und starrte mit müden Augen über das Tal.

„Ich bin nicht angetan von diesem Kerl hier", fuhr Cameron fort und schaute über seine Schulter, „und doch was will ich mehr? Er trägt die dummen Worte, die ich Rob gesagt habe, nur um ihn zu beeindrucken, und schickt ihn wie einen Hasen." raus aus Arkaig – er warnt uns für Lovat. Oh, John, was kannst du daraus machen?"

Der andere starrte noch lange ins Leere. Dann drehte er langsam den Kopf und ließ seinen tragischen Blick auf Cameron ruhen.

„Ich weiß, dass er kein echter Mann ist", sagte er düster, „aber woher ich das weiß, kann ich Ihnen nicht sagen. Und doch ist er kein Regierungsmann – da bin ich mir sicher. Also gebe ich es auf!" Sein Ton verstummte, und er seufzte schwer und atmete tief ein, um zu husten.

„Dann werde ich gehen", sagte Cameron abrupt. „Auf Wiedersehen, John. Halten Sie Ausschau nach einem französischen Schiff und senden Sie Bescheid, wenn es eintrifft."

Sie schüttelten sich die Hand und trennten sich ohne ein weiteres Wort, um sich nie wieder zu treffen.

Die Sonne war aufgegangen und das Tal lag klar und leblos da, als Cameron und Grant ihre anstrengende Reise nach Norden begannen. Das Letzte, was sie von Murray sahen, war seine gebückte Gestalt, die über die Kuppe des gegenüberliegenden Hügels kroch, schwer auf seinen Stock gestützt, wie eine verwundete Krähe, die mit gebrochenen Flügeln hinkt.

Nach dem vergeblichen Plan zur Fortsetzung des Krieges – der, wie alle Welt weiß, dazu führte, dass sich nur ein paar hundert Männer (keine Frasers) versammelten – war jeder weitere Widerstand zu Ende, und Lord Lovat, der die ganze Zeit nicht die Absicht hatte, Widerstand zu leisten Als persönlicher Beweis seiner Untreue kehrte er auf seine Insel im Loch Morar zurück.

An einem Frühlingstag Ende Mai, als die Landschaft voller verheißungsvoller Blumen war und die Vögel auf jedem Baum sangen, besuchte ihn Murray aus Broughton und überreichte ihm in der Hütte, in der er auf die Nachricht von einem französischen Schiff wartete, das Schicksal Fetzen Tartan – die zweite Warnung von Muckle John.

Lovat lag auf dem Boden, mit dem Rücken gegen dieselbe feste Kiste gelehnt, die Rob aus Gortuleg House getragen hatte, unrasiert und zerzaust vor Entbehrung und Kummer und nicht allzu erfreut, seinen Besucher zu sehen.

An allen vier Seiten der Insel stand ein Fraser Wache und beobachtete das Ufer. Ein Dutzend weitere saßen um die Hütte herum, und auf den umliegenden Hügeln bei Morar spähten weitere die Täler darunter aus und warteten aufmerksam auf die zufällige Annäherung der Soldaten.

Lovat, der sich einbildete, er könne jeden beliebigen Auftrag erraten, grüßte Murray distanziert und winkte ihn zu einem Stuhl. Er selbst nahm eine Prise Schnupftabak, schien aber nicht gewillt zu sein, seinem Gast die gleiche Gastfreundschaft zu erweisen.

„Ich dachte, Sie wären inzwischen in Frankreich", sagte er schließlich. „Es wäre für uns alle das Beste, wenn Sie der Regierung aus dem Weg gehen könnten."

„Ich verstehe nicht, was Euer Lordschaft meint", antwortete Murray errötend. „Ich hatte jedenfalls keine Geschäfte mit der Regierung."

„Aber dieselbe Regierung würde gern mit Ihnen Geschäfte machen, mein Mann, und angenommen, sie hätte das, angenommen, sie hätte das...."

Er sah ihn eindringlich an und legte dann in sehr typischer Weise einen Finger auf den anderen.

„Es war eine üble Angelegenheit", sagte er, „und wäre ich nicht in einem Moment der Senilität gewesen, hätte ich nie auch nur den Anschein erweckt, als hätte ich Mitgefühl dafür gehabt, Murray. Aber was konnte ein alter Mann schon tun? Ich hatte keine Macht – keinen Einfluss – ich war vom Lordpräsidenten im Stich gelassen worden, einem Mann, dem ich wie einem Bruder vertraute. Es war ein grausamer Angriff auf die Krone, Murray, und das wissen Sie genau. Was Männer tun können, um das Unrecht wiedergutzumachen, sollten wir tun, auch wenn es uns gegen den Strich geht."

Murray hörte zunächst verständnislos zu, doch dann wuchs in ihm der Verdacht, dass Verrat in der Luft lag. Er erkannte, dass Lovat wie immer bereit war, den Mantel umzudrehen.

„Nein, nein", rief er, „deshalb bin ich nicht hier."

Lovat, der nie geglaubt hatte, dass er aus einem anderen Grund dort war, betrachtete ihn mit seiner üblichen Verachtung.

„Dann bist du ein noch größerer Narr", schnarrte er, „als selbst ich dich gehalten habe. Was hast du durch dein Schweigen gewonnen? Dies ist der letzte Aufstand der Stuarts. Es wird jetzt nichts mehr geben als das Englische und die englische Sprache." . Es macht mich krank, einen Mann zu sehen, der gegen das schreit, was sein muss."

Murray schüttelte den Kopf und stand auf.

„Ich bin gekommen", sagte er schlicht, „auf Grund einiger Unannehmlichkeiten für mich, um Ihnen einen Dienst zu erweisen. Hier ist ein Zeichen, von dem ich bezweifle, dass Sie es nicht gut kennen, und deshalb wünsche ich Ihnen auf Wiedersehen", und überreichte Lovat das Stück Tartan bereitete er sich zum Aufbruch vor. Doch mit einem seltsam heiseren Schrei rappelte sich der alte Mann auf. Er war außer sich vor Wut.

Murray war zu erstaunt, um sich zu bewegen, und zögerte in der Tür. Lovat schnappte sich einen Stock und schlug ihn nieder, bevor er einen Arm zur Verteidigung heben oder den Schlägen ausweichen konnte. Tatsächlich lag er da, als wäre er vor Entsetzen betäubt oder körperlich zu gebrochen, um sich selbst zu schützen.

Draußen waren Schritte zu hören, und ein Dutzend Männer verhinderten, dass Fraser ihn noch mehr verletzte. Nach einer Weile erhob er sich, verließ die Hütte und erreichte sein Boot. Sein Gesicht war weiß wie der Tod, aber in seinen vor Fieber und Entbehrung leeren Augen strahlte wie ein geheimes Feuer so wahnsinniger Hass und Zorn, dass der Bootsmann, der ihn auf den stillen See hinauszog, ihn aufmerksam beobachtete, bis sie das Ufer erreichten. Ein oder zwei Minuten lang rührte er sich nicht, sondern hockte immer noch da und blickte auf den Weg, den sie gekommen waren. Dann tastete er mit den Händen, bis er den Strand erreichte, bezahlte sie ohne zu fragen, und ohne ein Wort zu sagen, erklang das Ufer hinauf und hinaus ihr Anblick – ein Mann, dessen Gesundheit schon seit langem für die Sache gebrochen ist und der von Bitterkeit im Herzen erfüllt ist, der nun aber von einem unsterblichen persönlichen Hass entflammt ist.

KAPITEL XVI

DIE HÖHLE IN GLENMORISTON

„Muckle John", sagte Rob, als der Karren zum Stehen kam und sein Begleiter nach seinen letzten knappen Worten eine ganze halbe Stunde lang einen zusammengekniffenen Mund hielt: „Muckle John, warum hast du mich gerettet?"

„Warum eigentlich?" er antwortete ziemlich mürrisch.

Einem plötzlichen Impuls folgend, sprang Rob über die Seite des Karrens auf die Grasfläche daneben und begann in die Richtung zu gehen, in die sie gekommen waren.

"Wo gehst du hin?" rief Muckle John ausnahmsweise erschrocken.

Rob hielt inne und sprach über seine Schulter.

„Ich bin nicht derjenige, der von Ihnen oder irgendjemandem einen Gefallen annimmt", sagte er. „Ich weiß genau, warum du mich beschützen wolltest; und jetzt, wo du das verloren hast, was du gesucht hast, bin ich für dich nicht mehr als ein Kiebitz-Ei." Damit machte er sich wieder auf den Weg in Richtung Fort Augustus.

„Halt, Rob!", rief Muckle John. „Was hat dich mitgenommen?" Und er warf seine Beine über die Seite des Wagens und rannte los, um ihn zu verfolgen.

„Rob!", rief er erneut und kam zu ihm hoch.

"Also?"

„Was ist mit dir los?", fragte er.

„Würdest du dich hängen, nur um mich zu ärgern? Geschehen ist geschehen, Rob, und ich bin vielleicht nicht der Heilige, für den du mich gehalten hast. Aber ich werde dich retten, und das ist die nackte Wahrheit."

„Lass mich vorbei!", rief Rob und trat einen Schritt nach rechts an ihm vorbei.

„Sehr gut", antwortete er grimmig, „aber ihr werdet kommen", und er packte ihn mit seinen riesigen Armen, warf ihn plötzlich auf den Boden und fesselte seine Handgelenke. Robs Kampf nützte ihm nichts, und so musste er schließlich mit gefesselten Händen und einer Dolchspitze in den Rippen in die Richtung marschieren, die Muckle John wollte.

Eine volle Stunde lang trotteten sie so weiter und überließen den Karren sich selbst.

Dann sprach er endlich.

„Hör auf!", sagte er und streckte seine Handgelenke aus. „Ich habe genug davon."

„Das war eine laute Rede!", sagte Muckle John und schnitt die Riemen durch.

„Wohin", fragte Rob, „bringen Sie mich, ich habe wichtige Geschäfte im Süden?"

„Was könnte das sein?"

„Es ist die Warnung von Lord Lovat."

„Es ist bereits erledigt; ich habe vor zwei Tagen einen Mann geschickt."

„Bin ich also Ihr Gefangener?"

Sein Entführer brach in Gelächter aus.

„Nur ein Besucher, Rob", antwortete er, „und nichts weiter."

Auf diese Weise reisten sie nach Norden, durchquerten wilde, einsame Täler und schwarze Schluchten, erklommen zerklüftete Hügel und sahen nur wenige auf der Straße und noch mehr in der Heide. Mehrmals in der Nacht sahen sie die Lagerfeuer der Engländer, aber Muckle John schien das Land selbst in der schwarzen Dunkelheit genauso gut zu kennen. Tagsüber lagen sie dicht versteckt in einer Felsspalte oder schlichen auf der Kuppe eines Hügels herum und beobachteten die umliegende Gegend auf der Suche nach sich bewegenden Truppen.

Zwei Tage nach Robs Flucht aus Fort Augustus näherte sich die Nacht dem Einbruch, als sie eine kleine, steile Schlucht betraten, die von herabsinkenden, zerklüfteten Felsen umschlossen war, während durch ihren gewundenen Verlauf ein Brennen mit melancholischem Unterton trommelte. Rob hatte noch nie einen tristereren Ort gesehen. Selbst von den Adlern verlassen, könnte es sich um eine Behausung der Toten gehandelt haben.

Jetzt stand neben der Brandstelle eine zerbrochene Kiefer vor dem Abendhimmel, und während Rob so grausame Gedanken durch den Kopf gingen, hob er die Augen, und ein Schrei erklang und erstarb unausgesprochen auf seinen Lippen. Denn auf einem einsamen, etwa mannshohen Ast aus dem Heidekraut steckte ein Menschenkopf, dessen Haare noch im Wind flatterten; während darunter die verblichene Uniform eines englischen Soldaten baumelte.

"Sehen!" rief Rob.

Aber Muckle John nickte nur geistesabwesend.

„Sie sind hier in der Gegend so häufig wie Beeren", antwortete er.

„Hier in der Nähe?", wiederholte Rob. „Wessen Land ist das dann?"

Als Antwort sprang Muckle John auf einen Felsen und stieß, die Hände vor den Mund gelegt, einen klaren, durchdringenden Ruf aus. Vom Hügel herüber erklang die Antwort so schnell wie ein Echo.

„Manche nennen es", sagte er, „das Land von Muckle John."

Bevor Rob antworten konnte, kamen mehrere Highlander den Berghang heruntergerannt und begrüßten seinen Begleiter mit allen Zeichen des Respekts und der Freude, was er ganz selbstverständlich auffasste.

Dann gingen sie weiter und kamen zu einer schmalen Engstelle, an deren Eingang ein Mann Wache hielt. Als sie ihren Weg fortsetzten, erreichten sie den Eingang einer Höhle.

Im geschützten Bereich vor der Höhle saßen drei Männer um ein Feuer herum und der Duft frisch gekochter Speisen umwehte ihre gebeugten Gestalten.

„Rob", sagte Muckle John und machte ihm Platz, „willst du hereinkommen, denn wenn ich mich nicht irre, gibt es dort jemanden, der sich freuen wird, dich zu sehen."

Ohne ein Wort, aber voller Begierde, zu erfahren, wen Muckle John meinen könnte, betrat Rob die Höhle. Einen Moment lang ließ ihn die Dunkelheit des Ortes glauben, er sei allein. Dann erkannte er plötzlich die Gestalt eines Mannes, der auf dem Boden lag. Mit einem plötzlichen Schrecken kniete er nieder und erkannte Archibald Cameron, der an Händen und Füßen gefesselt war.

Rob brauchte nur ein paar Hiebe mit seinem Skian Dhu und Cameron war von seinen Fesseln befreit.

Er setzte sich auf, stöhnte und musterte Rob mit einem skurrilen Lächeln.

„Das ist eine seltsame Art der Gastfreundschaft", sagte er. „Wenn Sie den Namen des Herrn erwähnt hätten, dem Sie dienten, hätte ich den Hinweis freundlich aufgenommen."

„Ich diene?" unterbrach Rob: „Das verstehe ich nicht."

Cameron zuckte zynisch mit den Schultern.

„Vielleicht erinnerst du dich nicht an den Brief", sagte er sehr höflich, „vielleicht bist du nicht Rob Fraser?"

„Dr. Cameron", antwortete Rob, „das ist keine Zeit zum Streiten. Ich kenne keinen Brief und bin ein Gefangener wie Sie. Wir sind beide in den Händen von Muckle John."

„Muckle John! So weht also der Wind, was? Oh, ich fange an zu verstehen. Armer Rob, du bist ja der Sündenbock. Muckle John, in der Tat!"

„Du kennst ihn?"

Cameron schnaubte.

"Wer nicht?", sagte er. "Zwischen hier und Rom gibt es kaum jemanden, der noch nicht von Muckle John gehört hat."

„Dann ist er Hannoveraner?"

„Er ist eher wie ein Drachen, der über den Streitereien anderer Leute schwebt."

„Was will er dann von uns?"

"Geld."

"Davon habe ich wenig."

„Du, Rob? Oh nein!" Und er lächelte, als ob ihn die Idee kitzelte.

Rob war äußerst verblüfft und verfiel wieder in Schweigen, und bald darauf betrat Muckle John selbst den Ort.

Er trug Highland-Kleidung und wirkte sehr überrascht, Cameron zu sehen, was nicht zu dem Empfang passte, den dieser unglückliche Herr ihm bereitete. Dann drehte er sich um, klopfte Rob auf die Schulter und bat sie beide, sich zu setzen.

"Das ist schlechte Gastfreundschaft", sagte er auf Gälisch, "aber es sind traurige Zeiten, Dr. Cameron. Alte Feldherren wie wir wissen, dass die Rationen knapp sind, wenn man in die Heide geht."

"Kommen Sie, Sir", erwiderte Cameron, der immer noch stand und auf Schottisch antwortete, "was wollen Sie? Ich kenne Sie sehr gut, und Sie wissen es auch. Ihre Halsabschneider haben mich nicht hierhergebracht, um meine Gesellschaft zu genießen. Aber ich warne Sie, Sie werden dafür zur Rechenschaft gezogen. Es wird ein schönes Ende für Sie geben, Sir, wenn es in Lochaber bekannt wird."

„Lochaber", höhnte Muckle John. „Solange in Lochaber ein Guineestück vergraben ist, würden weder Sie noch der Prinz selbst einen Cameron an seine Seite heben."

„Krasse Worte für einen namenlosen Mann", rief Cameron bitter, aber mit hochrotem Hals. „Hör zu, Rob, vielleicht wirst du so etwas nie wieder hören."

„Ich bin kein Namenloser!", brüllte Muckle John. „Und das wisst Ihr auch."

Cameron lächelte still vor sich hin.

„Umso größer ist der Schandfleck für Ihren Clan – obwohl ich mich jetzt nur noch an das Schottenmuster erinnere", sagte er.

Da warf Muckle John seinen Stuhl zurück, sprang auf und rief einen Namen, den niemand in Lochabers Gegend schweigend hören kann.

Einen Augenblick lang schien Cameron im Begriff zu sein, ihn anzuspringen; dann beherrschte er sich mit aller Kraft und sagte in sehr höflichem Ton:

„Sie werden verstehen", sagte er, „ich habe kein Schwert."

Aber nachdem die Sache nun ausgestanden war, schien Muckle John sehr verärgert und bemüht, die Lage zu beruhigen. Er zuckte die Achseln und spielte mit der Brosche auf seinem Plaid.

„Tuts, Dr. Cameron!", sagte er. „Ich habe herzlich gesprochen."

Aber Cameron runzelte nur die Stirn und schüttelte den Kopf.

„Ich habe kein Schwert", sagte er erneut.

Es gab keinen Zweifel daran, was er meinte. Mit einem Achselzucken drehte sich Muckle John um und verließ die Höhle.

„Wehren Sie sich nicht gegen ihn, Doktor", unterbrach ihn Rob. „Das ist der reinste Wahnsinn. Oh, wie konnten Sie in eine solche Falle tappen? Er hat Sie in die Falle gelockt, um Sie zu töten."

„Rob", antwortete Cameron, „Sie sind zu jung, um die Lebensweise eines Gentleman aus den Highlands zu verstehen."

„Aber Sie sind dem Prinzen doch sicher nützlicher …"

„Pssst, Junge! Nicht gehört. Du hast gehört, welches Wort er benutzt hat. Der Name eines Mannes bedeutet mehr als ein ganzer Clan von Prinzen."

Danach gab es nichts mehr zu sagen.

Die Tür verdunkelte sich erneut und Muckle John trat mit zwei Claymores und Targes ein.

„Draußen ist es heller, Dr. Cameron", sagte er, als ob sie gerade dabei wären, gemeinsam einen freundschaftlichen Kampf zu besprechen.

„Wie Sie wollen", antwortete Cameron gleichmütig und verneigte sich vor ihm, um die Führung zu übernehmen. Aber Muckle John verneigte sich noch tiefer, und mit sehr hoch geneigtem Kopf ging Cameron hindurch.

Vor der Höhle befand sich ein ebener Platz von etwa zehn Fuß im Quadrat, und auf einem Felsvorsprung darüber lagen ein paar Dutzend zerlumpte

Hochländer, die keinerlei Interesse an der bevorstehenden Begegnung zeigten.

Cameron schwang seine Klinge ein- oder zweimal und testete den Stahl auf dem Boden. Die Zielscheibe warf er beiseite. Dann zogen sie ihre Mäntel aus, krempelten die Ärmel hoch und grüßten einander. Als Rob sah, dass die Sache nicht mehr zu reparieren war, setzte er sich ganz traurig auf einen Hügel und fragte sich, wie das alles enden würde. Der graue, trostlose Himmel, die Stille völliger Einsamkeit, die Gruppe schmutziger, regungsloser Hochländer und über und auf ihnen das Glucksen des dünnen Hügelregens ließen sein Herz wie Blei sinken.

Und im tristen Grau des Ganzen stritten sich zwei Männer bis zum Tod um ein übereiltes Wort. Es war eine typische Highland-Situation.

Cameron, eine so kräftige Gestalt, wie man sie sich nur wünschen kann, stand mit dem rechten Fuß vorne auf der Hut, den linken Arm hinter dem Rücken.

Muckle John stand ihm gegenüber, das lange Haar locker um den Hals, die riesigen Unterarme entblößt, vollkommen bewegungslos, eine Gestalt von kolossaler Kraft.

Plötzlich gab es im Eingangsbereich ein leises Handgemenge und Schritte.

„Dr. Cameron – Dr. Cameron!" sagte eine leise Stimme mit der runden Sanftheit eines ausländischen Akzents.

Sie blickten alle auf den schmalen Durchgang, der aus dem Tal unten führte, und Rob sprang bei diesem Anblick auf. Denn da stand Prinz Charlie, gekleidet in ausgeblichene, zerschlissene Kleidung, dünn und gehetzt, aber mit einem Lächeln auf den Lippen.

Kapitel XVII:

Der Besitz des Passes

Er unterschied sich stark von der galanten Gestalt der Tage in Inverness und Edinburgh. Wochenlanges Wandern im wildesten Hochland hatte seine schönsten und bewundernswertesten Eigenschaften zum Vorschein gebracht. Die Not, diese seltsame Prüfung des Menschen, hatte ihn weitaus teurer und romantischer gemacht als je zuvor. Es gab jetzt keine Eifersucht auf irische Favoriten – keine Angst vor englischem Einfluss, wenn St. James's erreicht werden sollte – all das war verschwunden, um nie wieder zurückzukehren. Stattdessen gab es einen Prinzen in einem zerfetzten Kilt und einem schmutzigen Hemd, barfuß und mit einer Waffe in der Hand, einer Pistole und einem Dolch an seiner Seite – ein Mann, genau wie sie selbst und von der Härte des Schicksals auf ihre Treue und Treue angewiesen Beistand.

Hier war tatsächlich ein Prinz, einer, der marschieren und schießen und am Ende des Tages ein fröhliches Wort halten konnte. Hätten sie vor einem Jahr gewusst, was in ihm steckt, wer kann das schon sagen, aber die Highlands wären zu einem Mann aufgestiegen.

Für Rob war er wunderbar, gerade weil er ein Mensch war und in Not. Sogar für Muckle John, so seltsam er auch war, weckte die gequälte Gestalt im Eingang der Höhle eine emotionale Anziehungskraft wie der Singsang eines alten Liedes. Er wusste, dass er eines Tages eine Melodie für seinen geliebten Sänger komponieren würde. Allein der Gedanke daran trieb ihm einen Kloß in den Hals.

Inzwischen hatte der Prinz sie alle mit seinen scharfen, offenen Augen gemustert.

„Meine Herren", sagte er mit völlig erschöpfter Stimme, „ich bitte um Verzeihung, dass ich Sie bei Ihrem Sport unterbreche; aber ich bin, wie Sie sehen, ein Flüchtling und in Bedrängnis. Es ist schön, so unerwartet auf Sie zu treffen, Dr. Cameron, denn ich brauche Ihre Führung in dieser Zeit dringend."

Dann wandte er sich Muckle John zu und musterte ihn von Kopf bis Fuß.

„Ich glaube, ich erinnere mich an Ihr Gesicht, Sir", sagte er. „Wenn dies Ihr Land ist, darf ich dann die Rechte der Hochlandgastfreundschaft beanspruchen?"

„Eure Hoheit...", platzte Cameron heraus. Doch er schüttelte den Kopf.

„Heute kein Prinz“, sagte er, „sondern nur ein gejagter Mann, der sich mehr Gedanken über seine nächste Mahlzeit macht als über die englische Krone selbst.“

Muckle John kam erschrocken nach vorne und kniete vor ihm nieder.

"Eure Hoheit", sagte er, "ich halte dieses Land mit meinem Claymore und den Gewehren meiner Männer; wie ich heiße, ist egal, und wie ich lebe, könnt Ihr vielleicht erraten, und warum diese beiden Herren hier sind, werdet Ihr aus ihrem eigenen Mund erfahren. Aber man wird nie sagen, ich hätte die Not eines Menschen ausgenutzt, am allerwenigsten die traurige Lage Eurer Königlichen Hoheit."

Cameron, der während dieser Bemerkungen unruhig war, unterbrach sich hastig und mit sehr rotem Gesicht.

„Ich kann mir nicht vorstellen, worauf Sie sich beziehen, Sir“, sagte er und musterte Muckle John. „Niemand kann von Rob und mir etwas über jemanden lernen, der dem Prinzen so treu ist wie Sie, Sir.“

„Sir“, erwiderte Muckle John und verneigte sich ernst vor ihm, „Sie werden nicht feststellen, dass ich solche Worte vergesse.“

Bevor jemand weiter sagen konnte, unterbrach der Prinz sie und dankte Muckle John mit gebrochener Stimme. Dann nahm er Cameron beiseite und fragte ihn, wie schnell sie nach Badenoch gelangen könnten, wo er Cluny Macpherson treffen und Neuigkeiten über die französischen Schiffe erfahren sollte.

Cameron wollte gerade antworten, als ein Ruf von irgendwo unten in der Schlucht sie beide dazu brachte, anzuhalten und auf die wachsame Gestalt von Muckle John zu blicken.

Etwas schien seinen Körper in Stein verwandelt zu haben. Rob, der ihm am nächsten stand, trat schnell auf das Guckloch zu, das das Tal überblickte, und blickte den felsigen Abhang hinunter.

Einen Moment lang bemerkte er nichts; Dann sah er mit einem entsetzten Keuchen winzige rote Flecken, die wie Ameisen zwischen den Felsen umherliefen und immer näher kamen – Rotröcke, die der Spur folgten.

Eine Hand berührte ihn an der Schulter.

„Dem Prinzen kein Wort davon“, flüsterte Muckle John, „aber tun Sie, was ich Ihnen sage.“ Und er führte ihn ein Stück weg.

„Nun, Rob“, sagte er, „lass das, was in der Vergangenheit passiert ist, beiseite und denke kaum an Muckle John. Du hast mir gut gefallen, Rob, und als du diesen Brief von der Festung aus geschrieben hast, hätte ich das tun können.“

schrie über den dummen Geist davon. Nun, Rob, da sind die Engländer, und hier müssen wir diesen Pass halten, wenn der Prinz durchkommen soll.

„Aber können wir nicht davonlaufen?"

„Dafür ist er zu müde, Rob, und im offenen Gelände würden wir wie Hasen abgeschossen werden. Und jetzt, fort mit euch allen, und nehmt Grant mit, der euch führen soll. Macht euch nach Süden auf und haltet eine Stunde lang nicht inne. Danach kann ich nichts mehr versprechen." Er drehte sich zur Seite, winkte seinen Männern zu und brachte sie in Stellung entlang des Abhangs.

Rob kehrte zum Prinzen und Dr. Cameron zurück und schilderte die Situation. Lange war Charles fest entschlossen, bei der Verteidigung zu helfen, doch das Wissen, dass ein solcher Kurs wahrscheinlich das Schicksal seiner Freunde besiegeln würde, bewegte ihn zur Flucht. Es war keine Zeit zu verlieren.

Der Besitz des Passes.

In Begleitung des Mannes Grant verabschiedeten sie sich hastig und melancholisch von Muckle John, eilten den Hügel hinunter und verschwanden.

Rob ließ sie schweigend gehen. Der Prinz war vorerst in Sicherheit, und mit ihm Cameron und die Schlüssel zum Schatz. Für ihn wie auch für Muckle John bestand nichts als Gefahr, auch wenn sie sich bei der Passverteidigung durchsetzten.

Plötzlich hallte der erste Schuss durch das trostlose Tal wider, und er kroch vorwärts zu Muckle John, der mit einer Muskete auf den Knien saß.

"Rauben!" „, schrie er mit einer Stimme, halb Wut, halb Überraschung.

„Ich konnte nicht gehen", sagte er einfach.

Einen Moment lang sah Muckle John ihn seltsam an.

„Mann, Rob", sagte er schließlich, „du bist ein seltener Mensch. Aber was ist mit Mistress Macpherson? Versprich mir, dass du auf der Flucht bist, wenn ich es dir sage, und direkt nach Inverness fährst. Sie wird dich bis dahin beschützen." Bessere Zeiten. Versprochen, Rob.

„Ich verspreche es", antwortete er.

Im nächsten Moment begann das Feuer erst richtig.

Rob erfasste die Situation auf einen Blick. Es war sehr unwahrscheinlich, dass die Soldaten zufällig auf sie gestoßen waren. Sie wussten mit Sicherheit, dass der Prinz sich in der Hügelspalte versteckt hielt. Den Ort zu umzingeln war unmöglich. Die einzige Möglichkeit bestand darin, die Verteidigung zu überfallen und den Pass im Sturm zu erobern. Die rücksichtslose Art und Weise, in der sie sich ihnen aussetzten, ließ darauf schließen, welche Beute sie vor sich hatten.

Als er, der Länge nach auf einem glatten Felsbrocken liegend, das Tal hinunterblickte, veranlasste ihn etwas an der Erscheinung eines Soldaten, der etwas abseits stand, nach Muckle John zu rufen und auf ihn zu zeigen.

Doch genau in diesem Moment nahm der Mann seinen Hut ab, um sich die Stirn zu wischen, und sie erkannten die schlauen Züge von Captain Strange.

„Die Krähen versammeln sich", sagte Muckle John mit düsterer Stimme, zielte sorgfältig und schoss auf ihn, wobei ihm der Hut aus der Hand flog.

„Ein Fehlschuss!", rief er bitter, und als wäre der Knall seines Gewehrs das Signal zum Vorrücken gewesen, begannen die Soldaten schnell auf sie zuzukommen.

Rob konnte nicht hören, was Strange ihnen zurief, doch wahrscheinlich waren sie begeistert von der Chance, den Prinzen gefangen zu nehmen, und wetteiferten miteinander darin, den steilen Abhang hinaufzuklettern. Zu ihrer Überraschung waren ein Dutzend von ihnen von Kugeln durchsiebt, bevor sie sich dem Pass auf weniger als hundert Meter genähert hatten.

Dann gingen sie in Deckung und begannen, sich nach oben zu bewegen, wobei sie feuerten. Es war ein Kampf von hundert gegen ein Dutzend; aber nach einer Stunde waren die Felsen mit schweigenden Rotröcken übersät, und immer noch hielt die kleine Garnison stand. Zwei Hochländer wurden getötet und einer verwundet.

Der Prinz hatte seine Chance gehabt. Sofern ihn nicht ein unvorhergesehenes Unglück widerfuhr, war er inzwischen in Sicherheit.

Muckle John rief seine Männer leise herbei, erledigte zwei mit dem Verwundeten und reduzierte so seine Streitkräfte auf sieben. Er zündete sich eine Pfeife an und wartete ruhig auf den nächsten Angriff.

Es kam mit einem wilden Ansturm und etwa zehn Minuten später zu einem vernichtenden Feuer. Die Engländer hatten ein Dutzend Schützen an den Hängen des Hügels stationiert, um den Pass zu kontrollieren, und unter dem Schutz ihres Feuers begannen die übrigen, in Richtung der engen Enge zu rennen.

Ein halbes Dutzend wurde abgeworfen, und trotzdem kamen sie weiter, und drei weitere der kleinen Verteidiger fielen unter dem Kugelhagel.

„Claymores!" rief Muckle John plötzlich, zog seine große Klinge aus der Scheide, warf seine Muskete hin und stürmte auf den vordersten der vorrückenden Soldaten.

Mit frischer Kraft und Schnelligkeit, mit dem Hang als Hilfe, trieben sie den Feind in Verwirrung zurück und mähten ihn nieder wie Korn unter der Sense. Aber zwei weitere Männer gingen verloren und die Verteidigung des Passes näherte sich dem Ende.

Als Letzter begab sich Muckle John wieder auf den schmalen Pfad, und gerade als Rob sich umdrehte, um mit ihm zu sprechen, fiel ein Schuss und eine Kugel blieb in seinem Knöchel stecken.

"Jetzt ist alles vorbei, Rob", sagte er und betrachtete die Wunde. "So könnte ich keine hundert Meter zurücklegen. Geh, Junge, und du, Grant, und du, Macpherson – weg mit dir. Ich kann die Stellung eine Zeit lang halten." Mit Hilfe des Mannes Macpherson band er sich ein Stück seines Hemdes fest um den Knöchel und legte sich auf sein anderes Bein.

Draußen war alles sehr ruhig. Offenbar holte der Feind Luft für den nächsten und letzten Angriff.

„Weg mit dir", sagte Muckle John.

Doch die beiden Männer wollten ihn nicht verlassen. Sie standen bei Rob und warteten auf seinen Zorn – und sie mussten nicht lange warten.

„Grant", schrie er, „was ist das? Hast du nicht geschworen, mir zu gehorchen? Und dir, Macpherson? Oh, dass man mich bis ins Angesicht missachten würde! Verschwinde, oder ich werde dich mit meinem eigenen Schwert töten!"

Sie befanden sich nun im Blickfeld der Soldaten, doch es fiel kein Schuss. Möglicherweise war der Anblick eines Streits zu einem solchen Zeitpunkt zu erstaunlich, um ihn zu verpassen.

Die beiden Highlander wichen seinem Blick aus und lösten sich von ihrem wütenden Anführer und sprachen miteinander auf Gälisch.

"Werden Sie?" brüllte Muckle John.

Sie nickten, und an ihm vorbei schritten sie den Pass hinunter auf die Soldaten zu.

Sogar Muckle John war überrascht. Mit einem scharfen Schrei versuchte er sie aufzuhalten, aber es war zu spät. Bevor er den Weg entlanggeklettert war, waren sie zwanzig Meter entfernt.

Dann lehnte er sich schwer auf die glatte Oberfläche des Felsens, beobachtete sie mit wehmütigen Augen und sagte nichts mehr.

„Lebe wohl!", rief er schließlich. Er holte seine Gesangsmelodie hervor und begann „Die Schlacht der Clans" zu spielen. Sie drehten sich um, salutierten vor ihm, stürmten dann mit ihren Claymores auf die Soldaten zu, schlugen nach rechts und links und fielen inmitten eines Haufens Erschlagener zu.

In der darauf folgenden Pause wechselte Muckle John die Melodie zu „Lament for the Children", das wie ein mondbeschienenes Meer voller Traurigkeit ist. Das ganze Tal lag eine Weile still da und hörte seinem Spiel zu; In einer Art abergläubischer Angst warteten die Rotröcke und fürchteten sich vor den schwarzen Hügeln und der bedrohlichen Landschaft, am meisten aber vor dem angeschlagenen Spieler oben. Es war Captain Strange, der sie aus ihrer Panik riss.

Ganz vorsichtig begannen sie nach oben zu kriechen, und als Muckle John seine Pfeife weglegte und sich umdrehte, um sein Schwert zu holen, sah er Rob neben sich stehen, eine blanke Schlagwaffe in der Hand.

"Sie hier!" er weinte. „Ich dachte, du wärst gegangen. Ich habe geträumt, Rob. Lauf, Junge, denn die Nacht steht vor der Tür. Willst du nicht? Naja, na ja – es ist ein seltener Geist, den du hast, Rob, aber es ist wie ein Stolpern „Du bist heute Nacht wach", und er fegte den Gang mit seinem Schwert.

„Schütze meine Beine, Rob, und wenn ich es leid bin, auf einem Bein zu stehen, lehne ich mich an die Wand." So warteten sie in der zunehmenden Dunkelheit ohne ein weiteres Wort auf den Angriff.

Es geschah ganz plötzlich. Zwei Soldaten stürmten mit wildem Geschrei den hallenden Gang hinunter. Einer wurde augenblicklich von der Spitze von Muckle Johns Schwert getroffen; der andere wirbelte herum und wurde in der Wendung von einem Angriff Robs getroffen.

„Zwei", sagte Muckle John leise und hob seinen Dolch für den kurzen Aufwärtsstich. Nach einer kurzen Pause kamen vier Männer in vorsichtigem Tempo auf sie zu. Sie trugen Musketen, aber sie richteten sie nicht aus, aus Angst, den Prinzen zu treffen, denn für diesen hielten sie Robs undeutliche Gestalt. Stattdessen schlugen sie auf ihn ein und bereiteten sich darauf vor, die Verteidigung ihres Schwertkampfes niederzureißen. Doch da zog Muckle John eine Pistole aus seinem Gürtel und feuerte sie ihnen ins Gesicht, was sie völlig verwirrte. Ein Mann schrie auf, hielt sich die Hände vor die Augen und rannte kopfüber den Abhang hinunter. Seine Schreie jagten Rob einen kalten Schauer übers Herz.

Dann stürmten sie plötzlich den Ort und trieben die vordersten Männer von hinten vorwärts, und selbst Muckle Johns schnelle Stöße und Stiche konnten diesem rücksichtslosen Angriff nicht widerstehen. Innerhalb weniger Minuten standen die Toten und Gefallenen bis zu den Ellbogen in diesem engen Raum.

Die Stimme von Strange, die die Fragmente seiner Streitmacht anspornte, erreichte sie nun. Aber es folgten nur gemurmelte Flüche und mürrische Stimmen, und mit einem Lachen pfiff Muckle John eine Highland-Schimpftirade – eine schelmische, spöttische Melodie, in der jede Menge Unverschämtheit steckte.

Es brachte seine Antwort, denn noch während er pfiff, kam ein einzelner Mann den schwarzen Gang entlang und hielt seinen Schritt nur, als er sich in Schwertnähe befand.

„Muckle John", sagte er leise.

Der andere hörte auf zu pfeifen.

„Zu Ihren Diensten, Captain Strange", antwortete er mit einem Anflug von Belustigung in der Stimme.

„Wirst du es mit mir austragen, Muckle John?" fuhr fort: Seltsam. „Lass es bis zum Tod sein, denn sie werden mir die Arbeit dieser Nacht nie verzeihen."

„Oho!", rief Muckle John. „Das ist eine List! Dachten sie, jemand wie du könnte mich fangen?"

„Nicht Sie, sondern einer, dem Sie Unterschlupf gewährt haben, weiß der Himmel allein, warum. Ist er noch hier?"

„Er ist vor über zwei Stunden abgereist. Sie müssen Lochaber durchsuchen, Captain Strange. Ich bezweifle, dass Sie hier so viel Durcheinander angerichtet haben."

Der Mond stand hoch über den Hügeln, und plötzlich stahl sich ein sanftes, graues Licht von den Felsen und fiel auf die Oberfläche von Strange.

„Was ist mit deinen Männern?", fragte Muckle John schließlich.

Strange lachte bitter.

„Sie werden sich nicht rühren", sagte er, „und wenn doch, kann Rob hier den Pass halten."

„Ich bin kein Henker", sagte Muckle John, „und ich habe nur ein Bein."

„Dann muss ich sagen, dass Muckle John mit seiner Zunge gewandter war als mit seinem Schwert. Aber ich werde nicht Muckle John sagen – ich werde sagen …"

„Genug! Lass diesen Namen seine Zeit abwarten."

Eine Minute lang schwieg Muckle John, dann humpelte er zu der ebenen Stelle vor dem Höhleneingang und nahm einen großen Schluck Wasser.

„Kommen Sie, Sir", rief er, „und Sie, Rob, bewachen den Pass."

Er salutierte vor Strange, der seinen Mantel ausgezogen und die Ärmel hochgekrempelt hatte, doch plötzlich ließ er sein Schwert sinken.

„Sollte ich fallen", sagte er, „was ist mit Rob hier?"

„Er soll freigelassen werden."

Dann stürzten sie sich auf den Boden und das Kratzen von Stahl auf Stahl war das einzige Geräusch in der grimmigen Stille.

Muckle John stützte sein Gewicht auf ein Bein und wehrte die bösartigen Stöße seines Gegners mit unerschütterlicher Ausdauer ab. Dass Strange ein erfahrener Rapierfechter war, erkannte er sofort. Dass er außerdem schlau und flink war, hielt er für selbstverständlich.

Wäre er in der Lage gewesen, in die Offensive zu gehen und seine enorme Kraft in den Angriff einzubringen, hätte kein Rapierspiel seine große Klinge und seinen eisernen Arm abwehren können, und doch machte sich die zunehmende Belastung seines gesunden Knöchels bereits bemerkbar. Er war wie ein Mann, der gegen die Zeit kämpfte.

Mit einer Finte holte Strange zu seinem Hals aus – nur ein Aufblitzen kalten Stahls, doch Muckle John war den Bruchteil einer Sekunde schneller, und sein Gegner erholte sich und duckte sich im Mondlicht wie ein Panther, der im Sprung vereitelt wurde.

Rob hatte sich inzwischen bemüht, den Durchgang zu beobachten; Aber kein Anzeichen eines Angriffs ließ ihn auf der Hut sein, und nur wenige hätten diesem erbitterten Kampf zwischen den Grauen und den wachsamen Felsen den Rücken kehren können.

Vorerst hatte Strange seine Taktik geändert und versuchte, Muckle John anzulocken und ihn aus dem Gleichgewicht zu bringen; Aber es steckte noch mehr dahinter, denn als er sich dem Mond näherte, segelte ein Gürtel aus schwarzen Wolken dahin, und jemand, der wie eine Katze in der Dunkelheit aktiv ist, kann viel tun. Aber auch Muckle John war sich der Wolke bewusst, und als sie über den Mond schwebte und sie in Dunkelheit getaucht waren, drehte er sich schweigend nach rechts, kniete auf einem Knie und richtete sein Schwert nach oben, wobei er sich währenddessen auf seinen nackten Dolch stützte.

Dass Strange auf seiner verwundeten Seite angreifen würde, um eine schnelle Entsendung zu gewährleisten, war mehr als wahrscheinlich. Es war nicht das erste Mal, dass Muckle John in der schwarzen Dunkelheit kämpfte. Einen Moment lang ertönte ein stählerner Pfiff dicht an seinem Ohr vorbei, und als er sich mit einer Drehung des Handgelenks nach oben stürzte, spürte er, wie die Klinge sich durchsetzte, und ein schrecklicher Schrei durchbrach die Stille.

Langsam trat der Mond aus den Wolken hervor und strahlte sein schwaches Licht auf den offenen Raum zwischen den Felsen.

Auf der glatten Oberfläche lag Strange mit ausgestrecktem Arm und umklammerte mit dem anderen seine Brust.

„Er hat hart gekämpft", sagte Muckle John und kam taumelnd auf die Beine. „Ich bezweifle, dass ich ihn getötet habe."

Der Verwundete begann zu husten, wandte sich dann, ohne ein Wort zu sagen, ein wenig von ihnen ab und lag schaudernd völlig still da.

Einen Moment lang blieben sie über ihm stehen, dann wandte sich Muckle John an Rob.

„Komm", sagte er, „denn wir müssen vor Tagesanbruch weit von hier weg sein."

Und so verließen sie diesen schrecklichen Ort mit all seinen stummen Gestalten am Berghang und dieser einen einsamen Gestalt, die zusammengekauert im Mondlicht lag. Muckle John lehnte auf Robs Schulter und humpelte nach Westen.

KAPITEL XVIII

DER PFIFF DER BANSHEE

Im Grau der Morgendämmerung rief Muckle John Halt.

„Rob", sagte er, „es ist Tag und seit gestern Abend nur eine Meile zurückgelegt. Weißt du, was das bedeutet? In ein paar Stunden wird Verstärkung aus Fort Augustus eintreffen, sie werden Stranges Leiche finden – was muss dann folgen?"

Rob schüttelte den Kopf. Eine Flucht schien unmöglich.

"Und doch", sagte Muckle John, "muss es einen Weg geben - es gibt immer einen Weg, Rob, wenn du dir Mühe gibst. Es gibt kein Gefängnis, das nicht durchbrochen werden kann, keine Mauer, die nicht erklommen werden kann - mit Glück und einem kühlen Kopf. Ich weiß es, Rob, denn habe ich es nicht schon oft getan? Aber ich hatte immer ein gesundes Paar Beine. Lass uns die Situation betrachten, Rob. In ein oder zwei Stunden wird es in dieser Gegend von Rotröcken wimmeln. Sie glauben, der Prinz sei hier in der Nähe. Jetzt kann ich in dieser Zeit keine halbe Meile zurücklegen, und es gibt keine Deckung, an die man denken sollte. Der Boden ist auch nicht sumpfig, sonst könnte ich mich bis zur Nacht vor meiner Nase verstecken. Aber es gibt einen Weg, Rob..."

Er hielt inne und befingerte ganz zärtlich seinen Knöchel, wobei er einen Streifen seines Hemdes eng darum wickelte.

„Dort auf der Anhöhe, Rob, liegt eine Burgruine, von der zwar nicht mehr viel übrig ist, aber es gibt noch vier Mauern, einen Haufen Steine auf dem Dach und eine Grabstätte."

„Eine Grabstätte?"

„Ja, aber das kann nicht schaden. Dort wurde ein Häuptling der Macraes begraben, es heißt, er sei ein sehr seltsamer Mann gewesen, aber ich habe seinen Stein schon lange nicht mehr angeschaut. Nach Einbruch der Dunkelheit kommt niemand mehr in seine Nähe, Rob , und denken Sie daran, ich sehne mich nicht nur danach."

„Aber sicherlich werden sie den Ort durchsuchen?"

„Rob", sagte Muckle John schlau, „es gibt ein Suchen und Suchen. Es gibt einen Deal darin, sich zu verstecken, wo die Leute nicht nach dir suchen."

Wieder machten sie sich mühsam auf den Weg, Muckle John stützte sich auf Robs Schulter und stützte sich mit einer groben Krücke ab, die aus einem Baum am Hang gehauen worden war. Direkt über dem Hügel sahen sie die grauen Steine der alten Festung, von der Muckle John gesprochen hatte, ein allem Anschein nach recht dürftiger Zufluchtsort, den die Soldaten sicherlich nicht übersehen würden.

Innerhalb der Mauern war das Gras hoch und üppig und mitten darin stand eine Granitplatte auf vier anderen Platten, die ein quadratisches, stark moosbedecktes und verfallenes Denkmal bildeten, das die Grabstätte der Macrae kennzeichnete.

Gegenüber in der Wand befand sich ein großer offener Schornstein. Muckle John humpelte dorthin und winkte Rob zu, während er nach oben starrte.

„Sehen Sie hier“, sagte er, „etwa einen Meter hoch ist eine Stelle in der Wand, die groß genug ist, dass sich ein kleiner Mann darin verstecken könnte. Sie können sie aus gutem Grund nicht sehen, aber es ist ein schönes Versteck. Komm, Rob, auf meine Schultern – wir haben keine Zeit zu verlieren.“

„Aber was ist mit dir?“, fragte Rob.

„Oben“, sagte Muckle John, „ich sehe sie auf der Hügelkuppe.“

„Nein“, sagte Rob, „ich werde nicht gehen, bis …“

Aber für mehr hatte er keine Zeit mehr, denn Muckle John packte ihn an der Kehle und presste ihm den Atem aus.

„Komm nicht mit mir ins Wortgefecht, du Fraser-Idiot“, knurrte er, „hoch mit dir, oder ich breche dir das Genick.“

Danach war Rob nur allzu bereit, sich aus der Reichweite dieser schrecklichen Arme zu befreien.

Im Schornstein gab es, genau wie Muckle John gesagt hatte, eine Stelle, die geschickt ausgehöhlt war, so dass man sie von unten nicht sehen konnte. Wenn man nach oben blickte, sah man dort nur ein quadratisches Stück Himmel und das zerbrochene Mauerwerk, das die Spitze säumte.

Zusammengekauert, mit dem Kopf auf den Knien, lauschte er auf ein Wort von Muckle John. Aber es kam keins. Er hörte nur ein merkwürdiges Schlurfen und ein Geräusch wie das Zuschlagen einer Tür.

Plötzlich, es schien etwa eine Meile entfernt, ertönte ein Signalhorn und ganz schwach drang das Echo eines Rufes zu ihm herüber.

Durch die leere Fläche unter ihm hörte er das Heulen des Windes und sein Singen im hohen Gras, doch von Muckle John war kein Wort zu hören.

Draußen auf dem Moor hörte er den Bach fröhlich über die Steine prasseln. Es war ein heller Frühlingsmorgen voller Vogelgesang, den man nur schwer mit plötzlichem Tod und einem schnellen Begraben unter dem Heidekraut in Verbindung bringen konnte. Diejenigen, die den Engländern auf ihren Streifzügen in die Berge begegnet waren, hatten wenig Grund, auf Gnade zu hoffen, und keinen Grund, auf die Würde eines Prozesses. Es war besser, das Haus durch die Hintertür zu verlassen und den Kugeln auszuweichen. In jenen fernen Tagen war ein englischer Soldat auf fünfzig Meter Entfernung vergleichsweise harmlos.

Rob spitzte die Ohren, um nach einem Geräusch zu suchen, das auf sie hindeutete. Aber es gab nicht den geringsten Hinweis auf drohende Gefahr. Er wusste nicht, ob sie die Gegend um Loch Ness absuchten. Sie konnten inzwischen schon ein paar Meilen entfernt sein. Er wurde bereits äußerst steif. Er kämpfte mit der wachsenden Versuchung, ein Bein auch nur einen Zentimeter zu bewegen. Er tat es sehr vorsichtig. Es gelang ihm, ein Geräusch zu machen – zwar kein lautes Geräusch, aber in diesem hohlen Ort laut genug, um ihm vor Angst eine Gänsehaut zu verpassen. Aber nichts geschah, es war kein Flüstern von spionierenden Rotröcken zu hören, die sich heimlich zwischen den Ruinen hindurchschlichen und im Umkreis von einem Meter um sein Versteck herum nach allem lauschten, was sie hören konnten.

Plötzlich hörte er ein Rascheln im Gras unter sich und ein Knarren wie das Geräusch eines Stiefels. Er war sofort wie gelähmt vor Angst. Es ist gut genug, dem Tod im Freien zu begegnen, obwohl es dort keineswegs eine angenehme Angelegenheit ist, aber eingesperrt in einem Schornstein zu sitzen und nicht sehen zu können, was oben oder unten passiert, ist mehr, als die menschlichen Nerven ertragen können. Er verspürte das verlockende Verlangen, über den Rand zu spähen, einen ermutigenden Blick auf das grüne Gras darunter zu erhaschen und sich zu vergewissern, dass nicht ein rotgesichtiger englischer Soldat nach oben spähte oder sein Bajonett richtete, um es darin herumzustechen.

Aber tief in seinem Herzen wusste er, dass er mit Sicherheit das sehen würde, wovor er sich am meisten fürchtete, wenn er nach unten schaute, und so lag er regungslos da, jeder Knochen seines Körpers schmerzte und ein Bein kribbelte vor Taubheit, als ob Dutzende Nadeln es von allen Seiten stechen würden Seite.

Und noch immer geschah nichts. Man hörte nur das Heulen des Windes um die bröckelnden Mauern und das unaufhörliche Trommeln des Baches auf dem Moor.

Schließlich fiel er in eine Art Dämmerzustand, als das Blut in seinem Körper nicht mehr zu zirkulieren schien, und einmal stieß er seinen Kopf schmerzhaft gegen die scharfen Kanten der Spalte, nachdem er vor Erschöpfung genickt hatte. Seine Augen wollten nicht offen bleiben, und ein schrecklicher Kampf gegen den Schlaf begann. Er war bereits von den

Soldaten vor Captain Campbells Zelt unsanft geweckt worden, und er hatte keine Lust, noch einmal so etwas zu erleben. Er begann Geräusche zu hören, von denen er tief in seinem Herzen wusste, dass sie nicht existierten, oder wenn doch, dann wurden sie von wilden Tieren oder Vögeln verursacht, die sich für einen Moment über seinem Kopf niederließen. Er begann, auf die gegenüberliegende Seite des Kamins zu starren, wo er sehr schwach die Kieselsteine erkennen konnte, die im Mörtel steckten, und die grob abgesplitterten Steine. Diese zählte er eine Zeit lang, um das Bajonett aus seinen Gedanken zu vertreiben. Aber immer sah er die glänzende, stahlkalte Spitze direkt vor seinem Gesicht. Jetzt konnte er es sehen. Das war doch sicher ein Bajonett? Rob schloss die Augen ganz fest, dann öffnete er sie wieder. Es war immer noch da. Mehr noch, es bewegte sich – es schabte nur wenige Zentimeter von seinem Fuß entfernt über den Stein. Er sah, wie ein kleines Stück sauber abgesplittert war. Er hörte es förmlich auf den leeren Boden darunter prasseln.

Mit einem furchtbaren Schock erkannte er, dass es ein Bajonett war – dass sie gekommen waren – dass der Ort heimlich und geisterhaft voller Soldaten war, vielleicht schon seit Stunden. Der Schlaf war augenblicklich verjagt und die Angst machte ihn wieder wachsam. Seine einzige Hoffnung lag in völliger Stille. Wieder schwebte das Bajonett wie eine Schlange nur wenige Zentimeter von seinen Knien entfernt. Er wusste, dass der Mann trotz der scheinbar glatten Leere des Kamins leicht misstrauisch nach oben starrte. Er war nicht zufrieden. Das Bajonett arbeitete sich erneut um den Ort herum. Ein weiteres Stück brach ab, diesmal ein größeres Stück. Warum, fragte sich Rob mit Schweiß auf der Stirn, versuchte der Mann es nicht auf der anderen Seite? Dort war es genauso wahrscheinlich. Wusste er es wirklich? War das ein kleiner Zeitvertreib? Es war fast mehr, als er ertragen konnte.

Sehr vorsichtig drehte sich das Bajonett wieder blind um seinen Kurs, und diesmal traf es etwa einen Achtelzoll von seinem Unterkiefer. Das nächste Mal würde es seine nackte Haut treffen. Plötzlich verschwand das Bajonett. Der Mann hatte es offenbar satt oder war überzeugt, dass es im Kamin kein Versteck gab. Er zog sein Gewehr herunter und alles war wieder ruhig.

Rob wollte gerade seine schmerzenden Glieder lindern, als ein seltsam süßer Geruch an ihm vorbeizog. Unten unten rauchte jemand, und außerdem befand er sich ganz in der Nähe des Schornsteins, um den Duft durch den Schacht hinaufzuleiten. Rob dachte sehr sorgfältig über die Angelegenheit nach. Es schien möglich, dass der Soldat allein war und sich seiner Anwesenheit überhaupt nicht bewusst war. Ein Mann rauchte nicht im Stillen, es sei denn, er war Einzelgänger, und Rauchen war eine müßige Freizeitbeschäftigung, die nicht mit vorsätzlichem Mord verbunden war. Vielleicht war der Kerl verloren oder müde. Vielleicht (der tröstlichste Gedanke von allen) würde er einschlafen. Er fragte sich, wie er da saß und ob er mit halb geschlossenen Augen und dem Scheitel seines Kopfes nicht so weit unter ihm am Herd lehnte.

Mit größter Vorsicht beugte sich Rob vor und spähte hinüber.

Es war genau so, wie er es sich vorgestellt hatte. Am offenen Kamin saß ein Soldat ganz entspannt zusammengekauert, den Hut auf dem Boden, den Rücken gegen die geschwärzte Steinplatte gelehnt, die Pfeife schief im Mund und sein strähniges Haar zerzaust und zu Berge gestellt. Er döste. Noch während Rob ihn beobachtete, glitt die Pfeife in seinem Mund auf seinen Mantel, wo sie auf der Seite lag und eine dünne Rauchwolke aus der Pfeife drang.

Rob dachte über die Situation nach. Er war überzeugt, dass der Mann allein war, aber es bestand die Möglichkeit, dass er dorthin geschickt worden war, um auf den Suchtrupp zu warten. Der Zustand dieses Bezirks war kaum geeignet, einzelne englische Soldaten dazu zu ermutigen, nach Belieben zu schlafen. Die grässliche Kiefer, nur ein oder zwei Meilen von diesem Ort entfernt, war eine düstere Erinnerung daran.

Rob war stark geneigt, sich auf ihn zu stürzen, während er schlief, und darauf zu vertrauen, ihn bewusstlos zu schlagen oder ihn mit dem Dolch zu erschlagen, während er in dem engen Kamin kämpfte. Es waren keine sanften Zeiten. Für Rob schien es eine ganz natürliche Handlung zu sein, den Soldaten unter ihm als einen geschworenen Feind zu erschlagen, für den kein Mitleid in Frage kam – einen Eindringling und Mörder seines Volkes. Unter keinen Umständen hätte Rob einem Engländer mit Sympathie oder Bewunderung begegnen können, da er jahrhundertelang als natürlicher Feind angesehen worden war, und jetzt sogar als ein sehr erbitterter.

Wenn es ihm jedoch nicht gelang, den Mann zu töten, war das Spiel vorbei, und selbst wenn sein Vorhaben erfolgreich gewesen wäre, wäre die Lage für sie nicht viel besser, denn Muckle John konnte keinen sicheren Ort erreichen, und ein weiterer abgeschlachteter Engländer würde nur auf ihre unmittelbare Nähe in der Nachbarschaft hinweisen und den Einsatz der Soldaten verdoppeln.

Und dann, als wollte er die Sache ein für alle Mal regeln, ertönte ganz in der Nähe ein Signalhorn, der Soldat erwachte und rappelte sich auf, draußen auf dem Moor war Marschgeräusch zu hören und das Platschen eines Pferdes, das durch die Brandung schritt. Rob hörte, wie ein Befehl gegeben wurde und die Waffen am Boden blieben. Er hörte der Verlesung des Namensaufrufs und den Entlassungsworten zu.

Der kurze Nachmittag neigte sich dem Ende zu und zu seinem Entsetzen stellte er fest, dass sie für die Nacht campen wollten.

Er hörte, wie mehrere Männer in den offenen Raum unten eintraten, und ihre Unterhaltung erreichte ihn in seinem Versteck. Was sie sagten, war wenig tröstlich. Soweit er es beurteilen konnte, befragte der befehlshabende Offizier gerade den Soldaten, der unter dem Schornstein eingeschlafen war.

„Habe ich wohl niemanden gesehen?" Er sprach mit einem Highland-Akzent.

„Nein, Sir, und ich habe den Ort gründlich abgesucht."

„Warst du im Schornstein?"

"Jawohl."

„Unter den Grabstein dort geschaut?"

„Nein, Sir, das kann man nicht verschieben."

„Rufen Sie zwei der Männer, wir werden uns bald darum kümmern."

Es herrschte einen Moment Stille und dann war ein Heben zu hören.

„Ich kann es nicht bewegen, Sir."

„Hier, lass mich helfen."

Plötzlich befürchtete Rob, dass Muckle John vielleicht dort Zuflucht gesucht hatte – aber nein, was vier Männer nicht bewegen konnten, das konnte er mit seinem verletzten Knöchel kaum heben.

„Sergeant", sagte der Offizier, „marschieren Sie mit zwölf Männern zurück zur Höhle, in der gestern das Gefecht stattgefunden hat, lassen Sie die anderen vier bei mir, wir werden die Nacht hier verbringen."

„Hier, Sir – mit diesem Stein?"

„Es braucht mehr als einen toten Jakobiten, um mir Angst zu machen", antwortete der Offizier, und ein paar Minuten später hörte Rob das Trampeln von Füßen erneut verklingen.

Es wurde schnell dunkel und er fragte sich, was Muckle John tat und wo er war, ob er ein Zeichen geben würde, wenn er im Heidekraut versteckt lag, oder ob er die ganze schreckliche Nacht eingesperrt wie ein Huhn in einem Pferch verbringen musste.

Er musste ein wenig eingenickt sein, als ihn ein seltsames Geräusch aufschrecken und mit gespitzten Ohren lauschen ließ. Es war ein vertrautes Geräusch – nur das scharfe Knistern von Brennholz, aber jetzt hatte es eine schreckliche Bedeutung, denn ein Hauch von Rauch, der ihm ins Gesicht stieg, ließ seine Augen tränen.

Sie hatten unten im Kamin ein Feuer angezündet. Der dünne Rauchfaden wuchs zu einer Säule heran, die schwankend nach oben wirbelte. Er wurde zu einem festen, erstickenden, heißen Volumen. Mit einem Schluchzen aus Schmerz und Verzweiflung bedeckte Rob sein Gesicht mit seiner Haube. Für ein paar Minuten waren seine Augen und seine Nase dadurch erleichtert, aber die Gefahr zu ersticken war nur geringer als die, bei lebendigem Leibe geröstet zu werden. Sie hatten ein großes, loderndes Feuer entfacht. Er hörte, wie lose Äste und getrocknetes Heidekraut in Bündeln in die Flammen fielen.

Seine Ohren sangen vor Erstickung, sein Gehirn wirbelte und sein Atem kam in kurzen Stößen, wie ein Fisch am Ufer nach Luft schnappt. Und dann fiel er mit einem jämmerlichen Schrei nach vorn, auf das Feuer selbst und stürzte mitten unter die Soldaten, wobei Rauch und Funken aufwirbelten.

Der Offizier glaubte, die geschwärzte, zerlumpte Gestalt könne der Prinz selbst sein, und trat schnell die Flammenzungen aus seiner Kleidung, zerrte ihn auf die Füße und starrte ihm ins Gesicht.

„Tuts", sagte er in einem Ton tiefer Enttäuschung. „Es ist nur ein Junge."

„Es ist der Junge, der entkommen ist", rief ein Soldat, der ihn ansah; „Der Herzog bietet fünfzig Pfund für seine Verhaftung."

„Welcher Junge?" fragte der Beamte und musterte Rob mit einigem Interesse.

„Rob Fraser, er weiß …", aber der Beamte unterbrach ihn. „Egal, was er weiß", sagte er gereizt, „binden Sie ihn und stellen Sie ihn an die Wand."

Als Rob lange Zeit wieder zu sich kam und seine Augen sich an das Licht des großen Feuers gewöhnt hatten, beobachtete er den Offizier beim Abendessen. Er war ein kleiner rothaariger Mann mit kalten blauen Augen und weißen Augenbrauen, der für alle Welt wie ein Dachs aussah, und auf dem überall Campbell stand. Es war ein schlimmer Tag, an dem ein Campbell in aller Ruhe über das Land stolzieren konnte.

Nachdem er sein Essen aufgegessen hatte und Rob nichts anbot, der ihn vor Hunger beinahe um einen Bissen angefleht hatte, zündete der Offizier seine Pfeife an, rief seine Männer herein und sagte ihnen, sie könnten entlang der Mauern des Gebäudes schlafen.

Er war beim Essen und Trinken überaus umgänglich und kam auch ins Gespräch, und da er wie die meisten kleinen Männer sehr darauf erpicht war, zu zeigen, was für ein fürchterlicher Kerl er war, erzählte er mit dem Geist eines Riesen die Geschichte von der Banshee von Loch Fyne, und zwar so geschickt, dass die Soldaten sich ein wenig zusammenzogen und etwas unbehaglich die Flasche herumwarfen.

„Es kam von einer einsamen Insel", sagte er, „und niemand sah es über die graue Oberfläche des Sees fliegen – aber es gab einen traurigen Schrei, der hoch oben in den Wolken zu sein schien, und einen kalten Wind, der wie ein Gespenst am kargen Ufer entlangfegte. Oh, es war die seltene Banshee von Loch Fyne, und manche sagten, sie lebte auf der einsamen Insel, wo die Toten lagen, denn sie kam immer dort vorbei und war nie allein unterwegs."

„Ich mag diese Geschichten aus den Highlands nicht", sagte ein Engländer mit Schaudern, „am allerwenigsten hier in der Gegend. Ich habe in Holmbury Hall von einem Gespenst gehört …"

„Pfeife zu deinen Geistern", unterbrach ihn ein großer Schotte aus den Lowlands, dessen Augen von der Geschichte der Banshee groß geworden waren. „Der Kapitän hier hat die Banshee gesehen, nicht wahr, Sir?"

Nun hatte der Offizier dieses Privileg nie zuvor in Anspruch genommen. Es ist unwahrscheinlich, dass er als Mann aus Glen Etive jemals an den Ufern des Loch Fyne gewesen war, und es ist auch fraglich, ob die gefürchtete Todesfee nicht eine Reisegeschichte war. Wie dem auch sei, er war nicht bereit, seine Zuhörer zu einem so günstigen Zeitpunkt zu enttäuschen.

„Einmal – einmal", antwortete er, ein Mann, der so wahrheitsgetreu war, wie es eine Lüge nur zuließ, „nur einmal und das um Mitternacht – ein klarer Mond am Himmel und kein nennenswerter Wind. Ich war damals ein junger Bursche, kaum zwanzig, und so rücksichtslos, wie man nur sein konnte. Es wurde immer gesagt, dass die Todesfee um zwölf Uhr von der alten Grabstätte aufstieg und, über den See schwebend, zu ihrem bösen Auftrag aufbrach. Es gibt Leute, die den armen Angus Campbell eine ganze Winternacht lang jammern hörten und seine Stimme oben in den Wolken: ‚Tha e lamhan fuar: Tha e lamhan fuar! Es hat eine kalte, kalte Hand!'"

„Meine Güte", keuchte der Tiefländer und schleppte sich näher an das Feuer heran.

Auf jedem Gesicht über der sterbenden Flamme war abergläubische Angst geschrieben. Sogar Rob, schwach vor Nahrungsmangel und voller Elend, hörte seine Zähne klappern, als er das Bild sah, das der kleine Mann zeichnete – denn er war ein Künstler mit schaurigen Effekten.

„Ich ruderte hinüber", fuhr er fort, „und der ganze Clachan sah mir zu. Ich ruderte unter einem aufgehenden Mond über den silbernen See hinaus, und es gab kein Flüstern von dem, was kommen würde, nicht einmal die sanfte Musik der Banshee." .."

"Was war das?" keuchte einer der Soldaten mit zitternder Stimme.

Sie alle drehten sich um und lauschten.

„Ich dachte, ich hätte weit weg eine Melodie gehört", flüsterte er und zitterte vor Angst.

„Tss", sagte der Offizier, aber nicht gerade erfreut, „es war nichts. Aber die Melodie, die die Banshee spielt, ist eine merkwürdig verdrehte Melodie, und wenn man sie einmal gehört hat, kommt man nicht mehr davon los – was war das? Ich könnte schwören, dass ich etwas gehört habe."

Diese Worte des kleinen Offiziers selbst versetzten alle in große Aufregung. Jemand wollte noch Holz ins Feuer werfen, stellte aber fest, dass keins da war. Die beiden, die der offenen Stelle in der Mauer am nächsten standen, rückten so dicht an ihre Kameraden heran, dass sie wie eine Herde Vieh zusammengekauert dastanden.

Rob kauerte im Schatten der Wand, überwältigt von einer ähnlichen Angst. Vergessen war Muckle John – vergessen war sein bevorstehendes Schicksal – es blieben nur die gefürchtete Todesfee und das ferne, eindringliche Echo einer Melodie und die Fremdartigkeit des Ortes, an dem sie sich befanden.

„Kommen Sie, kommen Sie", sagte der Offizier und versuchte sie zu beruhigen, „es ist seltsam, wie der Mut an diesen verlassenen Orten ist. Wie ich schon sagte, lag ich da und beobachtete den großen Grabstein, auf dem das Mondlicht ruhte, als ich etwas hörte Eine Welle von Musik, die mir das Fleisch auf die Knochen gleiten ließ und mein Haar ganz klar und prickelnd aufstellte. Und könnt ihr mir glauben, der Stein des Grabes begann sich zu erheben ...“

"Hören!" schrie Rob.

Seine schrille Warnung wirkte auf sie wie ein elektrischer Schlag. Sie rappelten sich in einem vollkommenen Schreckensanfall auf. Und dann ertönte in weiter Ferne wie ein gespenstischer Takt eine beschwingte, gespenstische Melodie. Es klang grässlich an diesem düsteren Ort, an dem nur das düstere rote Licht auf den zerbrochenen, verwunschenen Wänden lag – grässlich, nur weil es ein unbedeutender, spöttischer Satz einer Melodie war, der auf grimmige und herzlose Weise gespielt wurde.

Aber es sollte noch mehr kommen.

„Lasst uns hier verschwinden", stöhnte einer der Engländer mit heiserer Stimme, aber er sprach zu spät.

Denn vor ihren erschreckenden Augen begann sich die Decke des gewaltigen Grabes zu heben – zu heben – zu heben, und die Melodie wurde klarer und kam immer näher, als würde ein Mann langsam in ihre Mitte marschieren.

Dann gab es eine Szene, wie sie das einsame Moor noch nie zuvor gesehen hatte und nie wieder sehen wird. Denn mit einem einzigen Schrei des

Schreckens stürmten sie gemeinsam zur Tür. Und an erster Stelle stand der kleine Offizier. In der stillen Nacht rasten sie, stolperten, fielen, wagten es nicht, zurückzublicken, sondern machten sich auf den Weg, Fort Augustus so schnell wie möglich zu erreichen.

Nur einmal hielt der kleine Offizier inne, nachdem er mit dem Kopf voran in ein Moor gefallen war, und als er herauskletterte, hörte er (oder behauptete, er hätte es gehört), dass das Ding, das ihm auf den Fersen war, drei Meter über dem Boden schwebte und spielte, wie es kam.

Rob, der nicht fliegen konnte, wurde zu einem Mut gezwungen, den er nicht mochte. Und so bereitete er sich mit fest geschlossenen Augen und dem Kopf unter einem Grasbüschel vergraben auf das Ende vor. Er wollte diesen schrecklichen Anblick nicht noch einmal sehen. Er hörte das wilde Getöse der fliegenden Soldaten – er hörte einen lauten Knall, als würde eine schwere Tür zugeschlagen – und lauschte mit zitternden Gliedern der geisterhaften Melodie, die auf dem Moor verklang.

Und dann hörte er wieder Schritte und wusste, dass die Todesfee gekommen war, um ihn nach Belieben zu fressen.

Es tastete über den Boden nach ihm. Jetzt berührte es ihn. Seine Hände waren so kalt, wie der kleine Offizier gesagt hatte.

„Rob!", sagte Muckle John und schüttelte ihn.

Er stieß einen gedämpften Schrei aus, teilweise weil sein Mund so mit Gras vollgestopft war, teilweise vor Schock, aber hauptsächlich, weil alles so unerwartet kam.

Muckle John sagte nichts, sondern schnitt ihn los, nahm die Seilstreifen und warf sie ins Feuer.

„Sollten sie jemals zurückkommen, was höchstens bei Tag der Fall sein wird", sagte er, „werden sie wissen, dass es euch bis auf den letzten Bissen aufgefressen hat. Aber ich bezweifle, dass sie es tun. Lass uns das Feuer anfachen, Rob, und schlafen, denn eine Weile wird uns kaum jemand stören."

„Aber wie konntest du das tun, Großer John?"

Er legte ein paar Stöcke auf die Glut und begann, die Reste des Abendessens der Soldaten zu essen.

„Habe ich nicht gesagt, dass es immer einen Weg gibt, Rob? Sag mir, dass du ihn nur finden musst. Es gibt hier in der Gegend nur wenige Orte, die ich nicht kenne, Rob, und vielleicht spricht das für mich. Aber wenn ich sagen würde, dass der Grabstein überhaupt kein Grabstein ist und dass Macrea nur eine Redewendung ist, muss ich zugeben, dass ich dich vielleicht getäuscht habe. Aber so wie der Fuchs, Gott segne ihn, sein Versteck kennt, bevor er auf die Jagd geht, so habe ich, Rob, schon lange kleine Vorbereitungen getroffen. Sie könnten eines Tages nützlich sein, und als ich mich im Jahr 1941 aus privaten Gründen in demselben Stein versteckte, war ich froh genug, diese Vorsichtsmaßnahme getroffen zu haben."

„Wofür war das?", fragte Rob und nickte schlaftrunken mit dem Kopf.

Aber Muckle John reichte ihm nur ein Fladenbrot und eine Tasse Wasser aus dem Bach.

„Das wäre verräterisch", sagte er, hüllte sich in seinen Plaid und saß blinzelnd da, um ins Feuer zu blicken.

KAPITEL XIX

DER TANZ DER MACKENZIES

Während Muckle Johns Knöchel verheilte, versteckten sie sich in der zerstörten Burg, und es wurde eine solche Geschichte über die Todesfee erzählt, dass man einen großen Bogen um den Ort machte. Jeder der vier Soldaten erzählte einem Dutzend anderer Soldaten von dem schrecklichen Erlebnis, und diese fügten noch eine Kleinigkeit hinzu und gaben es weiter, sodass innerhalb eines Tages ganz Fort Augustus davon erfuhr. Bald sprach es sich unter den Suchtrupps in den Bergen herum, und innerhalb einer Woche wurde es von Edinburgh nach London geschickt.

Viele spotteten tatsächlich über die Sache, aber da niemand kam, um die Banshee persönlich zu testen, wurde Muckle Johns Wunsch nach absoluter Ruhe erfüllt. Das Schloss wurde danach noch ein ganzes Jahrhundert lang mit tiefem Respekt behandelt.

Es fiel Rob zu, nachts das Nachbarland nach Nahrung abzusuchen, und so verging eine Woche ziemlich friedlich, und als sich eines Abends schönes Wetter und eine sternenklare Nacht ankündigten, machten sie sich bereit, wieder aufzubrechen.

„Lass uns zum Loch Carron aufbrechen, Rob", sagte Muckle John, „das Land dort ist frei von Truppen und wenn wir Nachrichten von einem französischen Schiff im Sound of Sleat hören, können wir nach Süden fahren."

„Müssen wir nach Frankreich gehen, Großer John?"

„Das oder Holland, Rob — aber nur für eine Weile. Das wird alles vorübergehen, und wenn du dir einen Bart wachsen lässt, wirst du zurückkommen und niemand wird dich kennen."

„Aber willst du nicht auch zurückkehren?"

„Ich? Das kommt darauf an, Rob. Ich bezweifle, dass das Land zu ruhig für mich sein wird. Die Highlands sind nicht mehr das, was sie waren. Ich erinnere mich an den Tag, an dem ein Gentleman nach Belieben ein paar Stück Vieh schlachten konnte. Aber davon wird es bald nicht mehr viel geben, Rob, und ich bin nicht dazu erzogen worden, wie ein Tiefland-Bailie zu handeln."

Muckle John war von dieser Aussicht etwas deprimiert und seufzte. Sie machten sich wieder auf den Weg und erreichten Glen Affrick vor Tagesanbruch. Dort blieben sie im Schutz einer Felswand verborgen, bis sie am Abend wieder aufbrachen und zwei Tage später am Ufer von Loch Carron Halt machten, da sie auf dem Weg keine Gefahren erlebt hatten.

Am Ende der Schleuse befand sich ein kleines, schäbig aussehendes Gasthaus, und draußen saßen ein halbes Dutzend rau aussehender Männer auf ihren Fersen – dunkelhäutige, schwarzhaarige Kerle im Mackenzie-Tartan. Sie plapperten wie Affen miteinander, als Muckle John und Rob näher kamen, aber als sie sie sahen, verstummten sie und starrten sie beide mit feindseligen, unverschämten Augen an. Es gab dort keinen Mann, der nicht an Culloden dachte, sobald er sie sah – Muckle John mit seinem Hinken und Rob mit dem gejagten Jakobiten, der ihm überall ins Gesicht geschrieben stand. In jenen Tagen, als eine Truppe Rotröcke unter dem kleinsten Vorwand ein harmloses Dorf niederbrennen konnte, waren Fremde nicht sehr willkommen.

Aber sie sagten nichts und starrten sie unter ihren struppigen Brauen finster an.

Muckle John musterte sie mit einem Blick. Er las genau, was in ihren Gedanken vorging, und mit einem ruhigen „Guten Tag“ ging er an ihnen vorbei und betrat das Gasthaus.

„Rob“, flüsterte er, „keine Bewegung, bis ich es dir sage.“

Eine hagere alte Frau saß auf einem Schemel vor dem Torf. Sie hob die Augen und starrte sie beide eine Zeitlang schweigend an – dann ließ etwas in Muckle Johns Körperbau sie erneut anstarren, bis er den Kopf neigte und in ihr faltiges, gelbes Gesicht blickte.

„Das ist doch was“, rief sie mit heiserer Stimme, „bist du hier?“

"Whisht!", sagte Muckle John, "wie geht es dir, Sheen?"

Sie säuselte vor Freude über den Namen, den er benutzte.

„Es ist gut“, antwortete sie, „aber was ist mit dir – und was kann ich tun?“

„Sagen Sie mir, Sheen“, sagte er, „was ist mit diesem Ort – ist er sicher?“

Sie schüttelte den Kopf.

„Hier herrscht Tod“, sagte sie. „Neil Mackenzie ist aus dem Krieg zurück – er ist gerade von der Jagd nach dem Prinzen zurückgekehrt. Sie müssen fliehen, und der Junge mit Ihnen. Haben sie Sie draußen gesehen?“

Er nickte und richtete seinen Blick auf die Tür.

„Wir warten auf Nachrichten aus Frankreich“, sagte er. „Wie können wir hier wegkommen? Sie würden uns einholen.“

Auf dem Gesicht der alten Frau stahl sich ein Ausdruck der Angst.

„Hören Sie!", sagte sie. „Da sind Schritte auf der Straße."

Sie standen alle da und hörten gespannt zu.

Das dumpfe Geräusch von Schritten kam immer näher.

„Er selbst", flüsterte sie, „Neil Mackenzie ist neu von Skye."

Muckle John lächelte grimmig.

„Von der Bratpfanne ins Feuer, Rob", sagte er und setzte sich neben das Feuer.

Draußen auf der Straße hörten sie gedämpfte Stimmen, und einmal schaute das Gesicht eines Mannes durch das Fensterloch und verschwand plötzlich.

Muckle John schien sich sehr für die Torfflächen zu interessieren, auf denen er saß.

Plötzlich erschien in der Tür ein Mann von etwa fünfzig Jahren, mittelgroß, aber mit den breitesten Schultern und der breitesten Brust, die Rob je gesehen hatte. Er war in voller Highland-Kleidung, mit einem Claymore an der Seite, und eine Hand ruhte auf dem Heft und die andere auf seiner Hüfte. Seine Haltung war kühl und unverschämt. Seine Gesichtszüge waren breit und grob und sein glattes, glattrasiertes Gesicht fett und rosa, aber der Geist des Mannes war nicht zu leugnen. Seine Augen waren voll davon – und einer hässlichen Bosheit.

Er trug die komplette Highland-Kleidung und einen Claymore an seiner Seite.

Muckle John warf ihm einen ganz beiläufigen Blick zu und begann, seine Fingernägel zu untersuchen, während Rob den Fremden voller Erstaunen anstarrte.

Hinter dem Mann in der Tür drängten sich ein halbes Dutzend schmutziger Mackenzies, als würden sie wie Viehtiere an einem Tor herumschnüffeln.

Neil Mackenzie, denn er war es, bestellte sich einen Drink, setzte sich auf einen Hocker und starrte Muckle John auf die gleiche unverschämte Art an, während die Männer vom Straßenrand in den Raum strömten und sich auf den Sport konzentrierten. Sie hatten Neil schon einmal bei diesem Spiel gesehen. Er war der seltene Typ, der einen Fremden an den Fersen schlug.

„Vielleicht bist du heute weit gereist?", fragte er mit einer Stimme, die wie das Bellen eines Fuchses klang.

Muckle John musterte ihn langsam.

„Vielleicht", antwortete er und wärmte seine Hände am Torf.

Mackenzie bewegte sich auf seinem Stuhl.

„Sie sind heute nicht der Einzige mit einem verletzten Knöchel auf der Straße", sagte er.

„Ein abgehackter Knöchel", erwiderte Muckle John, „ist tröstlicher als ein abgeschlagener Kopf."

Bisher hatten sie auf Schottisch gesprochen, doch jetzt, als wolle er seinen Männern mitteilen, wie die Sache ausgegangen war, stand Mackenzie auf, stolzierte zu Rob hinüber, gab ihm einen Klaps auf den Kopf und sagte:

„Wessen junges Zwerghuhn bist du, Junge, und was für ein Tartan ist das für das Mackenzie-Land?"

Nun war Rob nicht der Typ, der sich Schläge gefallen ließ, am allerwenigsten vor einer Menge höhnischer Fremder, und hätte Muckle John ihn nicht angesehen, wäre nicht auszuschließen, dass er unbesonnen gehandelt hätte.

„Es gibt Zeiten", antwortete Muckle John, „in denen ein Mann für kleine Gnaden dankbar ist."

Augenblicklich wurde Mackenzie sehr rot und begann schnell zu atmen, wie alle Highlander im Affekt.

„Ich glaube, ich kenne Ihr Gesicht", sagte er, „aber ich kenne den Tartan nicht, den Sie tragen."

„Sie sind ein seltsames Volk", sagte Muckle John, „das einen Barden nicht erkennt, wenn es einen sieht."

„Ein Barde", wiederholte Mackenzie, „dann sing oder spiel", und er lachte den Rest aus und zwinkerte, um anzudeuten, was folgen würde.

„Mein Junge hier trägt mein Instrument", sagte er und zog Rob unter dem Vorwand, sich mit ihm zu beraten, beiseite.

„Rob", flüsterte er, „hör dir die Melodie an, die genau so läuft", und er summte einen Takt, „vielleicht heißt sie ‚Mackenzie's Dance'. Wenn ich sie einmal gespielt habe, tu, was ich dir sage", und er legte seinen Mund dicht an das Ohr des Jungen. „Geh hinaus und nimm die alte Frau mit, denn sie kann dir helfen."

Dann wandte er sich den Mackenzies zu, lächelte wie ein Mann auf einem angenehmen Botengang, und begann, mit dem Rücken zum Feuer stehend, zu singen. Bei der ersten Note legte sich eine seltsame Stille über die Mackenzies, denn niemand hatte je einem solchen Gesang zugehört.

Die Sonne war vor einer Stunde untergegangen, und der graue Nebel der Abenddämmerung kroch über den See und den Strand entlang. Weit draußen auf dem Meer steuerte ein Boot auf das Ufer zu. Muckle John sah es durch das offene Fenster. Es war ein schnell gerudertes Boot, das eine Flagge am Heck trug. Mackenzie beobachtete es ebenfalls – ein spöttisches Lächeln auf den Lippen. Und während Muckle John sang, sah er das Lächeln und maß mit einem schnellen Blick die Entfernung, die das Boot vom Land trennte.

„Ein lautes Singen", riefen die Mackenzies und lachten insgeheim über das unsanfte Erwachen, das der Fremde erleben würde.

Muckle John hielt einen Moment inne und zog seine Pfeife aus der Tasche.

„Wenn Sie mir auch nur den Platz eines Ellenbogens geben würden", sagte er, „würde ich Ihnen eine Melodie vorspielen."

„Weg dorthin", rief Mackenzie, und sie wichen zurück, um einen Durchgang zur Tür freizugeben.

Da brach Muckle John in eine Klage namens „The Glen of Tears" aus, und in der Klage lag die Traurigkeit der Dämmerung und die Geschichte davon war das Vergehen der Jahre. Kummer – Kummer und die alten Tage, die für immer vorbei sind – ging Muckle John vor und zurück, und Tränen rannen über die Wangen der Mackenzies, während Neil, ihr Anführer, den Kopf hängen ließ und in Gedanken sagte: „Wir werden ihn noch nicht überfallen, sondern warten, bis wir eine andere Melodie gehört haben."

Und die ganze Zeit näherte sich das Boot dem Ufer.

Ohne Pause schwang Muckle John eine Rolle, und seine Fingersätze waren so flott und der Takt so lebhaft, dass sie auf der Stelle zu tanzen begannen, sich drehten und riefen, und der Beste von ihnen war Neil Mackenzie, ein Schurke, wie er im Buche steht.

Niemand bemerkte, wie Muckle John die offene Tür erreicht hatte. Es dauerte nur eine Pause, die er machte (was purer rücksichtsloser Wahnsinn von ihm war), bis sie sich dabei ertappten, wie sie sich beschämt anstarrten und Neil ansahen, um zu sehen, was in seinem Kopf vorging. Aber er grinste nur, als er an den seltenen Witz dachte, der ihm bevorstand, und nickte Muckle John zu.

„Mach weiter", rief er.

Muckle John senkte den Kopf. Auf seinen Lippen lag ein gefährliches Lächeln.

„Ich werde eine Melodie spielen", sagte er, „mit dem Titel ‚The Dance of the Mackenzies' – sie kam mir vor einer Stunde durch den Kopf."

„Es liegt an seinem schnellen Verstand", murmelte ein schwarzer Mackenzie seinem Nachbarn zu.

„Mir gefällt der Ausdruck in seinen Augen nicht", war die Antwort, „er ist kein Narr, dieser große Mann."

Doch Muckle John spielte bereits mit seiner Pfeife, und die Melodie war wirklich mitreißend, und doch war sie irgendwie merkwürdig – etwas, das sie einander aus Angst vor etwas anderem anstarren ließ.

Und Neil Mackenzie erwachte zu spät aus seiner Lethargie.

Denn beim letzten Takt hörte man ein Knistern auf dem Dach – und das Strohdach stand in Flammen.

Mit einem Schrei zog er sein Schwert und eilte zur Tür, aber der Fremde war bereit für ihn, und kein Mann im Hochland konnte allein auch nur eine Minute lang gegen Muckle Johns langes Claymore bestehen. Er stand in der schmalen Türöffnung, ein wenig nach vorne gebeugt, mit einem Dolch in der linken Hand.

„Tanzt!", rief er verächtlich, als das Geräusch des brennenden Strohs zu einem mürrischen Brüllen anschwoll. „Tanzt, ihr Hunde!", und er riss Neil Mackenzie das Claymore aus der Hand und stieß ihm damit durch den Schwertarm.

Dann stürzten sie sich alle auf ihn, eine aufgebrachte, knurrende Menge, nur mit Dolchen bewaffnet und hilflos gegen seine lange Klinge. Er trieb sie mit rauem Gelächter zurück – kämpfte sie zurück in den blendenden Rauch und begann, in der Tür stehend, erneut zu singen, indem er die Melodie, die er gespielt hatte, mit Worten unterlegte. In bestürztem Schweigen hörten sie zu, während draußen in der Dunkelheit ein Boot auf dem See anhielt und die Ruder ausruhte und den roten Flammen zusah, die sich in die Nacht kräuselten.

„Tanz – tanz auf den Füßen des Feuers!", sang Muckle John. „Mackenzies tanzt gewaltig."

Plötzlich rief ihm aus dem Raum, in dem dichter, schwarzer Rauch herrschte, eine Stimme zu, er solle sie hören. Es war Neil selbst.

„Was willst du von uns?", rief er.

Muckle John starrte in die Dunkelheit.

„Streck deine Arme aus", sagte er, „und du, Neil Mackenzie, komm zuerst raus und stell dich auf die Seite."

Sofort ertönte das Klappern von Dolchen und einem Breitschwert.

„Rob", rief Muckle John, „bringen Sie diesen Mann weg und erschießen Sie ihn, wenn er Unfug anstellt, obwohl ich ihm hübsch genug den Arm aufgeschnitten habe."

Dann drehte sich Muckle John um, sammelte die Waffen und forderte die Mackenzies auf, herauszukommen. Dies taten sie bereitwillig, keuchten und husteten im Schein des Feuers und rieben sich die Glut aus ihren schmerzenden Augen.

Als Muckle John sah, dass sie keinen Angriff vorbereiteten, warf er ihre Dolche in das brennende Haus und marschierte dann auf sie zu.

„Ich nehme Ihren Häuptling", sagte er, „zur Sicherheit. Wenn ich verfolgt werde, werde ich ihn töten, so sicher, wie mein Name Muckle John ist."

„Muckle John!" sie weinten entsetzt.

„Ich dachte, er sei kein gewöhnlicher Mann", sagte der schwarze Mackenzie zu seinem Nachbarn.

„Muckle John!" wiederholte der andere: „Das sind die seltenen Dummköpfe, die wir je waren, Angus – ich denke, ich werde nach Hause kommen."

„Komm", sagte Muckle John zu Neil Mackenzie, und wortlos machten sie sich auf den Weg.

Doch plötzlich blieb Muckle John stehen.

„Rob", sagte er, „gehe genau nach Süden, halte dich an die Meereslinie und halte zwei Meilen entfernt am Ufer an. Ich habe hier etwas zu erledigen", und als er sich umdrehte, verschwand er in der Dunkelheit.

In der Nähe der zerstörten Hütte fand er die alte Frau, die still weinte.

„Sheen, arme Frau", sagte er, „es ist nicht so, dass der Sohn meines Vaters dich ruinieren würde, der mein Geheimnis kennt."

„Du bist immer noch namenlos?"

„Immer noch namenlos, Sheen, bis ich den Mann treffe, der meinen Vater getötet hat."

„Wer wird er sein?"

„Wer eigentlich? Aber ich werde ihn kennen. Ich gehe wieder ins Ausland, wenn ich kann. Eines Tages werde ich vielleicht auf ihn stoßen. Man sagt, er hatte eine Abscheu vor der „The Pedlars"-Rolle – es war die Melodie, mit der mein Vater starb mit in seiner Kehle, und es ist die Melodie, Sheen, die ich spiele, wann immer ich einen solchen Mann treffe, wie er auch sein mag.

Die alte Frau berührte seinen Arm.

„Das Unheil naht am Ufer", sagte sie, „ich kann es im Wind spüren."

„Das Boot", sagte Muckle John, „wer kam so schnell im Boot?"

„Ich weiß es nicht, aber der Tod liegt in der Luft."

Muckle John packte sie am Arm.

„Hier", sagte er, „nimm das – es ist eine Kleinigkeit, aber du kannst dir damit ein neues Häuschen kaufen, Sheen. Auf Wiedersehen – es dauert lange, bis wir uns wiedersehen."

Er ging an ihr vorbei und schlich zum Strand. Am Ufer lag das Boot am Strand, und mehrere Männer kletterten über den Sand. Einer, ein großer, dünner Mann, in einen schweren Mantel gehüllt und mit einem Stock in der Hand, wurde von zwei Matrosen gestützt.

Muckle John schlich näher heran. Einige Mackenzies liefen dem Neuankömmling entgegen, voll von dem, was geschehen war.

Er hörte sich die Geschichte an, die sie dem großen Mann erzählten, der vor Krankheit oder durch das Meer so schwach schien, dass er sich hinsetzen musste, um ihnen zuzuhören.

„Wer war dieser Mann, den Mackenzie uns geschickt hatte, damit wir ihn mitnehmen?", fragte einer, offensichtlich der Kapitän einer Fregatte.

„Muckle John!", rief eine Stimme.

Da schien neues Leben in die kauernde, gebrochene Gestalt im Sand zu strömen.

„Muckle John!" er weinte.

Es war die Stimme von Captain Strange !

Die ganze Nacht über rasten Muckle John und Rob Richtung Süden, und im Morgengrauen erreichten sie das Land der Macraes, wo sie sich von Mackenzie trennten und sich auf den Weg zum Ufer des Loch Hourn machten.

Dort, in einem verlassenen, regennassen Moor, mit Salz im Wind und den über ihren Köpfen weinenden Seevögeln, rief Muckle John zum Halt.

Es war fast Ende Mai, aber selbst für Loch Hourn ein bitterer Tag.

"Wo gehen wir jetzt hin?" fragte Rob und zitterte vor Kälte.

„Wohin, denn jetzt sind wir in die englische Marschroute getrieben, und Knoidart war der letzte Ort, nach dem ich mich gesehnt habe. Es ist besser, wir nehmen verschiedene Wege, Rob, wir sind schon zu lange zusammen gereist. Mach dich auf nach Süden, Rob, und wenn alles gut geht, warte außerhalb von Leith auf Neuigkeiten von mir. Dort steht ein Galgen — sagen wir heute, heute, und wenn ich nicht komme, dann geh einfach deiner Wege und verrate nie, was dich dorthin geführt hat. Und, Rob, zieh den Kilt aus und bedecke deine Beine um Himmels willen mit Kniehosen und ordentlichen Strümpfen, denn jemand wie du würde von einem Ende Schottlands zum anderen erkannt werden. Sie wollen dich, Rob, vergiss das nie — sie wollen dich als Rebellen, aber das ist ein Witz; als Gefängnisausbrecher, aber das ist nebensächlich — sie wollen dich nur, weil du weißt, wo Lovat versteckt liegt und was mit dem Schatz von Arkaig passiert ist. Was ist mit diesem Schatz passiert, Rob? Wo wurde er vergraben oder wurde er überhaupt nicht vergraben?"

„Das kann ich nicht sagen", antwortete Rob, „denn ich weiß es nicht."

Muckle John seufzte, schüttelte ihm dann die Hand und blickte mit nachdenklichem und melancholischem Blick in die Ferne.

„Ob ein Mann unvorsichtiger ist als ein Narr oder ein Schurke, muss immer eine Frage der Diskussion sein", überlegte er laut, „aber ich weiß genau, was ich von dir erwarten würde, Rob", und kopfschüttelnd begann er sich zu entfernen .

Plötzlich hielt er jedoch inne, und als er schneller zurückkam, führte er Rob zum Rand des Lochs hinunter.

„Sag mir", sagte er, „was hindert mich daran, dich da reinzustecken?"

„Nichts", sagte Rob, „aber ich sehe nicht, was du damit gewinnen würdest – ich sage dir, ich weiß nichts von dem Schatz. Er wurde versteckt, als ich am Strand saß."

Muckle John schüttelte auf die gleiche verzweifelte Weise den Kopf.

„Ich lasse dich nicht gern allein, Rob", sagte er traurig. „Manchmal frage ich mich, ob man dir allein vertrauen kann. Viele Leute würden sagen, du wärst ein Dummkopf, Rob – aber dir steht die Ehrlichkeit ins Gesicht geschrieben. Ich habe einmal einen Menschen wie dich getroffen, also weiß ich Bescheid. Es ist eine schreckliche Verantwortung, so ehrlich zu sein, Rob – es macht andere Leute unbehaglich. Auf Wiedersehen, Rob, und hier ist etwas Silber, falls du hungrig bist oder eine Übernachtungsmöglichkeit brauchst. Aber nimm dich vor den herumstreunenden Gestalten in Rannoch in Acht, denn sie würden dir für ein Nicken die Kehle durchschneiden und dir für den Klang einer Flasche Bier nach London folgen."

„Auf Wiedersehen", sagte Rob, „wohin gehst du jetzt, Großer John?"

„Ich bin auf dem Weg nach Arisaig", antwortete er. „Ich habe eine Schuld zu begleichen."

"Eine Schuld?"

„Nicht so überrascht, Rob, kein Mann zahlt seine gerechten Schulden wie Muckle John. Dolch für Dolch – Schuss für Schuss – Jagd für Jagd – es gibt keine ehrlichere Seele als Muckle John."

Rob lachte, wenn auch ein wenig schwachherzig, und auf diese Weise trennten sie sich, Muckle John ging schnell nach Süden, während Rob zusah, wie er in der trostlosen Landschaft verschwand und sich im kalten Meeresnebel verlor.

KAPITEL XX

Ein unfreiwilliger Komplize

In der Woche nach der Verlobung in Glenmoriston blieb Miss Macpherson, die mit einigen Einkäufen beschäftigt war, an der Ecke Church Street abrupt gegenüber der Taverne von Major James Fraser (allgemein bekannt als Castleleathers) stehen und spähte mit Anzeichen von Aufregung auf eine gedruckte Zeitung, die im Fenster hing. Ein flüchtiger Zuschauer hätte nie bemerkt, dass Miss Macpherson auch nur im Geringsten von dem, was sie las, bewegt war, aber ein aufmerksamer Beobachter hätte gesehen, wie sie den Mund fest zusammenpresste, ihre Brauen über ihren scharfen Augen herabfielen und ihre Hände krampfhaft die Pakete in ihren Armen umklammerten. Es war genug, um jede Frau zu erschrecken. Tatsächlich hätten die meisten Leute den Kopf verloren und etwas Dummes getan.

Denn der Inhalt der Zeitung war hauptsächlich einer persönlichen Beschreibung eines gewissen „Rob Fraser gewidmet, eines Rebellen auf freiem Fuß, gekleidet in einen Kilt im Fraser-Tartan und einen dunklen Mantel – sechzehn Jahre und älter – von kräftiger Statur und dunklem Haar, der in Culloden gegen die Regierung in den Waffen stand und seitdem aus dem Gefängnis von Fort Augustus ausgebrochen ist, sich mit verzweifelten Rebellen herumgetrieben hat und kürzlich in Begleitung eines gewissen Muckle John, eines berüchtigten Jakobiten, einen Teil der Streitkräfte seiner Majestät in der Gegend von Glenmoriston getötet hat. Wer den besagten Rob Fraser niederstreckt, erhält die Summe von fünfzig Pfund" und so weiter.

Es gab noch viel mehr, aber Miss Macpherson ging mit schwerem Herzen langsam davon. Es wäre nicht gut, wenn man sie beim Lesen des Dings sehen würde. Einen Moment lang war sie wie betäubt. Sie achtete nicht darauf, wohin sie ging oder wer vorbeikam. Erst als sie mit einem großen Mann zusammenstieß, der an der Straßenecke stand, zuckte sie zusammen und blickte auf.

Es war Castleleathers.

Sie kannte ihn flüchtig als einen entfernten Cousin von Robs Vater, wäre aber weitergegangen, wenn er sie nicht begrüßt hätte.

„Ein schöner Tag, Miss Macpherson", sagte er laut, als ein paar Soldaten die Straße entlang an ihnen vorbeistapften, und dann mit leiser Stimme: „Haben Sie Neuigkeiten von Rob?"

„Nein", antwortete sie, „und in diesen Zeiten ist keine Nachricht eine gute Nachricht. Was hat ihn dazu gebracht, sich in solche Dinge einzumischen – der schwachsinnige Idiot?"

Er deutete mit dem Kopf auf sein Haus.

„Komm rein", flüsterte er, „wir müssen sehen, was getan werden kann."

Gemeinsam betraten sie den Raum und als sie die Treppe hinaufgingen, gelangten sie in einen oberen Raum.

Er war ein sehr schwerer, rotgesichtiger, hilfloser Mann. Seine massive Inkompetenz unter dem Stress des Notfalls irritierte sie bis zur Schärfe.

„Hier traf Rob diesen leise sprechenden Gomeril, Muckle John", fauchte sie.

„Ja, das war es", antwortete er und nickte mürrisch.

„Und ich verdächtige den Mann, der ihm an diesem Abend meine Adresse gegeben hat, Major Fraser."

„Meine Güte, Miss Macpherson, das sagen Sie?"

„Das tue ich, mein Freund, und außerdem ist er hier im Raum."

Mit einer mitleiderregenden Simulation von Überraschung tat Castleleathers so, als wolle er über seine Schulter blicken.

„Das sind Sie", sagte Miss Macpherson kalt.

Er versuchte, ihrem steinernen Blick standzuhalten, aber es gelang ihm nicht.

„Wenn du es erwähnst", begann er wie ein Mann, der darum kämpft, sich an ein fernes Ereignis zu erinnern, „wenn du es erwähnst, habe ich vielleicht gesagt, dass ich ein Cousin zweiten Grades von Rob bin, der bei seiner Tante in der Nähe wohnte – ich bestreite nichts Ja, ich sage nur, vielleicht habe ich im Laufe des Gesprächs eine Höflichkeit, meine Dame, ein bisschen Klatsch gemacht ..."

„Für Rob ist es so, als würde es sich um ein teures Stück Klatsch handeln", erwiderte sie, „und das ist gar nicht so weit weg."

„Tutt! Du nimmst das zu ernst. Es wird alles vorbei sein – alles wird vorbei sein. Es gab schon früher Ärger, ich erinnere mich an das Jahr 15, es war genau das Gleiche, und bevor ein paar Monate vergangen waren, waren alle Leute weg über ihre Art und Weise und dafür, dass ihre Claymores für das nächste Mal geölt bleiben. Rob ist ein temperamentvoller Junge, Miss Macpherson, und sie werden ihn nicht nehmen.

Aber sie hörte ihm nicht zu. Tief in ihrem Kopf schmiedete sie einen Plan, irgendeinen verrückten Plan, der Rob retten würde. Der Tag, an dem er hätte kapitulieren und mit ein paar Monaten Gefängnis entkommen können, war vorbei; Er war jetzt ein berüchtigter Rebell, der immer noch Waffen trug und mit verzweifelten Anführern der Rebellenarmee in Verbindung stand. Es gab keine Hoffnung, ihn bis in bessere Tage zu beschützen. Es muss eine Flucht über das Meer sein – oder eine Begnadigung. Aber die Idee einer Begnadigung war natürlich absurd.

"Was können wir tun?" sagte sie in einer Art verhaltener Verzweiflung.

Castleleathers blinzelte.

"Wir?" wiederholte er vage. „Ich fürchte, dass ich…"

Aber sie ließ ihn mit einem einzigen Blick erstarren.

„Ich habe keine Lust auf Streit", sagte sie, „und unsere Aufgabe ist es, Rob freizubekommen. Ich habe so etwas wie einen Plan im Hinterkopf, aber darüber muss ich schlafen."

„Aber ich kann nicht einmal meinen Hals riskieren, um Ihnen zu helfen, Miss Macpherson."

„Mein Mann", antwortete sie grimmig, „Sie werden Ihren Hals riskieren, wenn Sie es nicht tun. Wer hat Muckle John, diesen verzweifelten Schurken, in Inverness unter Lord Londons Verra-Nase beschützt, aber nur Sie selbst?"

„Woher wusstest du das?" flüsterte er, sehr überrascht.

„Das habe ich nicht getan", antwortete sie entspannt, „aber ich habe es vermutet."

„Er war ein alter Freund."

„Das würde die Ohren des Herzogs kitzeln, er hegt einen wahren Groll gegen Muckle John, das hat er mir selbst gesagt. Er sagte, er würde bereitwillig jeden hängen lassen, der ihm Unterschlupf gewährt."

Castleleathers wich zurück.

„Das hat er gesagt, oder?" murmelte er entsetzt.

Sie nickte mit dem Kopf.

„Er ist sich deiner Sache ohnehin nicht sicher", fügte sie hinzu.

Er schien darüber ziemlich niedergeschlagen zu sein und sagte immer wieder, dass er überhaupt nicht wisse, was er tun könne.

„Wir müssen ihn zwingen, eine Begnadigung zu unterschreiben", sagte Miss Macpherson, „wir müssen ihm die Angst vor dem Tod auferlegen, Castleleathers. Sie sind ein sehr großer, kräftiger Mann, so groß in der Brust wie Muckle John selbst" – sie hielt inne Sie beäugte ihn scharf – „Gewiß", rief sie, „aber es gibt eine Vorstellung von dir … Konntest du nicht zulassen, dass du Muckle John wärst?"

„Ich ... Muckle John? *Meine liebe Dame ...*"

„Du bist dicker als er und natürlich ohne seinen Geist, aber wie kann der Herzog das sagen? Ich habe einen Freund im Fort, einen Macpherson, Cousin dritten Grades der Stieftochter meiner Mutter und einen sehr ruhigen Mann. Er würde was tun." Er kann es, obwohl er großen Respekt vor seinem Hals hat.

„Da bin ich bei ihm", seufzte Castleleathers. „Ich hoffe, gnädige Frau, dass Sie nichts Unüberlegtes vorschlagen."

„Mein Mann", sagte sie energisch, „wenn mein Blut in Flammen steht, halte ich mich an nichts, sei es Duke oder Galgen."

Danach herrschte höchst melancholische Stille. Der Major, der gehofft hatte, ein friedliches Alter zu verbringen, und der während der letzten Unruhen wie eine Katze durch Pfützen getreten war, wünschte Muckle John weit genug und Miss Macpherson noch viel weiter.

Das ganze warme Feuer (und es war ein kalter Tag) schien zu dünner Asche zerfallen zu sein. Er fröstelte düster und betete mit düsterem Vergnügen, dass er sich den Tod durch Kälte holen möge.

Einmal drehte er langsam seinen Blick um und ließ ihn düster auf Miss Macpherson ruhen. Aber sie war in ihre Pläne vertieft, und das ist ein Spiel, das ungebildeten Menschen schwerfällt.

„Ich sehe keinen anderen Ausweg", sagte sie schließlich, „als ihn einfach zu erschießen."

„Der Herzog?", keuchte Castleleathers.

„Wer sonst? Er wäre kein Verlust. In Ihnen steckt nicht viel von William Wallace, mein Freund."

„An persönlichem Mut mangelt es mir nicht", stöhnte Castleleathers, „ich habe tatsächlich im Ausland gedient, aber das hier ist unter meiner Würde, Madam – völlig unter meiner Würde."

Miss Macpherson war über einen grimmigen Scherz erbost, um ihn zur Besinnung zu bringen.

„Wenn Sie das nicht tun, ist Ihnen nichts schuldig", sagte sie rasch.

Er schreckte vor einer solchen Nettigkeit zurück. Er hatte die Brutalität völliger Offenheit immer verabscheut.

„Wer weiß", sagte er nachdenklich, „aber mit ein wenig spielerischer Drohung erreichen wir vielleicht nicht unser Ziel. Nur eine Pistole, die sorglos in der Hand herumfuchtelt, und ein Claymore an der Seite, die eiserne Hand unter dem Samthandschuh, Madam – Sie nehmen mich?"

„Ich nehme Sie schon", sagte Miss Macpherson, „wenn Robs Leben von uns beiden abhängt, werde ich mich nicht drücken."

"Wenn ich nur mit ganzem Herzen bei der Sache wäre", seufzte der Major nachdenklich, "dann würde ich mich einen Dreck um den Herzog oder sonst jemanden scheren. Könnten Sie nicht mit Muckle John Kontakt aufnehmen, der Herzog fürchtet sich wahrscheinlich vor ihm ..."

„Mein Freund", unterbrach ihn Miss Macpherson, „Sie sind schwer von Begriff, *Sie* sollen Muckle John sein."

Daraufhin hob er in sprachlosem, tragischem Schweigen den Kopf.

„ *Ich?* " flüsterte er. „ *Ich, Muckle John* – oh, was soll das für ein Unsinn, den du vorschlägst?"

„Ich habe mich nicht zufällig dazu entschieden", antwortete sie, „und es scheint machbar. Ich kenne die Gewohnheiten des Herzogs ein wenig, und wenn wir ihn erst einmal allein haben, werden wir ihn zwingen, eine Begnadigung für Rob zu unterschreiben. Er geht bald nach Süden, also müssen wir sofort handeln. Sie, Castleleathers, müssen sich bis zur Nase in einen Plaid hüllen, und wenn wir ihn allein finden, werden Sie ihm mit dem Tod drohen."

„Aber du – wo wirst du sein?"

„Ich werde auf dich aufpassen – keine Angst – bis du mich morgen triffst und wir nach Süden reisen. Die endgültigen Pläne werde ich ausarbeiten, und ich werde mich nicht enttäuschen, sonst werde ich dem Herzog sagen, woher du Lovat selbst gekannt hast, und sie." Ich werde dich als Zeugen nach London mitnehmen.

„Nein, nein", schrie der Major voller Panik, „ich werde dort sein, keine Angst, aber es ist, als würde ich London aus einer ganz anderen Perspektive sehen."

KAPITEL XXI

Die Gefangennahme von LORD LOVAT

Als die Wochen vergingen und die Suchenden immer noch nicht kamen, wuchsen Lord Lovats Hoffnungen, und zweifellos begannen ihm Pläne für eine Fortsetzung des Kampfes oder eine Versöhnung mit der Regierung durch den Kopf zu gehen. Es mag ihm in den Sinn gekommen sein, eine diplomatische Botschaft an den Herzog von Cumberland in Fort Augustus zu schicken, aber es gibt keine Beweise dafür, ob er konkrete Schritte unternommen hat, bis es zu spät war.

Nach dem schicksalshaften Besuch Murrays von Broughton war er noch lange auf eine sofortige Flucht vorbereitet gewesen, doch als die Zeit verging und nichts mehr geschah, was ihn hätte beunruhigen können, saß er lieber in der Sonne, spielte Karten oder grübelte in der Hütte über die Vergänglichkeit aller menschlichen Größe nach.

Mit ihm waren etwa zwanzig Frasers, alle mit Muskete und Schwert bewaffnet, und Bischof Hugh Macdonald, der den alten Mann in seiner Stunde der Not nicht im Stich ließ.

Am 1. Juni segelte die Schaluppe *Furnace and Terror* mit einer Abteilung Soldaten der Garnison von Fort William die Küste von Knoidart und Arisaig entlang. Dort landeten Soldaten, die ins Landesinnere marschierten und Kurs auf Loch Morar nahmen.

Auf der Nordseite des Sees erspähten sie einen Mann, der am Meeresufer entlang lief – ein sehr großer Mann, der hinkte, als er auf einem offenen Stück Land überrascht wurde. Sie nahmen die Verfolgung auf und marschierten den Hügel entlang, um ihm den Weg abzuschneiden, aber als der Mann am Ufer sie sah, rannte er mit großer Geschwindigkeit davon, und wäre der See nicht nach außen gekrümmt gewesen, was eine Flucht erschwerte, hätte er vielleicht den Anfang erreicht und sich befreit. Um jedoch nicht in ihre Hände zu fallen, lief er zum See und schwamm zu einer Insel in der Mitte des Sees. Er kam gut voran, bevor sie selbst in Schussweite kamen.

Und dann, während sie nach einem Boot suchten, kletterte er auf das bewaldete Ufer und verschwand.

Lord Lovat saß vor seiner Hütte, als der Schwimmer an Land watete. Er blickte auf, nachdem er im Sonnenlicht gedöst und eingeschlafen war.

Ihm gegenüber stand Muckle John, Wasser tropfte von seiner Kleidung.

Einen Moment lang blinzelte er, dann bemerkte er, dass die Soldaten auf dem Festland ein Boot auf den See schoben, und zuckte mit den Schultern.

„Ich habe auf dich gewartet", bemerkte er leise, „aber ich habe nicht nach Rotröcken gesucht! Sogar Murray, dein letzter Bote, kam allein."

Muckle John schüttelte das Wasser aus seinem Mantel.

„Hätte ich gewusst, dass du hier bist", sagte er, „wäre ich lieber entführt worden."

Lovat war zutiefst verwirrt, so verwirrt, dass er ihn nur anstarren konnte.

„Kommen Sie", fuhr Muckle John fort, „es gilt keinen Moment zu verlieren. Steigen Sie in ein Boot und fahren Sie mit Ihnen fort. Lassen Sie ein Dutzend Ihrer Männer hier, wir können sie eine Weile zurückhalten. Aber wenn Sie das erreichen Festland, halte dich vor mir für nicht mehr sicher.

Lovat grinste darüber.

„Wie du dafür kämpfst, wer meinen armen Körper haben soll", antwortete er. „Was ist, wenn ich ruhig hier bleibe? Wenn es das eine oder andere sein muss, besser Fort William, wo ich zumindest vor dir geschützt bin."

„Mylord", erwiderte Muckle John, „Sie schätzen Fort William zu hoch. Aber lassen Sie das durchgehen – kommen Sie, Sir, wenn Sie sich nicht bewegen, werde ich Sie mit Gewalt in ein Boot setzen. Sie sind auf halber Strecke. Will Stehst du auf oder nicht?

Sehr langsam kam Lovat auf die Beine.

„Ich gehe", sagte er einfach, und als er auf die andere Seite der Insel ging, ließ er sich in ein Boot helfen und ruderte zur Arisaig-Seite.

In der nächsten Stunde tobte unter Muckle John ein königlicher Kampf zwischen den Rotröcken und den Frasers. Wieder und wieder versuchten sie, die Insel im Sturm zu erobern, aber das heftige Feuer der verteidigenden Streitkräfte zwang sie dazu, über die Seiten ihrer Boote zu schießen, und in der Verwirrung verschwendete man keinen Gedanken an die Rückseite der Insel und die Flucht von Simon , Lord Lovat.

Schließlich befahl Muckle John den Frasers in einer kurzen Atempause, zu den Booten zu gehen, und sie ruderten mit aller Eile los und ruderten außer Reichweite der Insel, auf der die Engländer zu gegebener Zeit landeten.

Als Muckle John das Festland erreichte, verabschiedete er sich von den Frasers und humpelte in den Schatten der Bäume. Doch spät in der Nacht nahm er in einer Höhle an der Seite von Glen Morar das dritte Stück Fraser-Tartan aus seinem Sporran und warf es ins Feuer.

„Das ist eine Abrechnung", sagte er in seinem Herzen, „die eher in englische Hände passt als in die meinen."

In der Nähe von Meoble stießen die Soldaten am siebten Juni auf Lord Lovat, der sich in einem hohlen Baum versteckt hielt. Er hatte seine Gefolgsleute entlassen, um seine Verfolger von der Spur abzubringen . Ganz allein, auf seiner Truhe sitzend, gab er mit seiner gewohnten Würde sein Schwert ab und ließ sich an Bord der Schaluppe *Furnace* bringen .

Als man ihm half, an Bord zu kommen, begegnete er Captain Strange, der gerade über das Bollwerk blickte. Er kannte Stranges Ruf als Spion und Geheimagent.

„Es tut mir leid, Eure Lordschaft in dieser Notlage zu sehen", sagte Strange mit einem Anflug von Bosheit in der Stimme.

Hinter Lovat brachten sie seine Geldkassette herbei, und als er sie dort sah, schürzte er die Lippen, sagte aber nichts.

„Die Männer berichten, dass sie vor ein oder zwei Tagen auf der Spur von Muckle John waren", fuhr Strange bedeutungsvoll fort. „Alles, was Eure Lordschaft uns erzählen kann, wird nicht vergessen. Er ist ein gefährlicher Mann."

„Mein Gedächtnis", antwortete Lovat langsam, „ist so kurz, dass ich mich nicht erinnern kann. War es Muckle John? Er schien mir ein kleiner, blonder Mann zu sein, aber meine Augen sind nicht mehr das, was sie waren, wissen Sie."

„Ich verstehe", sagte Strange grimmig und ging voran zur Hütte hinunter.

Dort erwarteten sie Kapitän Duff und Kapitän Ferguson. Und auf dem Tisch lag die Geldkassette, über der Lovat in der Nacht von Culloden in Gortuleg so viele Stunden gebrütet hatte.

Lovat durfte Platz nehmen, und nachdem er dies getan hatte, schien er das Geschehen nicht zu bemerken und schien zu dösen. In der Kiste befanden sich viele Gegenstände von persönlichem Wert für ihn, die von den Suchenden übersehen wurden. Aber ganz unten in der Kiste lag ein Bündel Papiere, und sie griffen danach und begannen zu lesen.

An diesem Punkt regte sich Lovat und blickte auf und bemerkte: „Sie werden dort nichts Verräterisches finden..." und beobachtete sie mit einem halben Lächeln auf den Lippen.

Doch plötzlich erbleichte er und beugte sich vor.

In der Hand von Captain Strange befand sich ein Brief in der Schrift des Meisters von Lovat. In gewisser Weise war diese fatale Kommunikation übersehen worden.

„Darfst du mich diesen Brief ansehen?" fragte der alte Mann sanft.

Strange zögerte und sah die Anspannung in seinen Augen.

„Ich fürchte", antwortete er, „das muss in den Händen der Regierung bleiben."

Lovat sank in seinen Stuhl und schüttelte melancholisch seinen großen weißen Kopf.

„Ich bin zu alt", sagte er kaum laut.

„Mylord", sagte Strange, „dieser Brief ist höchst belastend. Können Sie sich noch erinnern, ob es Muckle John war, den Sie auf der Insel im Loch Morar trafen?"

Lovat legte eine dicke Hand an sein Ohr.

„Ich verstehe nicht, was Sie sagen", bemerkte er gelassen.

Strange wiederholte seine Frage.

„Es tut mir leid", sagte Lovat, „aber in meinem Alter ist Taubheit sehr weit verbreitet."

Und so brachten sie ihn zu gegebener Zeit nach Fort William, trugen ihn in einer Sänfte, fanden ihn wegen der holprigen Stellen sehr mürrisch und neigten zu seinem eigenen zynischen Vergnügen und ihrem vagen Ärger dazu, sie auf Lateinisch zu beschimpfen.

KAPITEL XXII

MISS MACPHERSON UND DER HERZOG

Auf der Kuppe der Anhöhe in der Nähe von Fort Augustus saß ein einsamer Mann, der bis zur Nase in ein großes Schottenkaro gehüllt war. Die Nacht brach herein und aus Westen kam ein dünner Nieselregen. Die schwarzen Umrisse der Hügel schlossen sich um das Fort, als wollten sie es überwältigen. Es war kein Laut zu hören, außer dem müden Tropfen des Regens und dem Geräusch fließenden Wassers über Steine.

Die Gestalt auf dem nebligen Hügelhang bewegte sich nie, sondern blieb so leblos wie der Felsen hinter ihm – sozusagen Teil der tragischen Dämmerung.

Unten im Fort flackerten hier und da Lichter, und ein Reiter tauchte aus dem trüben Licht auf und betrat das Tor.

Der Mann auf dem Hügel hob nicht den Kopf, sondern beobachtete ihn die ganze Zeit, während der Regen von seiner Mütze auf seinen Plaid strömte und in kleinen Rinnsalen auf das Heidekraut lief.

Von unten ertönte ein Signalhorn. Direkt auf den gedämpften Ton folgte das Klirren der Tore.

Das Fort war für die Nacht geschlossen.

Die rasch hereinbrechende Dunkelheit einer Highland-Nacht glättete die zerklüftete Bergkette und verwischte mit ihren wandernden Schatten die Umrisse des verlassenen Tals, die Baumgruppen im Tiefland und blitzschnell den Mann auf dem Hügel. Er war in einem Atemzug der Zeit untrennbar mit der Nacht selbst verbunden.

Lange danach ertönte vom Pfad unten ein klares Pfeifen. Ihm folgte ein sanfteres, längeres Pfeifen.

Mit einem Seufzer erhob sich der Mann auf dem Hügel. Er war ganz steif und kalt vom Warten. Er ging über das durchweichte Heidekraut und blickte in den Nebel. Plötzlich tauchten zwei Gestalten auf.

Der erste von ihnen, wie der Mann selbst in die Falten eines schweren Plaids gehüllt, sprach ihn mit vertrauter Stimme an.

Es war Miss Macpherson.

"Kommt, Castleleathers", sagte sie, "hier ist der Mann Macpherson, er spannt gerade ein Seil über die Mauer und hat alles vorbereitet. Der Herzog erwartet noch heute Nacht oder vielleicht morgen einen Besucher aus dem Westen, und er wird allein sein. Die Dinge sind nicht mehr so streng wie früher, und es gibt ein Gerücht, dass er bald nach Süden geht. Er glaubt, die Highlands seien zerstört..."

„Dieser deutsche Spinner", fauchte Castleleathers voller Verachtung, „er kann einen Hessen nicht von einem Macdonald unterscheiden."

„Kommen Sie", sagte Miss Macpherson, „und sagen Sie mir, dass Sie nicht schlecht von mir denken, wenn etwas schief geht."

Er nahm ihre Hand und drückte sie kräftig zusammen.

„Tss!", sagte er. „Ich bin nicht leicht zu bewegen, aber ich mag immer eine List. Ich fühle mich heute Abend jünger als in den letzten zehn Jahren. Er ist schließlich nur ein kleines bisschen deutsch."

Ohne ein weiteres Wort erreichten sie das Fort, und Macpherson, der wie ein fähiger Mann wirkte, obwohl er schweigsam wie ein Deich war, ging durch das Tor und verschwand.

Sie umrundeten geräuschlos den äußeren Wall, nahmen einige hundert Meter hinter dem Eingangstor Stellung und warteten auf das Seil.

Ein paar Minuten später ging es runter, und Miss Macpherson stützte sie, aus Angst, sie könnte schwindlig werden und fallen. Gemeinsam begannen sie den Aufstieg und erreichten die Spitze. Dort war alles sehr dunkel und still, und der Nebel verdunkelte alles, was außerhalb der Reichweite eines Mannes lag.

Die Garnison war schon lange nachlässig geworden, nachdem die Highland-Streitkräfte völlig zerstreut und vernichtet worden waren. Sogar der Herzog war angesichts der Verfolgung langsam lauwarm und konnte es kaum erwarten, dem Land aus Schnee und Nebel Lebewohl zu sagen und zu hören, was London ihm für seine tapferen Taten zu sagen hatte. In diesem Moment saß er vor einem großen Torffeuer und wärmte sich die Zehen, mit einem oder zwei Holzscheiten, um es anzufachen, und einem Glas Glühwein neben sich.

Der Raum, in dem er saß, war sehr klein und eng. Die Fensterläden waren heruntergelassen, und der Sessel, in dem er döste, war ein Sessel, den er aus den Trümmern des Hauses eines Häuptlings besorgt hatte – ein massiver gepolsterter Sessel – mit einer so hohen Rückenlehne, dass nur ein großer Mann erkennen konnte, wer den Raum betrat.

Er hatte so viel gegessen, wie es die Highland-Rationen zuließen, und wie alle Deutschen liebte er sein Essen. Er genoss auch die Stunde nach seinem Abendessen. Er hatte eine Art Ehrfurcht vor dieser heiligen Zeit.

In dieser trostlosen Nacht mit kaltem Regen und Nebel, die nur für Hochlandrinder und dergleichen geeignet war, vor dem Feuer zu faulenzen, hatte seinen Ausgleich. Die letzten Monate hatten eine Last von Angst und Müdigkeit mit sich gebracht. Der Vorabend von Culloden hatte ausgereicht, um die Nerven eines jeden Mannes auf die Probe zu stellen. Hätte er verloren – wäre er gefangen genommen oder getötet worden – hätte die englische Krone zweifellos den Besitzer gewechselt. Vielleicht war er zu hart mit den barbarischen Menschen umgegangen, die rebelliert hatten, aber er hatte Angst. Wenn er jetzt daran zurückdenkt, erkennt er, dass er eine Zeit lang den Kopf verloren hat. Und nun war das Land unterworfen. Er konnte zurückkehren und sich die Dinge anhören, die London zu sagen hatte. Es würde Fahnen und Bankette und Ehrungen geben. England lag ihm zu Füßen. Eine erfolgreich durchgeführte Arbeit hat in der Tat ihren Trost.

Er schürte das Feuer und lauschte dem Knistern des Holzes. Es war ein schöner, lebhafter, heimeliger Lärm in einer so schrecklichen Nacht mit strömendem Regen und Graupel. Es tat gut, den seltenen Glanz auf den Füßen und Knien zu spüren. Er fragte sich, warum es in einer Sturmnacht so viel besser schien. Er suchte in Gedanken aus einem bestimmten Grund. Plötzlich kicherte er. Er erinnerte sich an den jungen Prätendenten, der, soweit er wusste, unter einem Felsvorsprung oder in einem Kuhstall Schutz suchte. Schlechtes Wetter hatte zwei Auswirkungen. Es hatte seinen Trost für den Sieger – es peitschte den Flüchtigen aufs erbärmlichste.

Er lachte regelrecht über den Gedanken. Wo war er jetzt, dieser dumme junge Mann? Und doch nicht so jung – in feierlicher Wahrheit sein eigenes Alter. Dann gebührt ihm umso mehr Ehre. Wo war er jetzt, wenn nicht in einem offenen Moor, wie ein Brachvogel in der Nacht oder ein Hirsch, der den Weg beobachtete, den er gelaufen war?

Seine Augen schlossen sich und plötzlich hallte ein Schnarchen durch den vom Feuer erhellten Raum.

Im selben Moment ging eine große, schwer karierte Gestalt geräuschlos durch den Spalt zwischen Tür und Tisch und blieb einen Moment dort stehen, als sei sie unentschlossen, was sie tun sollte. In der Tür hing ein schwerer Vorhang. Dahinter war eine andere Gestalt. Man konnte sie an der Rundung des Vorhangs im Zimmer erkennen.

Auf dem Tisch lag ein Papier - offenbar eine Depesche - und der Mann hinter dem Stuhl betrachtete es gedankenverloren, während seine Gedanken bei der schweigenden, in Schlaf versunkenen Gestalt ruhten.

Doch während er las, runzelte er die Stirn, dann nahm er ganz leise die Zeitung auf und ging zur Tür zurück, wo sein Begleiter erschien, und gemeinsam verschwanden sie außer Sichtweite.

In einem Nebenzimmer blieben sie stehen und beugten sich gemeinsam über die Depesche. Es war vor zwei Tagen datiert, stammte aus Loch Carron und war von Kapitän Strange unterzeichnet. Darin hieß es, Neil Mackenzie sei im Gasthaus von Loch Carron auf Muckle John und Rob Fraser gestoßen und habe bei dem Versuch, sie gefangen zu nehmen, sowohl an Körper als auch an Ruf gelitten, und dass er und seine Gefolgsleute dies tun würden, wenn es ihm nicht erlaubt sei, sich an ihnen zu rächen aufhören, sich weiterhin für die Angelegenheiten der Regierung zu interessieren. Dass Neil Mackenzie selbst gerade nach Fort Augustus reiste, um die Angelegenheit zu erklären, und dass er darauf hinwies, dass es die Regierung weniger belasten würde, wenn die Angelegenheit in den Händen der Highlands bliebe. Der Rest der Botschaft befasste sich mit dem Zustand des Distrikts und der Gefangennahme von Lord Lovat und endete mit den Worten: „Es gibt Gründe, warum es zweckmäßig wäre, wenn weder Muckle John noch Rob Fraser vor Gericht standen, sondern zum Schweigen gebracht würden." auf andere Weise. Wenn Ihre Hoheit tatsächlich einen Weg sehen könnte, ihren Verdacht und den Verdacht der Jakobiten auf irgendeine Weise zu entwaffnen, würde dies den Weg für Mackenzie frei machen.

„Dieser Mackenzie", flüsterte Miss Macpherson, „ist meiner Meinung nach das Ende von Rob. Es ist offensichtlich, dass er unter Muckle John gelitten hat …"

„Und bedeutet Unheil", fügte Castleleathers hinzu.

Im Zimmer am Ende des Flurs hallte das Schnarchen des Herzogs friedlich weiter.

Miss Macpherson hielt inne und überlegte die Angelegenheit in ihrem praktischen Sinn.

„Haben Sie diesen Neil Mackenzie jemals gesehen?" fragte sie schließlich.

Er schüttelte den Kopf.

„Ich hatte nie mit Mackenzies zu tun", antwortete er.

„Warum nehmen Sie dann nicht seinen Platz ein, mein Mann? Der Herzog kann keinen Tartan vom anderen unterscheiden. Hören Sie, was er zu sagen hat. Sagen Sie ihm, dass Ihr Volk mit Muckle John tödlich beleidigt ist."

„Aber was ist mit Mackenzie selbst?"

Ihr Gesicht wurde hart.

„Mackenzie muss zu seinem Geschäft geschickt werden", sagte sie, „und außerdem darf er das Fort niemals erreichen."

„Ein Trick nach dem anderen", sagte Castleleathers, „und hier kommt der erste."

Damit schlich er auf Zehenspitzen zurück und legte die Botschaft zurück, dann ging er mit schwerem Schritt den Flur entlang und klopfte an die Tür.

"Wer ist da?" rief der Herzog aus dem Schlaf.

„Neil Mackenzie, Eure Hoheit."

Cumberland schob den Stuhl hin und her.

Im Zimmer sah er einen großen Mann stehen, der bis zum Gesicht in eine Decke gehüllt war. Er hatte die Haltung eines Räuberhäuptlings, aber bei diesen schrecklichen Highlandern wusste man nie, worum es ging.

„Ich habe von Ihnen gehört", sagte der Herzog trotz seiner rauen teutonischen Stimme höflich genug, „zwei Stunden, seit ich eine Depesche von Kapitän Strange erhalten habe, in der es um Schwierigkeiten zwischen Ihnen und Muckle John ging."

„Mein Volk", sagte Castleleathers und wandte sein Gesicht dem Schatten zu, „hat eine Beleidigung erlitten, die nur auf eine Weise ausgelöscht werden kann. Wir sind bereit, der Regierung loyal zu dienen, und wir erwarten von Ihrer Hoheit, dass sie sich daran erinnert."

Der Herzog nahm das Papier zur Hand und las es sorgfältig durch.

„Sie sind beide gefährliche Jakobiten", sagte er, „und es gibt Gründe dafür, dass ihr Muckle John nicht vor Gericht in London stehen sollte. Er weiß zu viel, Mr. Mackenzie. Es gibt Dinge, die wir lieber eine Weile für uns behalten würden." -Du verstehst?"

Castleleathers senkte den Kopf.

„Da ist auch der Junge", sagte er.

Cumberland zuckte mit den Schultern.

„Jetzt, wo Lovat entführt ist, kümmere ich mich nicht um ihn. Aber er wird dazu dienen, dich auf die Spur des anderen zu bringen."

„Er ist schwer zu fassen, Eure Hoheit – es ist nicht abzusehen, wie wir an ihn herankommen können, es sei denn ..."

„Es sei denn, was?"

„Eure Hoheit könnte den Anschein erwecken, als hätten Sie Mitleid mit seiner Jugend und würden eine Begnadigung aussprechen. Es wäre ein Akt der Gnade, und was dann folgte, würde nur auf Clan-Eifersucht hindeuten."

Cumberland runzelte die Stirn. Er war ein geradliniger Mann mit einer Abneigung gegen Ausflüchte.

„Ich nicke wie Ihre Highland-Vays", sagte er mürrisch, „warum hängen Sie den Jungen nicht auf die übliche Weise auf? Muckle John ist eine andere Sache. Ich sehe keinen Grund für diese Begnadigung."

Castleleathers spielte seine letzte Karte.

„Es gibt Räder in Rädern", sagte er, „wir wissen, dass dieser Muckle John sein Wort gegeben hat, um das Leben des Jungen zu bewahren. Wenn wir den Jungen in unseren Händen haben, denn er wird nach Hause kommen, nachdem er seine Begnadigung erhalten hat, wir." wird den Köder haben, um Muckle John zu fangen, und keiner wird klüger sein. Es gibt Dinge, die dieser Muckle John sagen könnte, die in einem Prozess schlecht klingen würden.

„Ich weiß, ich weiß", sagte Cumberland unbehaglich, „aber es gibt sicherlich noch seltsamere Varianten …"

Castleleathers zuckte mit den Schultern.

„Das ist alles, worum wir gebeten haben", sagte er, „und wir sind kein kleiner Clan."

Der Herzog bemerkte die Bedrohung in seiner Stimme und zügelte seinen Zorn mit Mühe.

„Zu einer anderen Zeit", sagte er, „würde ich dich gern wiedersehen, aber ich habe diese ganze sinnlose Angelegenheit und die Streitereien der Clans untereinander satt. Mach, was du willst."

Er ging zum Tisch, nahm ein Stück Papier aus einer Schublade und begann darauf zu schreiben.

„Hier", sagte er ärgerlich, „ist die Begnadigung für Rob Fraser, und jetzt will ich nichts mehr von Muckle John hören."

„Eure Hoheit haben weise gehandelt", sagte Castleleathers ruhig und verabschiedete sich eine Minute später.

Der Herzog von Cumberland wanderte vor und zurück, in Gedanken war er wieder bei seiner Abreise nach London und den bevorstehenden schwierigen Zeiten. Vergessen war all die Strapazen der letzten Monate – die schlechte Kost und das trostlose Wetter. Er war wie ein Mann, der einem verlassenen Land voller Wilder freudig Lebewohl sagt.

„Es ist erst halb geschafft", flüsterte Castleleathers Miss Macpherson zu, als sie wieder auf der Heide standen, „er hat Rob vergessen und ist wie ein Mann, der von der Sehnsucht nach dem Süden zerfressen wird. So etwas habe ich schon einmal gesehen. Das gibt es noch." Mackenzie kann jeden Moment auf uns zukommen, und was soll's, das Schwert oder ein Dünger auf dem Kopf.

„Eine Mackenzie", bemerkte Miss Macpherson, die über die Begnadigung fast vor Freude überströmte, „ist weder hier noch dort, aber was ist mit dem Schwarm? Sie können eine Biene töten, aber vergessen Sie den Bienenstock nicht."

„Stimmt", sagte Castleleathers, „in welche Richtung wird er kommen?"

„Er wird genau über diesen Weg kommen – ich bezweifle, aber wir werden ihn jeden Moment treffen."

Es dauerte lange, bis sie das Geräusch eines Pferdes hörten, das durch die Schlucht stampfte, und schon bald das Quietschen seiner Füße im durchnässten Boden. Sofort gingen sie neben dem Weg in die Hocke, und als der Reiter auf gleicher Höhe mit ihnen war, hoben sie ihre Köpfe und erkannten ihn mit einem Blick. Er war ein sehr kräftiger Mann, eingehüllt in einen Reitmantel und mit einer Haube auf dem Kopf.

„Ein Mackenzie, wenn es jemals einen gab", flüsterte Castleleathers, und als er aufsprang, stürzte er sich vom Hang des Hügels auf ihn und zerrte ihn von seinem Tier, so dass er einen erschrockenen Schrei ausstieß und sich im Heidekraut niederstreckte, die Beine in die Luft gereckt. In der gleichen grimmigen Stille lag Castleleathers auf seiner Brust und mit einem Dolch an seiner Kehle.

„Soll es die schnelle Passage sein", flüsterte er auf Gälisch, „oder schwörst du, zu tun, was gesagt wird?"

Es herrschte langes Schweigen.

Mackenzie lag auf dem Rücken und versuchte hilflos wie ein Kind, den Tartan des Mannes über sich zu erkennen.

„Neil Mackenzie", sagte Castleleathers, „wenn du nicht vergisst, was dich diese Nacht hierher geführt hat, wirst du dich überhaupt nicht daran erinnern."

"Wer bist du?" keuchte Mackenzie und versuchte, das Bessere zu sehen.

„Ich", antwortete Castleleathers, „bin Muckle John."

„Muckle John?" Er bezweifelte es, aber dort, wo sie im Heidekraut lagen, herrschte schwarze Dunkelheit.

„Was ist mit der Affäre um Loch Carron?" Fortsetzung von Castleleathers. „Da bist du ziemlich schlecht davongekommen. Aber ich habe vor, es dieses Mal zu beenden. Ich bin kein geduldiger Mann und niemand hat Geschäfte mit mir, der es nicht am Ende bereut."

„Ich werde zurückgehen", sagte Mackenzie in einem schweren Tonfall wie ein Mann, der endgültig geschlagen wurde.

„Sie müssen Ihrem Volk sagen, dass Sie mit der Antwort, die der Herzog Ihnen gegeben hat, zufrieden sind."

„Das werde ich – das schwöre ich!"

Castleleathers wich zurück und sprang auf die Füße.

„Fort denn!", sagte er, „der Weg nach Westen ist frei. Aber wenn du auch nur an Verrat denkst – keine Macht kann dich retten."

Schweigend nahm Mackenzie sein Pferd und bestieg es, um nach Hause zu fahren. Aller Mut war aus ihm gewichen. Die ganze Nacht ritt er, und auch am nächsten Tag, und als er Loch Carron erreichte, sagte er kein Wort, sondern sah aus wie ein Mann, der sich in der Dämmerung nicht traut, über die Schulter zu blicken.

Castleleathers und Miss Macpherson waren beide über dem mittleren Alter und machten sich steif auf den Heimweg zu einem Gasthof in der Nähe von Fort Augustus.

Über einer Schüssel heißer Brombeere drehte er sich zu ihr um.

„Ich habe solche Tricks hinter mir", sagte er, „aber es riecht nach alten Zeiten."

„Die Jungen sind nicht wie die Alten", seufzte Miss Macpherson.

„Nicht so alt", erwiderte Castleleathers und lächelte sie plötzlich an.

Miss Macpherson beschäftigte sich mit ihrem Teller.

„Wir müssen morgen früh nach Rob los", sagte sie.

„Es war eine großartige Nacht", bemerkte er und nickte vor dem Feuer, „Mackenzie war ziemlich verblüfft."

„Der Herzog ist nicht so schwer zu handhaben, wie die Leute sagen", wagte Miss Macpherson.

„Junges Blut", grunzte Castleleathers, „er muss nur gelenkt werden."

„Sie sind alle gleich", murmelte Miss Macpherson verschmitzt.

KAPITEL XXIII

DAS HAUS DER VIER MÄNNER

Über die Reise von Rob in den Süden gibt es wenig zu erzählen, bis er Rannoch erreichte, das Land der Robertsons und Stewarts, und andere Clans stehlen lieber ein Taschendiebstahl, als zu schreien: Gott sei Dank.

Am Abend nach der Abreise von Muckle John hatte Rob mit einem Hausierer auf der Straße gegen ein altes Kleidungsstück getauscht, und aus Angst vor der Zukunft, um den geforderten exorbitanten Preis abzulehnen, gab er ihm etwas Silber und vergrub seinen Kilt in einem Bergbad.

Und so machte er sich mit mehr Zuversicht auf den Weg nach Süden und erreichte Loch Linnhe ohne Zwischenfälle. Seine Absicht war es, die ganze Umgebung von Fort William zu umgehen, indem er mit dem Boot auf die andere Seite fuhr.

Auf diese Weise durchquerte er Glencoe und erreichte tagsüber, in der Dämmerung nieseligen Regens, die Spitze des Loch Rannoch.

Das Land, zu dem Rannoch, Lochaber und Breadalbane gehören, hatte damals in Sachen Gehorsamsverweigerung niemanden. Es wimmelte von gebrochenen Männern – Viehdieben und Desperados aller Art, die niemandem Treue schworen außer ihrem eigenen Wohlwollen, und nur Jakobiten, soweit es politisch war, und die ständig ein Auge auf die Plünderung der Lowlands hatten.

Mit ängstlichen Schritten näherte sich Rob daher einer einsamen Ansammlung von Gebäuden, die in einer gemütlichen Senke der Hügel lagen. Ihr Strohdach war in der Farbe der braunen Bäume gehalten und hier und da wuchs ein Fleck junges Heidekraut darüber. Es war seltsam versteckt und ruhig und sah aus wie ein altes Gasthaus, das in schlechte Zeiten geraten war.

Rob starrte es lange Zeit mit zweifelnden Augen an; Es gab so wenig Leben darin und so viel geheimnisvolles Unheilvolles. Obwohl er vom dünnen Bergregen durchnässt war und sich nach Nahrung und Schutz sehnte, war er halb im Gedanken, seinen Weg fortzusetzen, als das Gesicht eines Mannes durch das kleine Loch in der Seite, das als Fenster diente, blickte – ein grün-weißes Gesicht es war, mit starren, unerschütterlichen Augen.

Aber wo eine lebende Seele war, gab es Nahrung und Unterkunft, und Rob trat vor und vergaß seine heimliche Angst. Im Inneren des Raumes war jedoch kein Geräusch zu hören, sondern nur das monotone Tropfen von Wasser auf dem schlammigen Boden. In der Mitte des Raumes hing ein großer Topf an einer Kette vom Dach, und der Raum war so voller Torfgeruch, dass er ein paar Minuten brauchte, um zu erkennen, wohin der Mann gegangen war.

An der Wand lagen mehrere Lagen Binsen, und eine schmale Treppe führte hinauf zu einer Art Dachboden, der etwa zwei Meter über dem Boden lag. Unter dem Dachboden waren die Kühe. Durch die Holztrennwand konnte er sie stoßweise husten hören.

Es war ein recht armseliger Ort, aus dem es aus zwanzig Löchern tropfte, aber es war warm, und er war so müde, dass er sich vor das Torfmoor setzte und seine Hände wärmte.

Bald öffnete sich die Tür und der Mann kam wieder herein. Rob fragte sich, wie er es geschafft hatte, hierher zu kommen. Er erschrak, als er Rob sah, wünschte ihm aber höflich einen guten Tag und fragte, ob er ihm etwas bringen könne. Er war ein blasser, geheimnisvoll wirkender Kerl mit wirrem Bart und Haar und einem schrecklichen Schielen.

„Vielleicht kommen Sie Richtung Süden", sagte er und machte sich an der Stelle zu schaffen.

Etwas unbehaglich antwortete Rob, dass er auf der Suche nach Arbeit nach Edinburgh reise.

„Du wirst ein Stewart sein?" bemerkte der Mann und blinzelte fürchterlich.

„Nein", sagte Rob, „ich bin ein Fraser."

„Ein Fraser", wiederholte er, „ich gehe davon aus, dass du für deinen Lebensunterhalt aufkommen kannst."

„Das kann ich", sagte Rob etwas empört, weil er befürchtete, er könnte zurück in den Regen geschickt werden, und in der törichten Vorstellung, dass der Mann vielleicht hilfreich sein könnte, zog er ein Dutzend Silbermünzen heraus und ließ sie in seiner offenen Hand klirren.

Im blauen Rauch des Ortes blieb der Mann stehen. Er stand vollkommen still und sein gespenstisches Schielen war betont. Dann legte er etwas Fleisch in den Topf, setzte den Deckel auf und ging zur Tür und redete mit jemandem draußen. Dies tat er so beiläufig, dass Rob nichts ahnte, sondern dösend vor dem warmen Schein saß, völlig erschöpft und dumm vor Müdigkeit.

Es muss ungefähr acht Uhr gewesen sein, als er sein Abendessen beendet hatte und darum bat, ihm einen Platz zum Schlafen zeigen zu dürfen. Der Wirt tat dies sehr bereitwillig, indem er ihm die schmale Treppe zum Dachboden hinaufleuchtete und auf einen Haufen trockenes Heidekraut in einer Ecke zeigte. Draußen in der Nacht regnete es trübe und unter ihm konnte Rob das warme und angenehme Atmen der Kühe hören. Doch so müde er auch war, überkam ihn eine seltsame Angst vor dem Einschlafen. Der Ort hatte etwas an sich, das ihn nervös machte. War es die unheimliche Stille – verloren im einsamen Seebogen? Aber das war für ihn nichts Neues. Waren es die seltsamen katzenartigen Bewegungen des schielenden Mannes? Aber er war wahrscheinlich ein recht anständiges Geschöpf, das Fremde nicht gewohnt war. Oder lauerte an diesem Ort eine Gefahr, Erinnerungen an schreckliche Dinge, die dort in der schwarzen Dunkelheit geschehen waren? Seine Hand suchte instinktiv nach dem Dolch an seiner Seite.

Es war weg !

Im Nu war er auf den Beinen. Ob der Mann unten es gestohlen hatte oder nicht, er wagte es nicht, das Risiko einzugehen, unbewaffnet an diesem einsamen Ort zu bleiben. Er musste sich auf den Weg in die Nacht machen und auf sein Glück vertrauen, dass er einer Verfolgung entgehen würde, sollte es welche geben.

Ganz leise tastete er sich umher und suchte nach einem Fenster oder einer Falltür. Aber es gab keinen Ausweg. Unter der Tür, die zur Treppe führte, schien ein Lichtstreifen, der vom Torffeuer darunter heraufgeworfen wurde, und an einer Stelle, wo das Holz von Mäusen gefressen worden war, befand sich ein rundes Loch, das groß genug war, um den darunter liegenden Raum zu beherrschen. Er legte sich auf die Länge und spähte nach unten.

Zu seinem Entsetzen versammelten sich vier Männer um das Feuer – der Wirt und drei zerlumpte, hockende Gestalten, denen Grausamkeit und Mordlust ins Gesicht geschrieben standen. Sie waren in ein Schottenkaro gekleidet, das so schmutzig und von Regen und Schlamm befleckt war, dass Rob ihren Clan nicht kannte. Sie waren zottig wie Vieh, schmutzige, rauchgeschwärzte Kerle, unterdurchschnittlich groß, lebhaft wie Wildkatzen und schnatterten flüsternd wie eine Horde ungewaschener Affen. Selbst in den Überresten der Armee des Chevaliers war Rob solchen Gestalten nicht begegnet. Nur in Lochaber und Rannoch konnte man solche Plünderungen der Clans beobachten, bis man auf die roten Macgregors traf, die die Vorsehung verhütete.

Der Wirt hatte der Treppe den Rücken zugewandt, aber Rob konnte seine Worte an der Bewegung seiner Hände wie an einer aufgeschlagenen Seite erkennen. Er erzählte ihnen von dem Silber, das er in seiner Unbesonnenheit freigelegt hatte.

Im roten Feuerschein konnte Rob sehen, wie ihre Augen unter ihren verfilzten Haaren glänzten. Mit hypnotisiertem Blick beobachtete er, wie ein Mann seinen Dolch aus der Scheide zog und eine Geste machte, die bedeutsam genug war, und mit einem Gurgeln im Hals, das keiner Erklärung bedurfte. Das sollte also das Ende von allem sein – ein heimlicher Mord durch eine Bande gesetzloser Caterane, die bereit waren, jeden Fremden auszunutzen, der das Glück hatte, um eine Nachtunterkunft zu betteln. Er würde Muckle John nie wieder sehen. Er fragte sich, was er getan hätte, um sein Leben zu retten. Muckle John hatte immer einen Weg.

Er beobachtete, wie einer der Männer seinen Dolch aus der Scheide zog und eine Geste machte, die bedeutungsvoll genug war.

Unten waren die Männer aufgestanden. Er sah, wie sie aus eigener Kraft dastanden, die Köpfe dicht beieinander und ihre Bärte wedelnd, während sie flüsterten. Dann näherten sie sich einer nach dem anderen der Treppe. Da erfasste ihn ein wildes Entsetzen. Das sanfte Klopfen ihrer Brogues auf den Sprossen der Leiter und das Knarren unter ihrem Gewicht brachten ihn zum Schreien.

Er machte einen Rückschritt und stand auf der Falltür, in der leeren Hoffnung, dass sie sie nicht heben könnten. Einen Moment lang spürte er, wie es unter ihm leicht schwankte. Es wurde sanft vorgetragen, als hätte der Mann auf der Leiter vermutet, dass es steif oder schwer zurückzuschieben wäre.

Und dann herrschte absolute Stille.

Hatten sie den Verdacht, dass er wach war? Rob hörte aufmerksam zu. Aber was er hörte, war, dass der Wirt sie leise zurückwies, und in diesem Moment ertönte draußen in der Nacht eine Männerstimme, die rief.

Wieder lag Rob auf dem Boden und spähte hinunter. Die Männer saßen wie zuvor um das Feuer herum. In der Tür stand der Wirt mit dem Feuerschein auf seinem Rücken. Draußen hörte man das feuchte Geräusch eines Pferdes, das auf dem durchnässten Boden den Halt verlor, und wieder rief eine Stimme:

„Können Sie mir Unterschlupf gewähren?"

Mit einem Blick zurück verschwand der Wirt und ließ die hockenden Gestalten völlig schweigend zurück. In Rob flammte plötzlich ein wilder Hoffnungsschimmer auf. Wer konnte sagen, ob dies nicht ein Freund in Not war?

Er hörte, wie der Wirt die Tür zum Stall unter ihm öffnete und das Pferd in den Stall stellte; aber er bewegte sich nicht, weil er eifrig darauf wartete, wer den Stall betrat. Plötzlich blickte ein Mann zu der Gruppe um das Feuer herein und zögerte, als wünschte er sich zurück auf die Straße. Dann trat er ein und zog seinen Mantel aus.

Es war John Murray aus Broughton.

Die drei Männer rund um das Feuer machten keine Bewegung, weder drohend noch sonstwie. Sie hockten wie zuvor auf ihren Hüften und beobachteten ihn unter ihren struppigen Augenbrauen.

Murray, der unter normalen Umständen kein Feigling war, sondern nur sehr nervös und mit der Vorsicht der Lowlands, stand außerhalb ihrer Reichweite und wartete offensichtlich unruhig auf die Rückkehr des Gastwirts.

Für Rob sah er sehr abgenutzt und eingefallen aus, und seine Kleidung war billig und schlecht sitzend wie die Kleidung eines kleinen Bauern aus Ayrshire. An seiner Seite befand sich ein Schwert, und in seiner Manteltasche befand sich eine Beule, die an das Ende einer Pistole erinnerte, aber das tröstete Rob kaum, da er wusste, wie dürftig die Verteidigung eines einzelnen Mannes wie Murray bei einem schnellen Angriff sein würde.

Der Wirt betrat das Zimmer erneut, schloss die Tür und verriegelte sie mit einer schweren Holzplatte. Ob es ihnen gut oder schlecht ging, sie blieben bis zum Morgen dort.

Er winkte Murray voran, ohne etwas zu sagen, und die Männer am Feuer machten Platz für ihn und beobachteten ihn die ganze Zeit, während Hunde einen Fremden beäugten und bereit waren, sich auf ein Wort an seine Kehle zu werfen.

Murray zögerte, bevor er sich setzte und einen flüchtigen Blick durch den Raum warf. Plötzlich verspürte Rob den Drang, eine Warnung zu rufen und zu ihm zu springen, bevor es zu spät war. Aber er wusste, dass sie ihr böses Werk vollenden würden, bevor selbst er daran teilnehmen konnte.

Der Wirt rührte den Eisentopf und holte mit einem Dolch ein Stück Fleisch heraus. Dies reichte er Murray, der es niedergeschlagen entgegennahm und zu essen begann, und ganz leise, während Rob ihn voller Entsetzen beobachtete, trat er hinter ihn. Aber er machte keinen Angriff. Stattdessen schüttelte er den Kopf und deutete mit dem Daumen auf den Raum, in dem Rob lag und sie beobachtete. Offensichtlich hatten sie vor, beide gleichzeitig zu töten.

Unter ihm hustete das Pferd und klapperte mit dem Gebiss. Nur ein oder zwei Zoll Holz trennten ihn von der Sicherheit – nur eine dünne, verrottete Holzschicht. In einer entfernten Ecke nagte eine Ratte; er hörte sie in der Dunkelheit quieken. Unten saßen sie ganz sprachlos am Feuer und warteten darauf, dass der Neuankömmling seinen Schlaf suchte. Murray war weiß und grübelte, konnte kein Gälisch und war überzeugt, dass überall Gefahr lauerte. Er nickte müde und hielt immer wieder inne aus Angst vor dem, was auf den richtigen Moment wartete, um zuzuschlagen. Hastig untersuchte Rob den Boden des Dachbodens. Seine Finger glitten an den Rändern der Dielen entlang. Kein Fehler, keine gesplitterte Maserung, kein Zerbröckeln der wurmzerfressenen Planken. Immer noch nagte die Ratte mit unermüdlicher Beharrlichkeit in der entferntesten Ecke. Vielleicht gab es dort einen Weg. Er tastete herum und seine Hände stießen auf einen Sack, der an die Wand gelehnt war. Er war sehr schwer, aber er bewegte ihn langsam. Die Ratte huschte davon und fiel aus dem Zimmer. Er hörte, wie es auf den weichen Schlamm darunter fiel, und der warme Geruch von Kühen stieg ihm ins Gesicht.

Atemlos untersuchte er den Boden hinter dem Sack und tastete in der Ecke, wo das Ding gestanden hatte, nach etwas. Dort war ein Loch von einem halben Meter Breite. Ohne zu zögern packte er die ausgefranste Kante, wo die Ratte genagt hatte, mit seinen starken, muskulösen Fingern, stemmte die Füße gegen die ihm gegenüberliegende Wand und spannte sich mit aller Kraft an.

Mit einem scharfen Knall riss es sich los – gute zwei Fuß. Darunter schnaubte das Pferd vor plötzlicher Angst; es schien nur wenige Zentimeter unter seiner Hand zu sein. Er lag ausgestreckt da, streckte sich in die pechschwarze Dunkelheit und berührte sein Ohr, beruhigte es mit einem Flüstern.

Der Weg war frei.

Dann kam er wieder auf die Beine, schlich sich ans andere Ende des Ortes zurück und blickte auf die Männer unten herab. Es war ein seltsamer, etwas erbärmlicher Anblick, der sich seinen Augen bot. Murray war aufgestanden und wünschte ihnen eine gute Nacht. Er sah aus, als wüsste er tief in seinem Herzen, welche Tat sie vorhatten, und war im Begriff, an ihre Ritterlichkeit zu appellieren (sofern sie welche besaßen), war aber dennoch zu stolz, dies zu tun. Am Ende verneigte er sich nur, nahm eine Lampe vom Wirt entgegen, stieg langsam die Treppe hinauf und öffnete die Falltür.

Jetzt war es für Rob klar, dass Murray, der von Krankheit und Ermüdung entnervt war, ihn plötzlich überfallen würde, vielleicht zögern oder einen Schrei ausstoßen würde, und aus diesem Grund versteckte er sich hinter dem Sack, bis er im Zimmer war und die Falltür geschlossen hatte , als er so sanft er konnte „Mr. Murray, Mr. Murray" flüsterte.

Es gab ein scharfes Geräusch, das einem Keuchen ähnelte, und Murray antwortete im gleichen Ton: „Wer ist da?"

Mit dem Finger auf den Lippen erschien Rob vor ihm.

"Schnell!" Er flüsterte: „Hebe den Sack mit mir und stelle ihn auf die Falltür. Er wird ein paar Minuten lang dienen. Da unten sind sie Halsabschneider."

Einen Moment lang fummelte Murray an seinem Schwert herum, dann half er, sich beherrschend, Rob, obwohl seine Kraft zu diesem Zeitpunkt nicht besonders wertvoll war.

Zu ihrem Glück waren die vier Männer weiter unten hart bei der Sache und flüsterten auf Gälisch und offensichtlich mit großer Gelassenheit über das vor ihnen liegende Geschäft, so dass sie die Bewegung des Sacks nicht hörten. Nachdem das geschafft war, zog Rob Murray in die lange Ecke.

„Dein Pferd ist unten", sagte er; „Lass dich fallen und beruhige ihn, während ich auf den Fall warte, dass sie kommen. Gib mir dein Schwert. Führe ihn auf die Straße und ich werde dich dort begleiten."

Es war seltsam, von einem Jungen Befehle entgegenzunehmen, aber Murray hatte unter solchen Umständen keine andere Wahl. Er war kein Highlander und besaß keinen albernen Stolz. Wortlos schlüpfte er in die Dunkelheit des Stalles, und Rob hörte, wie er sein Tier streichelte und es zur Tür lenkte.

Doch im selben Moment ertönte ein Geräusch am Sack, das Rob mit der nackten Schwertklinge in der Hand über den Boden schleuderte.

Die Falltür hob sich sehr langsam; eine Hand kroch unter die Kante und packte die grobe Beplankung wenige Zentimeter von Rob entfernt. Es gab keinen Augenblick zu zögern. Er fiel auf die Knie und stürzte in die Dunkelheit darunter. Augenblicklich erklang ein schrecklicher Schrei, etwas fiel mit einem dumpfen Knall zu Boden, und die Falltür knallte gegen die Klinge, die vom Griff abwärts erzitterte.

Aufgrund seiner Torheit war Rob erneut schutzlos.

Aber es kam noch viel schlimmer, denn auf den Lärm dieser schrecklichen, gequälten Stimme folgte draußen das wilde Stampfen eines Pferdes und das erlahmende Stampfen von Füßen. Murray von Broughton war verschwunden. Vielleicht rannte sein Tier vor Angst davon; vielleicht wartete er und fürchtete, Rob sei getötet – wer weiß? Er war von allen Menschen am wenigsten in der Lage, Ungewissheit zu ertragen.

Bei diesem Unglück überkam Rob eine wilde Angst vor dem Ort und eine Panik, die ihn dazu veranlasste, wegzukommen. Er erreichte das Loch in der Ecke und ließ sich in den Schlamm darunter fallen. Der frische Regen wehte ihm durch die offene Tür, an der Murray vorbeigekommen war, ins Gesicht. Er rannte hinaus und in die freundliche Dunkelheit, wo er anhielt.

Aus dem einsamen Gasthaus kam keine Bewegung – keine Schreie oder Geräusche jeglicher Art, nur eine grüblerische, totenähnliche Stille, als wäre der Ort unbewohnt oder voller Geister. In einer Art gespenstischem Entsetzen zögerte er und schlich sich dann zurück, überwältigt von einer Neugier, die zu überwältigend war, als dass man sie unterdrücken konnte. Er kam zurück und spähte in den Stall. Aber es war kein Geräusch zu hören – nicht einmal eine Ratte, die am Holz nagte. Es war kalt und verlassen. Er kroch um die Außenmauer herum, in Sicherheit in der Nacht, was auch immer passieren mochte, und starrte in der Dämmerung auf die schwarze Tür, durch die er eingetreten war, und sah keinen schimmernden Feuerschein an der Wand.

Der Regen hatte plötzlich aufgehört und ein schwacher Schimmer von Sternenlicht erschien in der schwarzen und leeren Tür. Es gab keine Tür, sondern nur eine Ansammlung von Steinen. Er kroch näher heran, bis er endlich in den Raum hineinsehen konnte.

Und da machte er sich auf den Weg und rannte blindlings in die Nacht —
wohin auch immer, solange er weit weg von diesem düsteren und trostlosen
Haus war.

Denn in dem Raum brannte kein Feuer, es gab keine Treppe und auch sonst
kein Zeichen einer lebenden Seele. Nichts als eine leere, dachlose Ruine unter
freiem Himmel.

KAPITEL XXIV

DAS ENDE EINER GESCHICHTE

Die ganze tränenreiche und regnerische Nacht hindurch reiste Rob in Richtung Glen Lyon und war froh über jeden Zentimeter Heidekraut zwischen ihm und dem unheimlichen Haus am See. Er durchquerte das Land der Mackenzies und erreichte Killin, wo er auf eine Gruppe Zigeuner traf, die um ihr Lagerfeuer saßen. Sie zählten etwa zwanzig – Männer, Frauen und kleine braune Kinder – und sie hießen ihn auf die freundlichste Weise willkommen, ihr Fleisch mit ihm zu teilen, stellten keine Fragen und zeigten keinerlei Neugier an seinen Angelegenheiten. Nur der Häuptling konnte Gälisch und war umso bereitwilliger, von Rob Neuigkeiten aus dem Norden zu hören, der begriff, dass seine Zuneigung zu den Rotröcken keineswegs von Herzen kam.

Rob nahm seine Freundlichkeit mit einem Anflug von Selbstvorwürfen hin. Plötzlich war ihm klar geworden, dass er sie durch die Annahme einer so großzügigen Gastfreundschaft der Rache der Regierung aussetzte. Eine solche Aussicht war undenkbar.

„Lassen Sie mich allein mit Ihnen sprechen", sagte er zum Häuptling.

In der Privatsphäre des Zeltes erzählte er ihm alles.

„Ich will nicht leugnen", sagte er, „dass es Leute gibt, die viel dafür geben würden, mich gefangen zu nehmen, nicht wegen meiner Bedeutung, sondern wegen einer anderen Sache …"

Der Zigeuner folgte seinen Worten mit ausdrucksloser Aufmerksamkeit. Dann stand er auf und zog ein Papier aus der Tasche.

„Lesen", sagte er einfach.

Es handelte sich um eine Regierungsmitteilung zum Aufhängen unter Galgen und dergleichen, in der angekündigt wurde, dass jeder, der Rob Fraser an den Fersen erwischte, ob tot oder lebendig, eine Belohnung von fünfzig Pfund erhalten würde. Rob lief es kalt den Rücken runter, als er die schrecklichen Worte hörte. Darin wurde er detailliert beschrieben und außerdem stand, dass er zuletzt mit dem berüchtigten Rebellen namens „Muckle John" gesehen worden war.

„Du wusstest es?", sagte er schließlich.

Der andere lachte leise.

„Was macht das schon?“, antwortete er, „aber ich danke Ihnen für Ihr Vertrauen. Und wenn Sie Muckle John das nächste Mal sehen, sagen Sie ihm, dass Gloom der Zigeuner ihn nicht vergessen hat.“

„Sind Sie ein Freund von Muckle John?“

„Man kann mich dazuzählen, obwohl es ihm nicht an Freunden – oder Feinden – mangelt.“

„Aber ich kann Ihr Volk nicht gefährden, das ist mehr als vernünftig.“

„Rob Fraser“, sagte Gloom sehr ernst, „Sie sind so gut wie gefangen. Die Soldaten halten an der Highland Line nach Ihnen Ausschau, und von hier bis Stirling wimmelt es von Spionen. Morgen werden wir Sie durch Balquhidder bringen, denn wenn Sie dort den wilden Caterans in die Hände fallen würden, wäre das für Sie eine kurze Zeit.“

„Balquhidder – ich habe den Namen gehört …“

Darüber lachte er lauthals.

„Es ist klar, dass Sie im Norden aufgewachsen sind“, sagte er, „in der Gegend von Balquhidder gibt es mehr Diebe als in Lochaber selbst.“

Rob war wirklich dankbar für sein Glück, wünschte seinem Freund eine gute Nacht und schlief bald fest ein, nachdem er sich vor das Feuer gelegt hatte.

Im Morgengrauen marschierten sie in Richtung Crianlarich, wo sie zum Heidekraut gingen und über die Hügel zum Loch Doine an der Spitze von Balquhidder gelangten. Als sie in das flache Land am oberen Ende des Sees strömten, kamen sie an einem quadratischen, strohgedeckten Haus am Fuße des Abhangs mit Blick auf den bernsteinfarbenen Bach vorbei.

„Das ist Inverlochlarig, wo Rob Roy starb“, sagte Gloom. „Ich habe ein gutes Gewissen um ihn, einen großen roten Mann mit einem Herzen aus Gold. Aber seine Söhne sind Corbies, und ich hoffe, dass wir ihnen nicht begegnen.“

Überall am Bachufer drängten sich die Hütten der Macgregors, über denen in einer Art Dunst der dünne Schleier aus Torfgeruch hing.

Ohne anzuhalten überquerten sie das flache, sumpfige Land, das zwischen den beiden Bergketten lag, und näherten sich einem kleinen, kompakt gebauten Haus auf der anderen Seite des Baches.

„Wir werden hier übernachten“, sagte Gloom, „und vielleicht sieht uns Invernenty. Er ist kein Freund der Macgregors, denn er ist der Sohn von John Maclaren, der von Robin Oig ermordet wurde.“

Er ließ Rob zurück, überquerte den schmalen Bach, klopfte an die Tür und wechselte ein paar Worte mit einer Frau, die ihr öffnete. Aber auf alles, was er sagte, schüttelte sie nur den Kopf, und er kam etwas verlegen zurück.

„Sie sagt, Invernenty sei nicht zu Hause", sagte er und nannte ihn beim Namen seines Hauses, „und dennoch zweifle ich an ihr, es sei denn, er wird gefasst."

Ohne Verzögerung schlugen sie ihr Lager auf, und im Laufe des Tages kamen mehrere Macgregors herüber und beäugten sie heimlich, rote Männer in einem roten Tartan – nörgelnde, heißblütige Kerle.

Rob, der sich in einem fremden Land unwohl fühlte, hielt sich im Hintergrund, aber als er am Nachmittag sah, dass sich eine große Menschenmenge um einen Platz oben im Tal versammelte, begleitete er Gloom, weil er es satt hatte, allein zu sitzen.

Die Macgregors mit einer Prise Maclarens handhabten einen seltsamen glatten Stein mit Löchern für einen Finger und einen Daumen und wetteiferten miteinander darum, ihn auf einen kleinen Felsen zu heben, der in unmittelbarer Nähe stand.

Ein großer, dunkler, düster aussehender Mann, der sich auf eine grobe Krücke stützte und ein blasses, gequältes Gesicht hatte, betrachtete die Szene aus einiger Entfernung. Er trug Reitkleidung und einen fest zugeknöpften Mantel, als wäre er krank. Rob wollte gerade fragen, wer er sei, als ihm bewusst wurde, dass der andere ihn genau beobachtete.

Die Art, wie er ihn anstarrte, hatte etwas gefährlich Interessantes an sich – er musterte ihn mit seinen dunklen, listigen Augen, schätzte im Geiste seine Größe ab, sein Gesichtsausdruck, während er sich jedes Detail genau vor Augen führte.

„Gloom", flüsterte Rob, „da oben auf dem Hügel ist ein Mann, der eine Ahnung hat, wer ich bin."

Ganz lässig drehte sich der Zigeuner um.

„Das Unglück möge es nehmen", murmelte er, „aber es ist James More, der Sohn von Rob Roy, der gerade aus Culloden gekommen ist. Er wurde verwundet, wissen Sie."

Kurz darauf entfernte sich James Macgregor ohne ein Wort oder Zeichen mit Mühe und Not und betrat Inverlochlarig.

„Komm, Rob", sagte Gloom, „ich würde diesem Mann keinen Fußbreit zutrauen. Er führt Unheil im Schilde, und wahrscheinlich wären wir hinter Glenbucket besser dran als hier."

Der Abend rückte näher, aber es gab keine Anzeichen von Ärger. Als jedoch der Mond aufging, bat eine große, hagere Frau mit einem Plaid über dem Kopf um ein Wort mit der Zigeunerin. Sie gingen zusammen auseinander und berieten sich leise. Und dann verschwand die Frau so lautlos, wie sie gekommen war, in den Schatten.

„Rob", sagte Gloom, „es droht Gefahr – wann gab es sie nicht in diesem wilden Land? Wer, glauben Sie, war das?"

Rob schüttelte den Kopf.

„Wer außer John Maclaren selbst, der neu gekommen ist, weil er den Rotröcken auf dem Weg nach Carlisle Lebewohl gegeben hat. Er sagt, James sei seinen Streichen gewachsen, und der Clan sei zu Tode erschrocken, wenn er dich auf der Straße sieht „Es ist weg, wir müssen gehen, Rob", und als sie seine Männer zusammenriefen, bereiteten sie sich auf den Aufbruch vor und ließen ihre Lagerfeuer brennen, für den Fall, dass ihre Flucht vermutet würde. Sie gingen über die Hügelspalte, überquerten den Gipfel von Beinn-an-Shithein und gelangten nach Strathyre und Castle Murdoch.

„Dort lebt ein seltsamer Mann", sagte der Zigeuner zu Rob, „es ist so, als würde er uns wegen unserer Geschäfte schicken, wenn wir aufhören."

„Wer seid ihr?" knurrte in diesem Moment eine Stimme von der Wand des Ortes, „Ihr könnt hier nicht abwarten."

Der Mond war aufgegangen und in seinen klaren Strahlen blickte Rob auf und sah einen weißhaarigen Mann, der sie vom Wall aus beobachtete.

„Was ist das für ein nächtliches Herumschleichen?", rief er.

„Ich bin Gloom", antwortete die Zigeunerin.

„Und wer ist das bei dir? Er ist keiner von deinem Volk."

„Er ist ein Freund, Murdoch."

„Bringt ihn her – dies ist ein schlechter Zeitpunkt für Freunde", und er verschwand.

Ein paar Minuten später sahen sie ihn den Hof überqueren. Er hatte eine Lampe in der Hand und humpelte, obwohl sein rechtes Bein zu kurz war. Stirnrunzelnd blickte er sie an, während er durch das zerbrochene Eisentor spähte.

„Komm näher", krächzte er, „du Junge da mit den geliehenen Klaes."

Rob trat einen Schritt auf ihn zu, so dass das Licht auf sein Gesicht fiel.

„Hm!", grunzte Murdoch und warf dem Zigeuner einen schrägen Blick zu. „Du hast es da mit merkwürdiger Gesellschaft zu tun, mein Freund. Weißt du, wer das mit dem unschuldigen Gesicht und den strahlend blauen Augen ist? Das ist der Junge von Muckle John."

„Whist!", warnte Gloom, „selbst die Felsen haben Ohren."

In diesem Moment kam ein kleines Mädchen über den Hof gelaufen.

„Was hast du über Muckle John gesagt?", fragte sie.

„Geh ins Bett, Ethlenn", schrie der alte Mann. „Janet, weg mit dem Kind."

Eine Frau rannte in die Dämmerung hinaus. Plötzlich hörte man Weinen und eine Tür schlug zu.

„Können wir hier die Nacht verbringen?" fragte der Zigeuner, aber mit ziemlich armseligem Herzen.

„Die Nacht abwarten", wiederholte Murdoch scharf, „die Nacht in Gesellschaft mit dir abwarten? Kannst du — bei den Hunden von Lorn, ich glaube, du bist verrückt. Was habe ich dir jemals angetan, dass du mich verrückt machst?" -ähnlicher Vorschlag?"

„Es hat keinen Zweck, Rob", sagte Gloom traurig.

Mit einer Art Entsetzen über seine eigene Berühmtheit wandte sich Rob ab und ging den Hang hinunter. Er hörte, wie die Stimme Murdochs in schriller Wut erklang und im Wind ins Nichts fiel. Hinter ihm strömten die Zigeuner klaglos, aber entmutigt auf Strathyre zu.

Und so erreichten sie durch das schlafende Dorf hindurch die enge Schlucht an der Spitze des Loch Lubnaig, und als sie den Hügel hinaufstiegen, verbrachten sie eine trostlose Nacht.

Kurz vor Tagesanbruch des nächsten Tages fasste Rob einen Entschluss, der ihm als das einzig Kluge und Ehrliche erschien. Er schrieb Gloom eine kurze Nachricht, in der er ihm für seine große Freundlichkeit dankte und mitteilte, dass er am nächsten Morgen weit im Süden sein würde.

Dann trat er zwischen den schlafenden Gestalten der Zigeuner hindurch, gelangte zum See und machte sich im Trab auf den Weg nach Kilmahog.

Viele Tage später — Tage voller Gefahren und anstrengender Reisen — erreichte Rob Edinburgh und wanderte durch die High Street. Es war ihm gelungen, ein weiteres Kleidungsstück zu kaufen, und für den Augenblick fühlte er sich in Sicherheit. Am nächsten Tag wollte er sich mit Muckle John in Leith treffen.

Es war etwa Mittag, als er eine große Kutsche über das grobe Kopfsteinpflaster holpern und ächzen sah, und um sie herum eine Gruppe

Dragoner. Plötzlich packte ihn die Angst, dass dies vielleicht ein Gefangener war, der es wusste – vielleicht Muckle John selbst.

Er drängte sich nach vorn durch die Menge. Die Dragoner klapperten näher heran, ein mutigerer Anblick als damals, als sie im Jahr 1845 dieselbe Straße betreten hatten. Die Pferde, die die Kutsche anspannten, waren jetzt auf gleicher Höhe mit ihm, und er beugte sich nach vorn, die Augen auf das Fenster geheftet. Es war nur ein Blitz, aber er vergaß ihn nie.

Denn nach vorne gelehnt und mit einem grotesken Grinsen im Gesicht, sei es aus Spott oder aus einer verwandten Emotion, saß Simon, Lord Lovat, auf dem Weg nach London und Tower Hill.

Seine kleinen, scharfsinnigen Augen wanderten über die Menge und blieben einen Augenblick auf Rob haften, dann verengten sie sich plötzlich, als ob er sich halb an ihn erinnerte, aber nicht sicher war. Dann war er verschwunden, und das war das Ende von Fraser.

Die Szene ernüchterte den Rest an Tollkühnheit, der noch in Rob steckte. Sie ließ ihn weniger in die Fremde gehen. Der Arm des Gesetzes war lang, aber der Arm der Regierung war noch länger.

Mehr als einmal hatte er an diesem Nachmittag die seltsame Ahnung, dass er verfolgt wurde. Vielleicht war es nur ein Zufall, aber er war schon zwei Mal auf zwei lässige, launische Racker gestoßen , und jedes Mal hatten sie ihn angestarrt und über die Schulter hinweg zu ihm zurückgeschaut.

Schließlich hatte ihn die Angst vor Gefangennahme überwältigt und er war auf die Flucht getreten und rannte aneinander vorbei, da er mit der Stadt nicht vertraut war, aber nur bestrebt war, jeden Schatten abzuschütteln. Nachdem er sich gebeugt hatte und eine ganze halbe Stunde lang ausgewichen war, ging er auf einer alten Treppe neben dem White Horse Inn in Deckung und wartete dort ab, was passieren würde und ob sich wirklich welche auf seiner Spur befanden. Ungefähr fünf Minuten später veranlasste ihn der Lärm eines keuchenden Mannes, der die Gasse hinaufkam, dazu, nach unten zu blicken, um zu sehen, wer so eilig kam. Zu seiner Bestürzung war es einer der Faulenzer des Nachmittags, und der andere war ihm dicht auf den Fersen. Sie liefen an ihnen vorbei und ihre Schritte verklangen.

Als er dann in die entgegengesetzte Richtung raste, fand Rob eine Unterkunft in einem anderen Gasthaus und schlief bis zum nächsten Tag – dem Tag, an dem er Muckle John treffen und endlich die Freiheit erlangen sollte. Nach all dem Aufruhr und der Not der Wochen nach Culloden war es schon seltsam genug, an die großen Städte vor uns in Holland oder Frankreich zu denken, in denen es nicht unbedingt nötig war, einen Blick über die Schulter zu werfen und den anderen auf das Ende gerichtet zu halten der Straße, und wo ein Jakobit nicht als Nahrung für den nächsten Galgenbaum galt.

Mit diesen Gedanken (und dennoch voller Bedenken) verließ Rob geschickt Edinburgh und machte sich auf den Weg nach Leith, und erneut befiel ihn die furchtbare Angst, dass er verfolgt würde. Die Sonne ging gerade unter, als er den einsamen Galgenbaum sah, der sich am Horizont abzeichnete. Darauf schaukelte der Körper eines glücklosen Geschöpfs in seinen Ketten – er konnte gerade noch das trübe Knarren im Wind hören.

Er blickte zum zwanzigsten Mal zurück. Doch die öde Landschaft schien ohne jede lebende Seele und ohne jedes Tier zu sein.

Und doch hätte er schwören können, dass er einen Kopf hinter dem Büschel aus grobem, üppigem Gras auf der Spitze des Hügels hatte verschwinden sehen. Er war sich so sicher, dass er zurückrannte, aber als er dort ankam, war nichts. Dann beugte er sich, wie ein echter Bergbewohner den Boden abtastet, und sah den frischen Abdruck eines Stiefels im nassen Sand.

In den Dünen lauerte Gefahr, und von Muckle John war noch immer keine Spur zu sehen.

Draußen auf dem Firth of Forth zog ein Schiff seine Segel im Wind hoch, und er fragte sich beiläufig, ob Muckle John nicht bereits an Bord war und nach Frankreich aufbrach.

Und dann verblasste das Sonnenlicht und das Grau der Dämmerung kroch vom Meer herauf.

Klirren, klirren, klangen die Ketten an dem verlassenen Galgenbaum, und mit einem tieferen, rostigeren Klang, als das Holz in seinen Gelenken ächzte und bebte.

Er ging langsam den abfallenden Sandweg hinauf. Über ihm, schwarz über dem Abendhimmel, schwebte der tote Mann – eine arme Seele, die sich vielleicht weniger Unrecht zuschulden kommen ließ als er selbst.

Dann saß er auf einem Sandhaufen neben der trostlosen Last mit ihrem düsteren Refrain und wartete darauf, was passieren würde. Dass ihm Gefahr drohte, wusste er instinktiv, aber sein großes Vertrauen in Muckle John schien diese Gefahren fast zu zerstreuen. In Muckle John steckte ein Berg der Kraft.

Die Dunkelheit brach rasch herein, als plötzlich, wie ein Leopard vor Schnelligkeit stürmt, ein Mann auf seinem Rücken lag und die Armbeuge um seinen Hals legte. Rob stieß einen schwachen Schrei aus und taumelte rückwärts, und bevor er sich wieder auf die Beine kämpfen konnte, wurden seine Beine von einem anderen Mann gepackt und ein dritter warf sich ihm auf die Brust.

Für Rob war die Frage Frankreichs erledigt. Es war ein trauriges Ende all seiner mutigen Abenteuer, von drei Landstreichern auf dem Sand von Leith überfahren und wie eine Henne gefesselt zu werden.

Aber es steckte noch mehr dahinter.

Denn aus der Dämmerung kam ein großer Mann, der gemächlich schritt, und noch bevor er sprach, erkannte Rob, dass es sich bei ihm um Captain Strange handelte.

„Nun", sagte er ruhig, „das ist also das Ende, Rob, und was für ein toller Ort, das ist klar. Es war fast, als hätte ich die Vorsehung herausgefordert, dich mit diesem klirrenden Monster zu warnen."

Er bedeutete den Männern, sie zu verlassen, und begann, sich zu setzen, auf eine umgängliche und angenehme Art zu reden, als würde er über das Wetter oder den Aktienkurs diskutieren.

„Hör zu, Rob", sagte er, „ich weiß genau, auf wen du wartest. Es ist kein Geringerer als Muckle John, und was ich im Kopf habe, muss ich schnell sagen. Jetzt wollen wir, dass diese kleine Angelegenheit zügig und mit Bravour erledigt wird." Diskretion Wir wollen keine Streiche, aber du kennst Muckle John als einen Mann voller Tricks wie einen Affen. Ich möchte, dass du hier bleibst, bis er kommt, und mir versprichst, kein Wort zu ihm zu sagen Bring ihn zum Nachdenken. Wenn du das tust, werde ich für dich sagen, was ich kann, wenn die Zeit gekommen ist.

„Ich werde eine Warnung rufen, solange ich noch Luft habe", rief Rob.

„Sehr gut", antwortete Strange, „sehr gut; in diesem Fall werde ich dich sicher genug knebeln, und los geht's."

Damit stopfte er sich ein Stück Stoff in den Mund und befestigte einen Verband um seine Wangen. Dann sprang er auf und lauschte aufmerksam. Ganz leise drang ein Pfeifen aus dem Sand. Oben knarrten die Galgenketten, und in der tragischen Stille der Dämmerung marschierte der Mann seinem Untergang entgegen.

Strange stürzte für seine Männer in die Dünen: Es war, als würde man mit Muckle John hart vorgehen.

Als sich der Neuankömmling über Rob beugte, war alles vorbei. Mit einem gedämpften Schrei fiel er zu Boden, stand wieder auf und krümmte sich krampfhaft, bis er fassungslos verstummte. Aufgrund seiner Größe wusste Rob, dass es kein anderer als Muckle John sein konnte.

„Ein Licht!" rief Strange voller Freude darüber.

Sie schwangen eine Laterne näher und drehten ihren Gefangenen auf den Rücken.

Und da lag James Fraser von Castleleathers, der sie mit apoplektischer Wut anstarrte. Für Strange war es ein Moment voller Frechheit.

Was Castleleathers betrifft, würdiger Mann, der viele blaue Flecken und Kratzer hatte und eine Beule wie ein Ei auf dem Kopf hatte, war es eine Gnade, dass er keine Luft hatte, um seine Gefühle in dieser Angelegenheit auszudrücken. Aber als er es tat, trug er nur zu Stranges Demütigung bei. Denn als er von dem Plan hörte, Muckle John zu fangen, den er (als bekennender Hannoveraner) nicht negativ kritisieren konnte, drückte er sein tiefes Bedauern darüber aus, dass er den Rebellen nicht mit seinem Gespräch verführt hatte, da er ihn eine Meile zurück auf der Straße getroffen hatte.

„Eine Meile zurück", rief Strange, „dann wird er noch hierher kommen."

„Nein", sagte Castleleathers in seinem methodischen Ton, „nein, ich glaube nicht, denn er ist an Bord eines Schiffes nach Frankreich gegangen."

Strange stieß einen Ausruf des Ekels aus.

„Ich habe dir gesagt, dass er dich fallen lassen würde, Rob, wenn die Zeit gekommen ist", sagte er mit saurem Blick.

Jedenfalls schien es so.

Aber Castleleathers hatte noch mehr zu sagen.

„Wollen Sie mir zuhören?", unterbrach er sie mürrisch. „Viel John wäre gekommen, aber ich habe ihm davon abgeraten."

„Das haben Sie?", schrie Strange. „Aber das ist offener Verrat, Major Fraser."

„Nein", sagte Castleleathers mutig, „oh nein, ich versichere Ihnen, es gibt keinen loyaleren Diener des Königs als mich. Aber ich sah keinen Dienst, den er Rob erweisen könnte, außer ihn als Gefährten eines berüchtigten Jakobiten in Gefahr zu bringen."

„In der Tat", sagte Strange, „aber Rob selbst ist nicht weit davon entfernt. Er könnte wahrscheinlich den Platz des Gehängten über Ihnen einnehmen, Major Fraser."

„Verzeihung, nein", antwortete Castleleathers milde, „hier habe ich eine Begnadigung für Rob, die vom Herzog selbst unterzeichnet wurde."

„Es ist eine Fälschung", rief Strange hitzig, „lass es mich sehen."

„In meinen Händen, Captain Strange – nein, treten Sie ein wenig zurück – halten Sie das Licht höher, können Sie es jetzt sehen? Werden Sie das bestreiten, mein Mann? Da ist seine königliche Unterschrift, segne ihn!"

Strange beäugte es düster.

„Das hat etwas Seltsames", sagte er. „Ich werde den Herzog sehen."

Castleleathers lächelte.

„Bis nach London?" er hat gefragt. „Der Herzog wird es dir nicht danken."

Über ihren Köpfen klimperten die verwunschenen Ketten fröhlich. Es muss ein seltener Witz gewesen sein, sie so klirren zu lassen. Plötzlich ertönte aus dem Nichts ein Geräusch wie ein unterdrücktes Lachen.

„Was war das?", flüsterte Strange und sah sich verstohlen um.

„Ich habe nichts gehört", antwortete Castleleathers und sprang auf, „aber da ist doch bestimmt das Geräusch eines Pferdes."

„Ein Pferd", sagte Strange, „wer weiß, vielleicht ist es Muckle John selbst."

„Nein", korrigierte Castleleathers gelassen, „nein, ich glaube nicht. Ich glaube – und bin mir sogar sicher –, dass es meine Frau ist."

„Deine Frau!", rief Rob, der den Gag endlich rausgefunden hatte und der bei der Diskussion offenbar übersehen worden war.

Castleleathers wechselte.

„Du meine Güte", sagte er, „ich hatte dich völlig vergessen, Rob, du warst so still. Was ist los mit dir?"

„Ich bin an Händen und Füßen gefesselt."

„Erbarmen Sie sich", sagte Castleleathers, „aber Sie haben eine merkwürdige Art mit sich umzugehen, Captain Strange. Da sind Sie, Rob", und er ließ ihn frei, „und was ist nun so wunderbar daran, eine Frau zu haben? Sie ist Ihr Vater." Tante Macpherson. Du bist mein Neffe, Rob, und wenn ich jemals wieder von dieser jakobitischen Angelegenheit höre, werde ich dich ärgern, als sie es jemals getan hat, arme Frau.

Es war tatsächlich Miss Macpherson (oder besser gesagt Mrs. James Fraser von Castleleathers), und als Strange sie sah, verneigte er sich sehr kalt, erinnerte sich an die Flucht aus Fort Augustus, rief seine Männer und verschwand in Richtung Edinburgh.

„Bleiben Sie einen Moment", sagte Castleleathers, „obwohl es ein trister Ort für Familientreffen ist."

Aber Rob starrte nur aufs Meer hinaus, wo der Mond eine breite Spur aus Silber auf das bebende Wasser warf.

„Hat Muckle John dir nicht eine Nachricht für mich gegeben?" er hat gefragt. „Es wird lange dauern, bis wir ihn wiedersehen."

Castleleathers warf einen Blick über seine Schulter.

„Um ehrlich zu sein, Rob", sagte er, „ich habe ihn überhaupt nie gesehen. Vielleicht kommt er, oder vielleicht ist er gar nicht so weit weg, wie du denkst."

„Er war der seltsame Yin", bemerkte Mrs. Fraser, „obwohl er eine Art Umgang mit ihm hatte, wohlgemerkt. Diese Nacht in Inverness, Rob – das war eine Szene. Da tanzte ich wie ein junger Yin, und das alles zu einem." „Er hat ein Stückchen Melodie gepfiffen und so etwas in der Art ..." und sie versuchte zu pfeifen, scheiterte aber aufs deutlichste.

„Nein", sagte Rob, „es war eher so", aber er hatte überhaupt nicht die Wendung dahinter.

„Ihr seid alle zusammen draußen", rief eine Stimme in der Nacht. „War es nicht das?" und der Westwind trug den Rhythmus der Rolle bis in die Nacht.

"Wo ist er?" flüsterte Castleleathers und sah sich um.

„Das ist nicht heimtückisch", sagte seine Frau schaudernd.

„Muckle John!" rief Rob.

Die Melodie verstummte, und plötzlich, sozusagen mitten unter ihnen, während das gespenstische Ding über ihren Köpfen knarrte und klapperte, sang die Stimme von Muckle John, und dies waren die Worte, die er sang:

Schwingen – schwingen im Hagel und Schnee,
tote Fluche klirren vom Morgengrauen bis zum Untergang, Knarren – knarren im
Kapuzenkrähen, von der aufgehenden Sonne bis zum grauen Mondlicht.

Eine Lerche erhebt sich munter aus den Sandstränden von Leith.
„Das Leben ist nur ein Schlaganfall", sang er. „Der Tod ist nichts als eine leere Hülle."
Knarrt, knarrt, knarrt, stöhnt der Galgenbaum.

Die Wellen schlagen über das Ufer,
eine Möwe lacht, während sie über das Meer gleitet,
aber ein schwachsinniger Idiot wird nicht mehr lachen,
während er auf dem Gibbet-Baum hin und her schwingt.

Das Nichts kriecht zurück über die kalte, graue Flut,
der Wind seufzt über das karge Gras, oh Gott, dass die Dunkelheit für immer den
schwachsinnigen Idioten auf dem Gibbet-Baum verstecken könnte.

Da kommt ein Junge an der Abzweigung:
„Hier in der Nähe hat er gesagt, dass er sein würde – Da ist ein Schiff auf See mit einem goldenen Licht, aber kein Muckle John unter dem Galgenbaum."

Schwingen – schwingen im Hagel und Schnee,
tote Fluche klirren vom Morgengrauen bis zum Untergang, Knarren – knarren im Kapuzenkrähen, von der aufgehenden Sonne bis zum grauen Mondlicht.

Es war über ihnen in der Luft, sonst würden sie verrückt.

Plötzlich verstummte das Lied, und mit lautem Rasseln der Ketten fiel die Last des Galgens klappernd zu Boden, und da war Mrs. Fraser zum ersten und letzten Mal in ihrem Leben einer Ohnmacht gefährlich nahe.

**Mit lautem Kettenrasseln fiel die Last des Galgens klappernd zu
Boden.**

ES WAR MUCKLE JOHN!

„Guten Abend", rief er, „und seltenes Glück für Braut und Bräutigam. Nun,
Rob, es ist also in Ordnung, ein freier Mann zu sein und ein gutes Ende für
eine mutige Sache."

„Aber du, Muckle John – was ist mit dir? Fährst du heute Abend zur See?"

Er schüttelte den Kopf.

„Noch nicht", sagte er und hielt Rob einen Moment lang an der Hand, ohne
etwas zu sagen. Dann nahm er seine Pfeife aus der Tasche, stimmte einen Jig

an und begann im gelben Licht der Laterne unter dem leeren Galgenbaum zu tanzen.

Es brauchte schon schüchternere Leute als die Frasers, um stillzuhalten, wenn so etwas im Gange war. Wieder einmal haben Rob und seine Tante es gut hinbekommen, und Castleleathers, dieser Berg aus Fleisch und Muskeln, war nicht zurückhaltend.

Es war ein seltsamer Anblick mit diesem verlassenen Ort, dem Schrei des Meeres, dem blinkenden, unheimlichen Licht und den schwarzen Gestalten, die wie Geister unter einem sternenklaren Himmel herumhüpften.

Sie tanzten, bis ihnen der Atem ausging, und hörten auf, weil die Musik verstummte. Denn unbemerkt von allen war Muckle John leise davongeschlichen und spielte dabei, verschwand wie ein Schatten, ein Traum oder eine Erinnerung in der unendlichen Dunkelheit.

Sie standen eine Weile da und fingen die anhaltenden Töne ein, und dann sammelte es sich in der Nacht und wurde Teil des Meeres, des Windes und des sanften Gesangs der raschelnden Heide, und so verschwand es.

Und das war der letzte von Muckle John.